KB210134

The Book of Revelation: A Biography

계시록과 만나다

천상과 지상을 비추는 괴물

THE BOOK OF REVELATION: A BIOGRAPHY

계시록과 만나다

천상과 지상을 비추는 괴물

티머시 빌 지음 강성윤 옮김

비아
VIA

| 차례 |

일러두기

· 역자 주석의 경우 *표시를 해 두었습니다.

· 성서 표기와 인용은 원칙적으로 『공동번역개정판』(1999)을
따르되 원문과 지나치게 차이가 날 경우에는 대한성서공회
판 『새번역』(2001)을 따랐으며 한국어 성서가 모두 원문과
차이가 날 경우에는 옮긴이가 임의로 옮겼음을 밝힙니다.

· 단행본 서적은 『 』표기를, 논문이나 글은 「 」, 음악 작품이나
미술 작품은 《 》표기를 사용했습니다.

들어가며

몇 달 전, 나는 최신 칩 기술이 적용되고 유효기간이 새롭게 설정된 신용카드를 우편으로 받았다. 전화를 걸어 카드를 등록하려던 찰나, 카드 뒷면의 보안 코드가 바뀌었음을 알아챘다. 새 보안 코드는 666이었다. 등골이 오싹해졌고 이어서 신경질적인 웃음이 나왔다. 1970~80년대, 보수적인 개신교 복음주의자였던 어린 시절이 떠올랐다. 나와 친구들은 "짐승의 낙인"에 대해 생각하면서 상상의 나래를 펼치곤 했다. "짐승의 낙인"은 요한 계시록에서 유래한 말이다. 계시록에 따르면 종말의 때 세상은 매혹적이고 매력이 넘치지만 사악한 짐승을 숭배할 것인데, 이 짐승은 자신을 숭배하는 이들의 이마나 오른손에 자신의 낙인인 숫자 666을 새길 것이다. 이 낙인 없이는 아무도 물건을 살 수도, 팔 수도 없다(계시 13).

계시록에 나오는 숫자 666이 본래 무엇을 가리키는지를 두고 학자들은 오랜 세월에 걸쳐 논쟁했다. 오늘날 많은 학자는 이 숫자가 1세기 로마 황제 네로Nero를 가리킨다고 본다. 네로를 히브리어로 적고 각각의 히브리 문자에 할당된 숫자를 합하면 666이기 때문이다. 하지만 10대 시절 나는 이러한 역사 비평의 성과를 알지 못했다. 내 유년 세계는 컴퓨터가 등장하고 국제 금융이 급속도로 성장하는 모습을 보며 불안해하던 그리스도교인들로 가득했다. 내 주변 그리스도교인들은 666이 (당시 기준으로) 머지않아 등장할 '단일 세계 정부'의 낙인이며 이 정부는 신실한 이들을 상대로 전쟁을 일으킬 것이라고 믿었다. 현금 없는 시대, 신용카드와 ATM의 시대가 밝아 오고, 난해한 금융 경제가 전 세계에 퍼져 개인의 정체성과 가치를 결정하게 되자 주변의 많은 신자가 종말이 머지않았다는 생각에 사로잡혔다. 그들은 요한 계시록에 나오는 짐승의 술수가 등장했다고, 이 짐승이 권력을 잡은 새로운 세계 질서를 목격하게 되었다고 여겼다.

메리 스튜어트 렐프Mary Stewart Relfe가 1981년에 출간한 베스트셀러 『당신의 돈이 사라진다 - '666 체제'가 왔다』When Your Money Fails: The '666' System Is Here는 이러한 종말에 대한 불안을 고스란히 반영한다. 여기서 그녀는 "세계에서" 666을 "갑작스레 사용"하기 시작한 수백 가지 사례를 든다.

· 세계은행World Bank의 코드 번호는 '666'이다.
· 미국에서 새로 발급하는 신용카드 번호 앞 세 자리는 '666'이다.

- 시어스Sears, 벨크Belk, J.C. 페니J.C. Penney, 몽고메리 워드Montgomery Ward 등의 유통업체가 운용하는 중앙 컴퓨터는 컴퓨터 프로그램의 요구에 따라 거래 번호 앞에 '666'을 붙인다.
- 유럽경제공동체European Economic Community 소속 국가에서 만든 신발의 안쪽 상표에는 '666'이 찍혀 있다.
- 비자Visa는 666이다. 로마 숫자 "Vi"는 6이고, 'ㅈ' 소리가 나는 그리스 문자 '제타'는 6번째 문자이므로 6이며, 영어 문자 "a"는 좌우로 뒤집으면 '6'처럼 생겼으니 6이다.
- 1977년부터 이미 미국 국세청Internal Revenue Service에서는 몇몇 양식 번호를 '666'으로 시작했다(W-2P 장애 양식은 666.3, 사망은 666.4 등).
- 대통령 지미 카터Jimmy Carter가 새로 창설한 비밀 안보 부대의 표장에는 '666'이 들어가 있다.
- 일리노이주 피오리아에 있는 캐터필러사Caterpillar Company가 사용하는 모든 일본제 부품의 식별표에는 '666'이 들어가 있다.
- 스코티Scotty에서 출시한 "새롭게 개선된" 비료의 이름은 '666'이다.
- 1979년 미국 전역에 보급된 미터법 자의 한가운데에는 '666'이 적혀 있다.
- 미국의 일부 중학교는 6-6-6 학제를 운영하기 시작했다(6개의 과

목, 6주간의 보고서 작성 기간, 연간 6개의 보고서).[1]

이들을 포함해 수많은 예시를 더 나열한 뒤 렐프는 말한다.

> 이제 우리는 미국과 전 세계가 … 그(짐승)의 숫자 '666'을 사용해서
> 물건을 사고팔게 되기까지 얼마나 남았느냐는 두려운 물음에 마주
> 하고 있다. 그날을 준비하라! 놀라지 말라! 이건 속임수가 아니다!
> 우리는 이미 '666'을 사용하고 있다! … 아, (계시록의 저자) 요한이여,
> 당신은 한낱 어부가 아니었습니다 … 당신은 앞으로 일어날 일을 보
> 여주는 성령 안에 있었습니다.[2]

어떤 이들은 컴퓨터 시대의 여명기에 나타난 이러한 편집증적, 종말
론적 궤변에 난색을 표할 수도 있다. 하지만 어떤 이들은 분명히 이
러한 반응을 기억하고 있을 것이다. 물론 예나 지금이나 그리스도교
청년 문화에 속한 대다수 아이가 그랬듯 나와 친구들도 이 같은 종말
론적 열광 상태에 완전히 사로잡혀 있지는 않았다. 우리는 대마초를
피웠고, 뉴웨이브 밴드 토킹 헤즈Talking Heads의 음악을 들었으며, 부모
님의 차로 경주를 하는가 하면, TV 애니메이션 《록키와 불윙클》Rocky

---

1 Mary Stewart Relfe, *When Your Money Fails: The '666 System' Is Here* (Montgomery, AL: Ministries, Inc., 1981), 15~20. 『세계에 나타난 666 시스템』(보이스사)

2 Mary Stewart Relfe, *When Your Money Fails*, 21~22. 요한을 "어부"라고 부르는 것으로 보아 렐프는 계시록의 저자가 야고보의 동생이자 제베대오(세베대)의 아들인 요한이라고 믿은 것 같다. 저자가 누구인가에 관해서는 뒤에서 다룬다.

and Bullwinkle이 재방영되는 것을 보고, 사랑에 빠지다 이내 사랑을 끝냈다. 우리는 미래에 대해 그리 심각하게 고민하지 않았다. 그럼에도 나는 모순덩어리인 10대였기 때문에 종종 하느님이 버린 세계에 남아 유명 연예인, 혹은 정치인의 모습을 한 사악한 짐승들의 지배를 받게 될지도 모른다는 끔찍한 상상을 하곤 했다. 10대 시절 냉전은 절정으로 치닫고 있었다. 핵무기가 확산되었으며, 미국과 소련은 중동 지역의 지배권을 두고 다투고 있었다. 중동 지역, 특히 이라크는 고대 바빌론이 있던 곳이며 바빌론은 계시록에 기록된 하느님의 궁극적인 적의 이름이다.

사람들은 모든 이에게 낙인을 새길 이 카리스마 있는 짐승을 '적그리스도'Antichrist, 즉 그리스도의 재림 이전에 나타나 사람들을 유혹해 자신을 따르고 숭배하게 만드는 사악한 가짜 구세주라 여겼다. 하지만 실제로 계시록은 '휴거'rapture(마지막 날 고난이 시작될 때 믿음을 가진 이들은 천상으로 들어 올려질 것이라는 생각을 뜻하며, '훔치다', '휩쓸어 가다'를 의미하는 그리스어 '하르파조'ἁρπάζω에서 나왔다)라는 말은 물론 적그리스도라는 말 역시 전혀 언급하지 않는다. 이 개념은 신약성서에 실린 요한(계시록을 쓴 요한과는 다른 사람이다)의 편지들에 나오는데, 여기서 요한은 예수가 구세주임을 부인하는 "그리스도의 적들"을 조심하라고 신자들에게 경고한다(1요한 2:18, 22, 2요한 1:7).* 이런 이들을 두고 요한

---

* 어린 자녀들이여, 마지막 때가 왔습니다. 여러분은 그리스도의 적이 오리라는 말을 들어왔는데 벌써 그리스도의 적들이 많이 나타났습니다. 그러니 마지막 때가 왔다는 것이 분명합니다." (1요한 2:18)
  "누가 거짓말쟁이입니까? 예수께서 그리스도시라는 것을 부인하는 사람이 아니

은 "그런 사람은 그리스도의 적대자로부터 악령을 받은 것입니다. 그 자가 오리라는 말을 여러분이 전에 들은 일이 있는데 그자는 벌써 이 세상에 와 있습니다"(1요한 4:3)라고 말한다. 그러나 요한이 그리스도를 부인하는 이들을 포괄적으로 지칭한 "그리스도의 적"은, 후대 그리스도교 사상에서 계시록의 짐승과 합쳐져 단일한 '적그리스도'가 되었다. 많은 신자는 이 적그리스도가 세상을 기만하기 위해 자신이 그리스도라고 생각하게 만들 것이라고 보았다. 그리고 계시록에 기록된 환상의 순서를 따라 그리스도의 재림 이전에 적그리스도가 오고, 이후 그리스도가 하르마게돈Ἁρμαγεδών이라는 곳(지금의 이스라엘에 있던 고대 도시 므깃도Megiddo의 폐허를 가리키는 듯하다)에서 적그리스도와 그의 군대를 쳐부순 뒤 새 하늘과 새 땅을 세울 것이라고 믿었다.

물론 오늘날 대다수 사람은 휴거, 짐승, 짐승의 낙인, 적그리스도 같은 (성서에 바탕을 둔) 종말론 개념들의 복잡한 계보를 알지 못한다. 이러한 개념들은 다양한 변형과 왜곡을 거쳐 사람들에게 전해졌다. 1970년대 가장 많이 팔린 책인 핼 린지Hal Lindsey의 『위대한 행성 지구의 만년』The Late, Great Planet Earth(1970년)처럼 임박한 세계 종말을 다룬 서적, 교회에 헌신하는 청년들, 청소년들 사이에서 유행하던 《밤중의 도둑》A Thief in the Night(1972/3)과 같은 종말론 공포 영화, 래리 노먼Larry

---

겠습니까? 이런 사람이 곧 그리스도의 적이며 아버지와 아들을 부인하는 자입니다." (1요한 2:22)

"내가 이 말을 하는 것은 속이는 자들이 세상에 많이 나타났기 때문입니다. 그들은 예수 그리스도께서 사람의 몸으로 오셨다는 것을 인정하지 않습니다. 이런 자는 속이는 자이고 그리스도의 적입니다." (2요한 1:7)

$_{Norman}$이 1969년에 발표해 크게 인기를 끌었던 《우리 모두 예비되어 있었다면》I Wish We'd All Been Ready(이 노래의 후렴구에서 화자는 "마음 바꿀 시간 없어요. 성자께서 오셨고, 당신은 남겨졌죠"라고 한탄한다) 같은 그리스도교 록 음악이 그 대표적인 예다.[3]

어린 시절 나는 실제 요한 계시록 본문을 읽으려 노력했지만 실패했다. 이전의 많은 사람이 그랬듯 나 역시 무수한 천사들, 신들, 괴물들이 벌이는 파괴적이고 피 튀기는 전투를 어안이 벙벙해질 정도로 생생하게 묘사한 본문을 읽다 길을 잃었다. 각 인물은 모두 어떤 상징적인 의미를 담고 있는 것 같았지만 이에 대한 해독은 당시 내 능력을 넘어서는 일이었다. 요한 계시록을 접한 역사 속 많은 사람과 마찬가지로 내게도 계시록은 읽고 해석해야 할 책이라기보다는 매력적이면서도 당혹스러운 다중매체이자 신화에 가까웠다. 계시록을 빽빽하게 수놓은 번뜩이는 심상들, 이야기들, 이야기 형태의 심상들은 때로는 겹쳐서, 때로는 흩어진 채로 내 종교적 상상력에 혼란스러운 무늬를 남겼다.

종말론 성향을 띤 보수적인 그리스도교 집단을 벗어난 지도 벌써 수십 년이 지났다. 요즘 내가 다니고 가르치는 진보적인 그리스도교 계열의 공동체에 속한 구성원 중 이 성서의 마지막 책을 진지하게 읽

---

3 Hal Lindsey, *The Late, Great Planet Earth* (Grand Rapids, MI: Zondervan, 1970) 영화 《밤중의 도둑》과 이 영화에서 래리 노먼의 노래가 맡은 역할에 관해서는 8장을 보라. 특히 1970년대와 1980년대에 미국 대중문화에서 이 같은 종말론적 '예언에 대한 믿음'이 존속했음을 밝힌 역사 연구서로는 다음을 들 수 있다. Paul S. Boyer, *When Time Shall Be No More: Prophecy Belief in Modern American Culture* (Cambridge, MA: Harvard University Press, 1992)

는 사람은 그리 많지 않을 것이다. 그들을 탓할 생각은 없다. 나도 이 책을 쓰지 않았다면 계시록을 꼼꼼히 살피지 않았을 테니 말이다. 하지만, 이러한 종말론적 상상의 일부는 여전히 내 안에 남아 있다. 오늘날 내가 계시록과 계시록이 그리는 종교적 세계와 거리를 두는 데에는 나름의 이유가 있지만, 나는 여전히 계시록과 그 세계를 품고 있다. 과거 많은 보수적 복음주의자, 근본주의자들이 그랬듯 나 역시 계시록의 무게를 느낀다. 이 같은 배경을 공유하지 않는 사람들에게는 우스꽝스럽게 보일지도 모르나, 사악한 세력이 군사력을 동원해 사람들의 눈을 가리고 이들에게 타락한 소비주의라는 진정제를 주사하며 세계를 지배한다는 세계 종말 각본이 나는 여전히 두렵다. 달리 생각하면, 어쩌면, 이런 각본은 애초에 경각심을 불러일으키기 위해 만들어진 것인지도 모른다.

이런 이유로 전 세계에 지점이 있고 절대 망하지 않을 만큼 거대한 은행에서 보안 코드 666이 적힌 신용카드를 보내자 나는 오한이 났다. 실제로 666을 두려워하는 증상에는 이름도 붙어 있다. 바로 '헥사코시오이헥세콘타헥사포비아'hexakosioihexekontahexaphobia('600'을 뜻하는 그리스어 단어 '헥사코시오이'ἑξακόσιοι에 '60'을 뜻하는 '헥세콘타'ἑξήκοντα와 '6'을 뜻하는 '헥스'ἕξ와 '공포증'을 뜻하는 영어 단어 '포비아'phobia를 더한 단어), 즉 '666 공포증'이다. 계시록이 스며들어 있는 서구 사회에서 이 공포증은 널리 퍼져 있다. 다음 사례를 보라.

· 1988년 로널드 레이건Ronald Reagan과 낸시 레이건Nancy Reagan은 백

악관을 떠나면서 로스앤젤레스 근처 벨에어에 있는 250만 달러
짜리 목장형 저택을 구입했는데, 이 집의 주소는 세인트클라우
드로드 666번지였다. 레이건 부부는 이 주소가 사탄과의 연관성
을 가리키는 표시로 해석될 수 있다고 염려해 이사하기 전 주소
를 668번지로 바꾸었다.[4]

· 2006년 여름에 출산 예정이던 많은 임산부는 아기가 6월 6일에,
즉 2006년의 여섯째 달의 여섯째 날(06/06/06)에 태어날까 염려
했다. 나쁜 징조가 아닐까, 심지어는 자신이 적그리스도를 낳을
수도 있지 않을까 두려워한 것이다.[5]

· 2013년 켄터키주 렉싱턴의 한 고등학생 운동선수는 지역에서
열린 크로스컨트리 대회에 불참했다. 등 번호 666번을 배정받았
기 때문이었다. 그는 말했다. "저는 하느님과의 관계를 위태롭
게 만들고 싶지 않아요. 주최 측에는 제 이름을 지워 달라고 했
고요. 제 이름이 그 숫자랑 붙어 있는 걸 생각만 해도 구역질이
납니다."[6]

· 2015년 미국 공화당 소속인 텍사스주 하원의원 조 바턴Joe Barton

4 'The Reagans: First Family Easing into Private Life', *Los Angeles Times*, November 19, 1988.

5 Tony Allen-Mills, 'Mothers Expect Damien on 6/6/06', *The Sunday Times*, April 30, 2006. '임산부들 06년 6월 6일 데이미언을 낳을까 염려'라는 기사 제목의 "데이미언"이 가리키는 것은 영화 《오멘》Omen 3부작(1976~81)에 등장하는 데이미언 손이라는 입양아로, 극 중에서 적그리스도임이 밝혀진다.

6 Eric Sondheimer, 'Kentucky Cross Country Runner Forfeits Rather Than Wear No. 666', *Los Angeles Times*, November 6, 2013.

은 원유 수출 금지 조치를 폐지하기 위한 자신의 법안 번호를 666에서 702로 바꾸었다.[7]

그리고 2017년 대학교에서 종교학을 가르치는 티머시 빌은 보안 코드 666이 적힌 새 신용카드를 받자 이를 잘라버린 다음 계좌를 해지했다.

계시록의 전기에 서문을 쓰면서 나의 사적인 666 공포증을 이야기하는 것은 이상하게 보일지도 모른다. 하지만 이렇게 글을 쓰는 이유는 어떤 면에서 내 생애와 계시록의 생애가 겹친다는 사실을 알리기 위해서다. 모든 전기는 어떤 의미로는 자서전이다. 전기는 전기의 대상과 저자가 함께한 생의 결과물이기 때문이다. 내가 쓰는 전기도 예외는 아니다.

또 하나의 이유는, 계시록의 생애는 이처럼 제멋대로 펼쳐진 종말론적 풍경(짐승의 숫자에 관한 암호문 같은 시, 미터법은 사탄의 음모라는 주장, 단일 세계 정부가 우리 몸에 칩을 심는 최후의 날에 대한 공포 등)의 모습을 취하고 있기 때문이다. 이 성서 전승의 조각들과 파편들은 거대한 본래 이야기에서 떨어져 나와 새로운 종말론적 상상에 녹아들었다. 그렇기에 이 전기는 곧 조각난 삶의 이야기, 분리되고 쪼개지고 흩어졌다가 때로는 예상치 못한 매혹적인 방식으로, 지극히 개인적이고 기이한 방식으로 다시 합쳐지고, 이어지기를 반복하는 이야기다.

---

7   Laura Barron-Lopez, 'Representative Avoids Apocalyptic 666', *The Hill*, February 4, 2015.

본격적인 내용으로 들어가기 전에 나는 독자들이 책의 개념을 가능한 한 광범위하고 느슨하게 가지기를 권한다. 이 계시록 전기는 종이 여러 장을 하나로 묶은 책의 단일한 생애를 다루지 않기 때문이다. 오히려 이 전기는 별들이 성운을 이루고 우주를 이루듯 관념과 심상이 이렇게 저렇게 얽히며 빚어내는 수많은 삶의 이야기, 기원이 모호하고 경전으로서 지위조차 언제나 불분명했던 1세기 문헌이 낳은 관념들과 심상들에 관한 이야기다.

전기는 결코 한 사람의 모든 것을 다룰 수 없다. 언제나 선별적이다. 전기 작가는 까다로운 작업을 통해 인물의 주요 순간을 골라내 이를 사건으로 만들고 이로써 실제 그의 삶보다 훨씬 더 일관되고 매끄러운 곡선 모양의 이야기를 들려준다. 나는 이 계시록의 전기를 쓰면서 다양한 문화의 맥락과 매체 환경에서 계시록이 되살아나는 순간들에 관심을 가지고 그 순간들을 선별했다. 따라서 서론인 1장과 모호한 기원을 다루는 2장 이후 장들은 각각 특정 문화에서 나온 한 작품에 주목하는데, 이 작품들은 의미의 새로운 지평에서 계시록을 드러내고 계시록에 새 생명을 부여했다.

이 책에서 소개한 부분들 외에도 계시록의 생애 중 매력적인 순간은 수없이 많고 이 모두는 주목할 만한 가치가 있다. 이를테면 전 세계 그리스도교 선교 운동에서 계시록의 역할, 오순절 운동과 여호와의 증인, 제칠일안식일예수재림교회 등 특정 개신교 운동에서 계시록이 차지하는 위치, 계시록을 탈식민주의나 여타의 입장에서 해석함으로써 서구 역사에 만연한 유럽 중심적 해석과 심지어 그리스도교 중심적 해석까지 전복하려는 시도들, 개신교 교파들 사이에 팽배한 반反 로마 가톨릭 비판에 대한 대항의 차원에서 이루어지는 계시록 해석, 계시록과 관련된 로마 가톨릭과 정교회의 도상학, 계시록과 전쟁 특히 미국 남북 전쟁의 역사, 그리스도교 성가에 나타나는 천국과 부활, 그리고 최후 심판의 심상들, 오늘날 좌파와 우파가 계시록으로부터 길어 올려 정치 담론에서 사용하는 수사법 등이 그 대표적인 예다. 독자들이 계시록의 생애는 너무나도 다양하고 다채롭다고 느낄 수 있기를, 그래서 소개하지 않은 부분들에 대한 탐구로 나아갈 수 있기를 바란다. 이러한 탐구의 실마리를 제공하기 위해 책 뒷부분에 읽을거리를 소개해 두었다.[8]

무엇보다도, 이 전기가 모습을 바꾸며 여기저기 퍼져 나가는 계시록의 놀라운 생명력, 좋든 나쁘든 끝이 보이지 않는 그 활력을 드러내 보여 주기를 희망한다.

---

8 계시록의 문화사 및 사회사를 다룬 더 포괄적인 연구를 원한다면 읽을거리를 참조하라. 탁월한 저작을 여러 권 소개해 두었는데, 나 역시 세부 연구를 진행하면서 이 책들의 도움을 많이 받았다. 특히 코백스Kovacs, 롤런드Rowland, 블런트Blount, 켈러Keller의 연구가 유용했다.

01

서론

신약성서 맨 마지막에 자리한 계시록은 요한이라는 남자가 (지금은 터키에 해당하는) 소아시아 서쪽 해안에서 조금 떨어진 작은 섬 파트모스에 머물 때 하느님이 자신에게 계시했다고 주장하는 극적이고 종말론적인 환상을 담고 있다. 이 책을 썼다는 사실 외에는 알려진 바가 없는 요한이라는 사람은 기원후 70년 예루살렘 성전 파괴로 끝난 유대-로마 전쟁 시작 무렵과 1세기 말 사이에 자신의 글을 가까운 본토에 있는 일곱 교회에 보냈다. 그는 폭력이 난무하는 환난과 임박한 하느님의 심판을 묘사하며 이는 현 세상이 절멸함으로써 끝날 것이라고, 인내심을 가지고 하느님에게 충실하게 순종하라고 신자들에게 권고한다. 요한에 따르면 세상이 절멸한 자리에 하느님은 새 하늘, 새 땅, 새 예루살렘을 세울 것이다. 하느님과 그리스도는 그곳을 모든 천사, 성도와 함께 영원히 통치할 것이다.

'요한의 묵시록'The Apocalypse of John('감추어진 것으로부터' 또는 '덮인 것으로부터'를 의미하는 그리스어 단어 '아포칼립시스'ἀποκάλυψις에서 나왔다)이라고도 불리는 계시록은, 하나뿐인 세계의 멸망에 관한 환상 혹은 예측을 담은 책이라기보다는 두 세계 사이의 경계를 들추어내는 책이다. 이는 한 세상의 끝이자 또 다른 세상의 시작이며, 압도하는 폭력으로 이루어지는 온 세상의 종말인 동시에 압도하는 영광으로 가득한, 죽음도 고통도 더는 없는 새로운 세상의 출발이기도 하다.[1] 사악한 괴물인 붉은 용과 그의 짐승들뿐 아니라 하느님, 그리스도, 그리고 그의 천사들도 이 모든 사태를, 이 모든 충격과 공포를 일으키는 주역이다. 끔찍하고도 희망찬, 꿈꾸는 듯하면서도 역겨운 계시록은 성서 전승에서 까다로운 축에 드는 책이다. 이 책을 빈틈없이 파악하기도 어렵지만, 그렇다고 손에서 놓아 버리기는 더 어렵다.

성서에서(더 나아가 모든 종교 경전 중에서도) 계시록만큼 많은 사람이 숭배한 동시에 매도한 책은 없다. 많은 사람은 계시록이 예언으로 가득한 전망과 상상의 정점이고 성서 정경의 주춧돌이며 제대로만 읽

---

1 요한 계시록은 원래 제목이 없었지만 나중에 그리스도교 전통에서 아포칼립시스라고 불리게 되었다. 그리스어 명사 아포칼립시스는 '~으로부터'를 뜻하는 '아포'ἀπο와 '감추다', '덮다'를 뜻하는 '칼립토'καλυπτω가 합쳐져서 만들어진 단어다. 대다수 학자는 이 문헌을 요한의 아포칼립시스Apocalypse라고 부르지만 대부분의 영어 성서에서는 '레벌레이션'Revelation이라는 제목을 쓴다. 이 제목은 고전기 이후 라틴어 단어인 '레벨라티오넴'revelationem에서 나왔고, 이는 아포칼립토와 비슷하게 덮인 것을 벗겨낸다는 의미를 가진 동사 '레벨라레'revelare에서 파생된 것이다. 다시 말해 '레'는 원래의 상태로 '되돌려' 놓는다는 뜻이고, '벨라레'는 '덮다', '감추다'를 뜻한다. 하지만 불가타 라틴어 성서는 계시록 1장 1절에서 레벨라티오넴이라는 라틴어 단어 대신 아포칼립시스라는 그리스어 단어를 썼다.

는다면 창조주, 세계의 과거, 현재, 미래를 알게 해 주는 열쇠라고 칭송한다. 그 못지않게 많은 사람은 계시록이 몹시 불안정한 정신을 소유한 개인의 작품이며, 잔혹하고 여성을 혐오하며 폭력을 추앙하는 불안정한 꿈이 담긴 이 문헌은 결코 성서로 받아들이지 말았어야 했다고 비난한다.

실제로 사람들은 이 종말론적 문헌을 오랜 시간 읽었을 뿐만 아니라 이 문헌이 경전의 위상을 지니고 있는지, 어떠한 가치가 있는지를 두고 논쟁을 벌였다. 기원후 3세기 알렉산드리아의 주교 디오니시우스Dionysius는 많은 그리스도교인이 계시록을 "이 책은 무의미하고 터무니없으며 … 모호함이라는 촘촘하고 두꺼운 장막으로 덮여 있다고 단언"하며 거부한다고 보고했다. 『교회사』Ecclesiastical History(325년)에서 카이사리아 주교 에우세비우스Eusebius는 계시록이 양립 불가능한 두 범주에 동시에 속한다고, 어떤 이들은 계시록을 '논쟁의 여지가 없는 책'(의심할 바 없이 그리스도교 정경에 속하는 책)으로 보는 반면 어떤 이들은 계시록을 '논쟁의 여지가 있는 책'으로 본다고 말했다. 367년에 신약 정경 목록을 작성할 때 알렉산드리아 주교 아타나시우스Athanasius는 계시록을 포함했지만, 동시대인인 예루살렘 주교 키릴루스Cyril는 목록에서 제외했다.

천 년이 흐르고 종교개혁 시기에도 사람들은 여전히 계시록의 지위를 의문시했다. 이를테면 1522년판 신약성서에서 마르틴 루터Martin Luther는 계시록이 영감을 받아 기록되었다는 증거를 전혀 찾을 수 없고 그 내용을 누구도 이해할 수 없으며 "우리에게는 훨씬 좋은 책이 많이 있다"고 적었다. 하지만 아이러니하게도 (6장에서 살펴볼) 루카스 크라나흐Lucas Cranach the Elder가 제작한 창의력 넘치는 목판 삽화 덕분에 계시록은 루터 성서 중 가장 있기 있는 책이 되었다.

오랜 시간에 걸쳐 학자들은 계시록의 사회적, 신학적 가치에 대해 논쟁했고 오늘날도 마찬가지다. 어떤 여성주의 성서학자들은 계시록이 이성애 중심의 규범에서 벗어난 이들과 여성의 해방, 사회 정의에 기여할 가능성이 없다고 날카롭게 비판한다. 반면 어떤 학자들, 이를 테면 엘리자베스 쉬슬러 피오렌자Elisabeth Schüssler Fiorenza는 당시 사회, 역사적 맥락을 고려하여 계시록의 남성 중심적 언어가 "관습적이고 일반적인" 수사법임을 받아들인다면, 계시록의 서사는 젠더, 성 정체성과 무관하게 가난하고 억압받는 이들의 해방에 기여할 수 있다고 주장한다. 하지만 티나 피핀Tina Pippin, 카롤린 판더 스티흘러Caroline Van-der Stichele와 같은 학자들은 남성적 언어로 성적 폭력을 표현하는 계시록은 당대 가부장적 규범과 여성혐오적 여성 묘사를 반영하는 데 그치지 않고 이를 강화하기에 결코 구제할 수 없는 문헌이라고 주장한다.[2]

---

2 Elisabeth Schüssler Fiorenza, *Revelation: Justice and Judgment* (Minneapolis, MN: Fortress, 1998) Tina Pippin, 'Death and Desire: The Rhetoric of Gender', *the Apocalypse of John* (Louisville, KY: Westminster John Knox, 1992) Tina Pippin, *Apocalyptic Bodies: The Biblical End of the World in Text and Image* (London and New York: Routledge, 1999) Caroline Vander Stichele, 'Re-membering the Whore: The Fate of Babylon According to Revelation 17:16', *A Feminist Companion to the Apocalypse of John* (New York: T&T Clark, 2009), 106~20. Stephen D. Moore, *Untold Tales from the Book of Revelation: Sex and Gender, Empire and Ecology* (Atlanta: Society of Biblical Literature, 2014), 5~6. 여기서 지적하듯 퀴어 이론은 계시록 연구와 관련해 풍부한 결실을 맺었다. 계시록에서 등장인물들의 성적 행위를 언급한다는 것이 첫 번째 이유지만(2:10~22, 14:8, 17:1~2, 18:3, 19:2), 더

경전으로서 계시록의 지위와 가치에 관한 논쟁은 이후 좀 더 살펴볼 것이다. 지금은 일단 수많은 비판이 있었는데도 불구하고 계시록이 살아남았다는 점, 점점 더 많은 사람이 계시록을 읽었다는 점을 기억해 두자. 계시록 본문을 읽어 본 적이 있든 없든, 많은 사람에게 계시록의 여러 장면, 등장인물, 심상은 그리 낯설지 않다. 일곱 개의 봉인, 네 명의 기사, 붉은 용, 태양을 둘러 걸친 여자, 대천사 미카엘, 분노의 포도, 짐승의 낙인, 창녀 바빌론, 재림, 천 년의 통치, 죽은 이들의 부활, 최후의 심판, 생명책, 새 예루살렘 같은 것들 말이다. 좋든 나쁘든 계시록의 도발적인 묘사들은 역사를 통틀어 수많은 예술가, 작가, 지도자, 사회 운동의 종말론적 상상력에 불을 지폈다. 서구인들의 경우 계시록에 의지하지 않고 세계, 혹은 세계의 종말을 상상하기란 사실상 불가능하다.

다중매체의 집합

계시록은 유배지에서 시작된다.

> 나 요한은 하느님의 말씀을 전파하고 예수를 증언한 탓으로 파트모스라는 섬에 갇혀 있었습니다. (계시 1:9)

중요한 이유는 이성애 중심의 규범을 탈피한 예시들이 많이 나타난다는 것이다. "계시록에는 여성의 가슴을 가진 예수가 등장하고(제임스흠정역 번역자들은 있는 그대로 '젖꼭지'('토이스 마스토이스'τοῖς μαστοῖς)에 금띠를 두르고"(1:13)라고 옮겼다), 144,000명의 숫총각 합창단을 언급하는가 하면(14:1~4), 어린 양과 결혼하는 신부가 나오는 등(19:7~9; 21:9), 시대를 막론하고 규범적인 성별 각본에서 일탈하여 우리의 눈길을 사로잡는 내용이 여럿 보인다."

계시록의 저자라는 사실 말고는 알려진 바가 없는 요한은 이어서 말한다.

> 주님의 날 나는 성령에 사로잡혀 내 뒤에서 나팔 소리처럼 울리는 큰 음성을 들었습니다. 그 음성은 나에게 "네가 보는 것을 책으로 기록(하라고) … 말씀하셨습니다. (1:10~11)

제자리에 있지 않은 것 같은 느낌, 계속되는 낯선 느낌, 계시록은 언제나 이 느낌과 결부되어 있다. 계시록은 이방인이며, 경계를 넘어선, 종말론적인 괴짜다. 간혹 권력과 영향력을 지닌 궁정과 교회에서 이 문헌을 받아들였을 때조차 계시록은 망명자이자 불청객, 내부의 타자로 남았다. 계시록은 결코 편안함을 주거나 안정감을 주는 문헌이 아니다. 이 책은 시대와 장소를 따라 다른 정체성을 얻고 새로운 형태를 취함으로써 계속해서 움직였고, 살아남아 번성했다.

따라서 이 전기는 계시록의 하나뿐인 생애가 아니라 수많은 생애에 관한, 그리고 이 생애를 거치는 동안 계시록이 북돋운 종말론적 상상력에 관한 이야기다. 이 책은 계시록이 제시한 기이하고 친숙한 (때로는 소름 돋고 때로는 영감을 주는) 전망들, 매우 다양하면서 때로는 모순적이기 그지없는 계시록의 생애들을 탐구한다. 따라서 이 책은 계시록을 받아들인 이들의 마음과 정신, 상상을 통해 계시록이 새롭게 생명을 얻은 이야기, 그리하여 계속해서 새로운 무언가가 되어 간 이야기를 다룬다. 나는 일종의 문화사가로서 이 전기를 썼다. 성서학

분야에서 문화사의 방법은 성서에 나오는 말, 심상, ('성서'라는 관념을 포함한) 관념들이 특정 문화에서 어떠한 형태를 취했는지, 어떠한 의미를 지녔는지를 탐구한다. 이 접근법은 단일하고 고정된 본래의 '성서', 혹은 '성서라는 책'은 없다는 사실에서 출발한다. 문화사가는 성서가 다양한 문화의 맥락 안에서 다수의 상징과 재료들(달리 말하면 성서에 바탕을 둔 매체들)을 생성해 내며, 이렇게 생성된 상징과 재료들은 때때로 서로 경쟁한다는 입장을 취한다.[3]

이러한 관점에서 계시록이라는 '책'은 과거 특정 시점에 창조된 뒤 오랜 세월 동안 다양한 해석을 통해 구현된 자명하고 고정된 문학 작품이 아니다. 계시록은 끊임없이 변화하며, 다양한 문화가 낳은 작품들을 통해 새로운 의미를 산출해 내고 끝없이 다시 만들어진다.

이러한 맥락에서 계시록은 조각난 생명체, 혹은 조각들이 어우러져 생겨난 생명체다. 이 조각들은 때로는 본래 맥락에서 완전히 떨어져 나온 파편과 부스러기, 흔적과 그 흔적의 흔적들로 이루어져 있

---

3 이러한 방법을 선도한 분야가 바로 성서 수용사다. 성서 수용사에서는 성서의 본문, 심상, 이야기, 등장인물이 수 세기 동안 인용, 해석, 독해, 개정, 개작을 거치며 사람들에게 영향을 주고 수용된 역사를 탐구한다. 성서 수용사의 한계에 관한 나의 견해는 다음을 참조하라. 'Reception History and Beyond: Toward the Cultural History of Scriptures', *Biblical Interpretation* 19 (2011), 357~72. 성서 수용사의 방법을 따랐던 많은 연구자가 이미 이 방법을 넘어서서 내가 문화사로 간주하는 영역에 진입했음을 지적해 두어야겠다. 특히 다음을 참조하라. Brennan W. Breed, *Nomadic Text: A Theory of Biblical Reception History* (Bloomington: Indiana University Press) Colleen M. Conway, *Sex and Slaughter in the Tent of Jael: A Cultural History of a Biblical Story* (New York: Oxford University Press, 2016) 이 책에서는 판관기(사사기)에 등장하는 야엘 서사를 다루는데, "이 특정한 이야기가 역사의 여러 순간에 특정 역할 혹은 의미"를 지닐 수 있도록 돕는 문화적 "행위"의 관점에서 문화사 접근을 시도한다.

다. 이들은 계속해서 변형되고 복제되고 엉겨 붙고 새로운 문화의 장에 스며든다. 그러므로 계시록은 단순히 글로 쓰인 문학 작품이 아니고, 후대 사람들이 받아들인 한 권의 책도 아니다. 차라리 계시록은 심상들, 이야기들, 이야기 형태의 심상들이 무리를 이루어 빛을 발하는 다중매체이자 집합체다. 계시록은 역사를 거쳐 다양한 매체 생태계에 속한 문화적 인공물들과 결합했다가 분리되기를 반복하며 수축하고 팽창한다. 그렇게, 계시록은 예상치 못한 방식으로 다른 문화적 산물의 일부가 된다. 성서 연구자들은 이 같은 현상을 두고 계시록을 오용하거나 남용하거나 제대로 받아들이지 못하거나 아예 받아들이지 못하는 것이라고 판단하지만 말이다.[4]

---

4   이러한 이야기 형태의 심상은 리처드 도킨스Richard Dawkins가 『이기적 유전자』The Selfish Gene에서 고안한 용어인 '밈'memes과 같은 것으로 볼 수도 있다. 밈은 '모방된 것'을 의미하는 그리스어 '미메마'μίμημα에서 착안하여 '유전자'를 뜻하는 영어 단어 '진'gene과 비슷하게 들리도록 축약한 용어로, 문화에서 유전자와 유사한 역할을 한다. 도킨스는 밈이 "문화적 전파의 단위, 또는 모방의 단위"이며 "밈의 예로는 선율, 관념, 표어, 패션, 항아리를 만들거나 아치를 세우는 법 등이 있다"고 말한다. 하지만 오늘날의 '밈 연구'가 목표로 하는 것과 나의 관심사는 두 가지 중요한 측면에서 다르다. 첫째, 밈 연구는 어떤 문화 내에서 밈이 유통되는 데에는 매체가 중심 역할을 한다는 사실에 거의 관심을 보이지 않는다. 둘째는 첫 번째 측면과 연관된 것인데, 밈 연구는 문화적 진화 과정에서 서로 경쟁하는 관념과 신념들이 확산되는 방식, 관념이 모방을 통한 복제를 거쳐 확산되는 역학에 주목한다. 다음을 참조하라. Douglas R. Hofstadter, 'On Viral Sentences and Self-Replicating Structures', *Metamagical Themas: Questing for the Essence of Mind and Pattern* (New York: Basic Books, 1985) Aaron Lynch, *Thought Contagion: How Belief Spreads Through Society* (New York: Basic Books, 2008) Susan Blackmore, *The Meme Machine* (Oxford: Oxford University Press, 1999) 이 단위들이 어떻게 돌연변이와 복제를 통해 존속하는가 하는 진화론적 물음은 나 역시 관심을 갖는 문제다. 계시록과 관련해 이 기이한 성서 전승은 어떻게 살아남고 번성했는가? 나는 계시록이 이식, 각색, 변형하기에 용이한 이야기 형태를 띠고 있다는 사실이 중요하다고 믿는다. 그러나 이 물음과 관련한 나의 관심사는 서로 경쟁하는 관념과 신념의 확산에만 국한되지 않는다. 앞으로 살펴보겠지만 계시록에 담긴 이러한 이야기 형태의 심상들은 많은 경우 인식론적, 사상적 내용을 거의 담고 있지 않았다.

앞으로 살펴보겠지만, 이 집합체는 너무나 산만하게 흩어져 있어서 그 요소들이 하나의 '책'과는 동떨어져 보이는 일이 많다. 하나의 서사에 다양한 요소들을 묶어 둔 밧줄이 풀리면, 이 요소들은 고유한 생명력을 지니고 새로운 맥락에서 진화하고 변형되고 복제되면서 다른 문화에 속한 심상 및 이야기의 조각들과 결합한다. 그리고 이러한 흐름은 계속 이어진다.

물론 이 집합체의 밀도 높은 중심부에는 계시록이라는 문헌, 좀 더 정확하게는 문헌 전승이 자리하고 있다. 계시록은 그 자체로도 집합체로, 여러 본문이 서로 얽혀 있으며 그 경계와 하위 영역을 식별하기가 불가능하다고는 할 수 없어도 상당히 어렵다. 계시록의 단일한 '원래' 본문은 존재하지 않는다. 다만 그리스어, 라틴어 및 다른 고대 언어들로 기록된, 그리스도교 초창기까지 거슬러 올라가는 다양한 필사본과 필사본 단편이 (거의 300개가 넘게) 존재할 뿐이다. 성서학자들은 이 다양한 초기 필사본을 가상의 원문에 대한 '증거들'이라고 부른다. 단일한 계시록 원본이 존재했는가는 매우 심각한 문제다. 지금까지 발견된 '증거들' 가운데 가장 오래된 파피루스 98번은 계시록의 아홉 구절(1:13~2:1)이 포함된 파피루스 두루마리 조각이며 기원후 2세기 것으로 추정된다. 길지 않은 이 파피루스 본문조차 후대 증거들과 완전히 일치하지는 않는데, 오늘날 대부분의 계시록 번역본에서 본문을 재구성하기 위해 사용하는 증거 중에는 이처럼 불일치하는 것들이 있다. 이를테면 3세기 말 혹은 4세기 초에 만들어진 것으로 추정되는 옥시링쿠스 파피루스Oxyrhynchus Papyrus 115번에는 계시록

13장 18절에 나오는 짐승의 숫자가 (다른 몇몇 필사본처럼) 666이 아니라 616이라고 기록되어 있다.[5]

이러한 초기 필사본과 필사본 단편들을 어떻게 합칠지를 두고 수많은 논쟁이 벌어졌으며 그 결과 수없이 많은 계시록 비평본과 번역본이 나왔다. 이 중 일부는 번역본의 번역본인데 라틴어 불가타('일반적인' 혹은 '대중적인'을 뜻한다) 성서를 번역한 현대 독일어 번역본 및 영어 번역본이 그 대표적인 예다. 또 ('널리 인정받은' 그리스어 신약 본문을 뜻하는) '공인 본문'textus receptus을 번역한 에라스뮈스Erasmus와 루터의 번역본, 제네바 성서와 제임스 흠정역 성서가 있다. 신개정표준판New Revised Standard Version이나 신국제판New International Version 등 대다수 현대 번역본은 다양한 '증거들'에 대한 비판적 평가를 기초로 연구자들이 '원문'에 가장 가깝다고 추측한, 어떤 재구성된 본문을 바탕으로 삼는

---

5 파피루스 98번은 1장 18절에서 "살아 있는 존재이다"를 생략하고 있는데 다른 대다수 필사본에는 이 구절이 포함되어 있다. 옥시링쿠스 파피루스 115번에 관해서는 다음을 참조하라. Bruce M. Metzger, Bart D. Ehrman, *The Text of the New Testament: Its Transmission, Corruption, and Restoration* (New York: Oxford University Press, 2005), 61. 계시록의 필사본 증거에 관한 간략한 설명은 다음을 참조하라. Brian K. Blount, *Revelation: A Commentary, New Testament Library* (Louisville, KY: Westminster John Knox, 2009), 22~26. 필사본 간의 주요 차이점에 관한 자세한 논의는 다음을 참조하라. Bruce M. Metzger, *A Textual Commentary on the Greek New Testament* (London: United Bible Societies, 1975), 729~67. 계시록의 '원본'이 남아 있지 않아 생기는 문제는 신약 문헌 중 원본이 없는 본문들에서 일반적으로 발생하는 문제다. 이와 관련된 논의는 다음을 참조하라. David Parker, *The Living Text of the Gospels* (Cambridge: Cambridge University Press, 1997) 이 책은 공관 복음에 드러난 이혼에 관한 예수의 발언들로부터 구성한 가상의 원문이 면밀한 본문 비평 연구를 통해 순식간에 해체되는 과정을 보여준다. 신약의 원본이라는 문제적 관념을 다룬 탁월한 학술적 논의는 다음을 참조하라. Eldon Epp, 'The Multivalence of the Term 'Original Text' in the New Testament Textual Criticism', *Harvard Theological Review* 92.3 (1999), 245~81.

다. 이 본문은 『네스틀레-알란트 그리스어 신약』Nestle-Aland Novum Testamentum Graece이라고 부르며, 현재 28번째 판이 나와 있다.

게다가 오늘날에는 계시록의 여러 판본과 번역본이 전통적인 인쇄 매체를 넘어 인스타그램 같은 매체의 밈부터 바이블닷컴Bible.com(여기서는 수천 가지 번역본을 제공하며, 이를 다양한 소셜 미디어에 공유함으로써 본문과 상호 작용하도록 권장한다) 같은 거대한 온라인 도구에 이르기까지 온갖 형태를 띠고 퍼져 나간다.

글로 기록된 문서라는 함의를 담아 계시록이라 부르는 이 문학적 집합체의 자취는 얼마든지 더 추적할 수 있을 것이다. 셀 수 없이 많은 설교와 주석과 해석과 비판적 분석 같은 것들 말이다. 집합체 중심부를 더 깊게 파고들어 계시록이 차용하고 변용한 유대교 경전 전승을 찾아낼 수도 있다. 요한이 천사에게서 두루마리를 받아 삼켰듯이 계시록이라는 문헌 자체도 다른 문헌들을 게걸스럽게 받아먹었다.* 계시록의 운문 가운데 절반 이상은 유대교 경전, 특히 에제키엘(에스겔), 이사야, 다니엘 같은 예언서에서 가져온 것이다.

달리 말하면, 글로 된 문헌으로 한정해 계시록을 검토하더라도 그 전파 과정 한가운데서 우리는 길을 잃어버리기 쉽다. 계시록은 이 과정 너머에 본래 '책'이 존재한다는 생각 자체를 의문시하게 만든다.

---

* "내가 그 천사에게로 가서, 그 작은 두루마리를 달라고 하니, 그는 나에게 말하기를 "이것을 받아먹어라. 이것은 너의 배에는 쓰겠지만, 너의 입에는 꿀같이 달 것이다" 하였습니다. 나는 그 천사의 손에서 그 작은 두루마리를 받아서 삼켰습니다. 그것이 내 입에는 꿀같이 달았으나, 먹고 나니, 뱃속은 쓰라렸습니다." (계시 10:9~10)

계시록을 더 자세히 들여다볼수록 문헌이 확장되고 수축되는 과정의 근원을 찾으려는 욕망은 난관에 부딪힌다. 성서 매체 연구자인 마이클 헤멘웨이Michael Hemenway의 말을 빌리면 계시록은 근원이 없는 본문이며 시작도, 끝도 없는 역동성을 지니고 있다.[6]

목에 박힌 나사

계시록이라는 다중매체 집합체는 여러 측면에서 프랑켄슈타인Frankenstein이라는 대중문화 현상과 매우 닮았다. 먼저 계시록은 메리 셸리Mary Shelley의 『프랑켄슈타인』(1818년)처럼 어떤 의미로는 파트모스의 요한이 창조한 괴물과도 같은 작품이다. 널리 알려져 있듯 셸리는 1831년 재발행된 『프랑켄슈타인』 서문에서 자신의 "흉측한 자식"이 "나아가서 번성하"기를 바란다고 말한 바 있다. 요한 역시 자신의 작품을 세상으로 내보냈고 계시록은 번성했다. 요한은 소설 속 괴물의 창조자인 프랑켄슈타인 박사와도 닮았다. 차차 살펴보겠지만 프랑켄슈타인 박사가 여러 시체를 합쳐 피조물을 만들었듯 계시록 본문 또한 요한의 머릿속에서 오롯이 태어났다기보다는 요한이 다른 문헌의 조각들을 짜깁기한 다음 생명을 불어넣음으로써 탄생했기 때문이다.

---

6 특히 다음을 참조하라. Michael Hemenway, *Bible as Interface* (PhD dissertation, University of Denver and Iliff School of Theology, 2017) 이와 유사하게 계시록에 접근하는 연구로 다음도 참조하라. Tat-Siong Benny Liew, *What Is Asian American Biblical Hermeneutics?: Reading the New Testament* (Honolulu: University of Hawaii Press, 2008), 134. "한때는 원본(이 경우에는 계시록의 원본)이야말로 후대에 생겨난 모든 것을 좌우하는, 좌우할 수 있는 본질이라고 여겨졌지만, 나는 이런 식으로 원본의 힘을 강조하고 싶지 않다. … 나는 성서의 정경(뿐만)이 아니라 성서학이 다루는 문헌의 범위가 확대되기를 바란다."

마지막으로, 프랑켄슈타인 현상Frankenstein phenomenon처럼 계시록도 글로 된 문헌 이상의 현상이다. 많은 사람이 『프랑켄슈타인』을 한 글자도 읽어 보지 않았지만 소설 속 괴물에 대해 많은 것을 알듯, 많은 사람이 계시록을 한 글자도 읽어 보지 않았지만 계시록에 대해 많은 것을 안다.

그리고 많은 경우 사람들이 아는 내용은 '원래' 본문과는 거의, 혹은 전혀 관계가 없다. 프랑켄슈타인이 창조자의 이름이 아니라 괴물의 이름이라고 생각하는 사람이 얼마나 많은가? 폭풍우 치는 밤에 번개 모으는 기계로 괴물에게 생명을 불어넣는 극적인 장면은 소설에서 묘사한 적도 없는데, 이 장면을 떠올리는 사람은 또 얼마나 많은가(실제 소설에서 프랑켄슈타인 박사는 빗방울이 창유리를 "음울하게 두드리"던 날 몇 가지 의료 도구로 "생명의 불꽃을 불어넣"었다고 짤막하게만 회상한다)? 사람들은 프랑켄슈타인 하면 엄청나게 크고 피부는 녹색이며 목에 나사가 박힌 괴물을 떠올린다. 그러나 이러한 묘사 역시 소설에는 전혀 등장하지 않는다. 게다가 셸리가 묘사한 괴물은 달변이고 자신의 실존에 대해 깊이 사색함에도 불구하고 많은 사람은 이 괴물이 아둔하고 말도 거의 하지 못한다고 상상한다. 왜 그럴까? 프랑켄슈타인이라는 관념은 원래 작품보다 훨씬 더 많은 것을 포괄함으로써 원래 작품과 사뭇 달라진 다중매체 문화 현상이기 때문이다. 소설 속 괴물처럼 프랑켄슈타인이라는 현상도 고유한 생명(좀 더 정확하게는 여러 생명)을 얻었다.

계시록도 마찬가지다. 계시록이 적그리스도에 대해 가르쳐 준다고 생각하는 사람은 얼마나 많은가? 어째서 많은 사람은 '믿는 자'들이 휴거 때 천국으로 올라갈 것이라는 주장이 계시록에 나온다고 생각하는가? 계시록의 마지막 환상은 새롭게 된 세계, 즉 새로운 예루살렘이 있는 새 하늘과 새 땅에 관한 것인데도 어째서 많은 사람은 계시록이 세계의 궁극적인 종말을 예견한다고 믿는가? 계시록 또한 '원래' 문헌보다 더 많은 것을 포괄함으로써 원래 문헌과 사뭇 달라진 다중매체 문화 현상이기 때문이다. 휴거와 적그리스도는 (사람들이 '프랑켄슈타인'으로 알고 있는) 괴물의 목에 박힌 나사 같은 것이다.

계시록 읽기

어쨌든, 계시록은 기본적으로 그리스도교 성서 맨 끝에 있는 문헌이다. 책으로서 계시록은 대략 12,000개의 단어로 이루어져 있으며 22개 장, 404개 절로 나누어져 있다. 일단 이 정도면 도전해 볼 만하다는 생각이 든다.

물론 계시록을 읽어 본 적이 없다 해도 당신만 그런 것은 아니다. 많은 사람이 시도하지만, 실제로 계시록을 처음부터 끝까지 읽은 사람은 극소수(종말론에 관심이 많은 근본주의자, 선교 및 전도에 열렬히 힘쓰는 사람 정도)에 불과하다. 본문에 이상한 단어가 많아서, 신학 개념이 난해해서가 아니다. 본문을 이끌고 가는 것은 일련의 행위들이다. 천사들, 신들, 괴물들이 이 세계, 그리고 이 세계에서 살아가는 인간들에게 극도로 잔혹하고 파괴적인 일을 벌이는데 저자는 왜 이러한 일이 일어나는지 별다른 해석도 설명도 없이 그저 그 모습을 묘사할 뿐이다. 게다가 주요 행위자들(보좌에 앉은 하느님, 어린 양의 모습을 한 부활한 그리스도, "악마라고도 하고 사탄이라고도" 하는 붉은 용, 짐승, 짐승의 앞잡이, 봉인을 떼고 나팔을 불며 분노의 대접을 쏟아내는 천사들)은 신약성서 나머지 부분에서 찾아볼 수 없는, 요한의 머리에서 불쑥 튀어나온 것들 같다. 계시록은 복음을 전하는 '성서'처럼 보이지 않는다. 이 문헌에 등장하는 인물들의 행위와 모습은 성서 나머지 문헌들에서 주로 묘사하는 하느님, 예수, 천사, 사탄, 복음, 그리고 이들과 세상의 관계와 잘 어울리지 않는다. 달리 말하면 대다수 독자가 그리스도교 성서를 읽을 때 가지는 기대를 거스른다.

계시록의 대략적인 모습을 그리는 것은 그리 어렵지 않다. 대다수 주석서는 계시록을 이렇게 나눈다.

I. 도입부, "인자와 같은 분"을 보는 환상 (계시 1:1~20)

II. 아시아의 일곱 교회에 보내는 편지 (2:1~3:22)

III. 하늘의 보좌가 있는 방 (4:1~5:14)

IV. 재난들, 여자로 의인화된 바빌론이 패망함으로써 재난이 끝남 (5:1~18:24)

V. 그리스도의 재림과 천년왕국, 최후의 심판 (19:1~20:15)

VI. 새 하늘, 새 땅, 새 예루살렘 (21:1~22:21)

이렇게 큰 그림으로 보면 계시록을 이해하는 것은 그리 어렵지 않아 보인다. 그러나 실제로 본문을 한 단어 한 단어 읽기 시작하면 대다수는 나무를 보느라 숲을 보지 못하게 된다. 30분 정도 시간을 낼 수 있다면, 이 책을 더 읽기 전에 계시록을 한번 읽어 보기를 권한다. 지금부터는 계시록 내용을 최대한 잘 요약해서 제시해 보려 한다.

이 책은 예수 그리스도께서 계시('아포칼립시스')하신 일들을 기록한 책입니다. 하느님께서 곧 일어날 일들을 당신의 종들('노예들'을 의미하는 그리스어 '둘로이스δοúλοις)에게 보이시려고 그리스도에게 계시하셨고 그리스도께서는 당신의 천사를 당신의 종 요한에게 보내어 알려 주셨습니다. 나 요한은 하느님의 말씀과 예수 그리스도께서 증언하신 것, 곧 내가 본 모든 것을 그대로 증언합니다. 이 예언의 말씀을 읽고 듣고 이 책에 기록되어 있는 대로 실천하는 사람들은 행복합니다. 그 일들이 성취될 때가 가까이 왔기 때문입니다. (1:1~3)[7]

요한은 글을 시작하며 자신의 기록이 하느님으로부터 예수 그리스도에게, 그리고 그의 천사들을 거쳐 자신에게 전해진 계시, 즉 '드러내기', '밝히기'를 의미하는 그리스어 '아포칼립시스'라는 대담한 주장을 한다.[8]

---

7 별도의 언급이 없다면 성서 번역문은 신개정표준판을 사용했다(New Revised Standard VersionNRSV, National Council of the Churches of Christ, 1989). 그리스어 본문에 대해 직접 논평하거나 본문을 직접 번역할 경우는 네스틀레-알란트 그리스어 신약의 27판을 사용했다. *Novum Testamentum Graece*, edited by Barbara and Kurt Aland (Stuttgart: Deutsche Bibelgesellschaft, 1993) 『네스틀레 알란트 그리스어 신약성서』(대한성서공회)

8 젠더, 성별, 성 정체성과 관련된 감추기, 드러내기라는 계시록의 은유가 고대의 신부 심상의 맥락에서 어떤 의미를 지니는가는 다음을 참조하라. Lynn R.

"하느님의 말씀을 전파하고 예수를 증언한 탓으로" 파트모스 섬(밧모 섬)에서 지내는 동안(추방된 상태였나? 누가 추방했을까? 아니면 숨어 있었나? 누구로부터? 복음을 전한 것인가? 누구에게?), 요한은 자신이 (아마도 한 주의 첫날이자 예수가 부활했다고 사람들이 여긴 날, 즉 일요일인) "주님의 날에 성령의 감동을 받고" 나팔 소리 같은 큰 음성을 들었으며, 이 음성이 자신이 보는 것을 두루마리로 기록해 아시아의 일곱 교회에 보내라 했다고 전한다(1:9~11).[9]

누구의 음성인지 알기 위해 돌아서자 요한은 일곱 촛대 한가운데 "인자와 같은 분"이 오른손에 일곱별을 쥐고 있는 모습을 본다.[10] 그는 길고 흰옷을 입고 가슴(그리스어로 '마스토이스' μαστοῖς)에는 금띠('조네' ζώνη)를 둘렀으며, 그의 머리와 머리털은 양털같이 혹은 눈같이 희

Huber, 'Like a Bride Adorned: Reading Metaphor', *John's Apocalypse*, Emory Studies in Early Christianity (New York: T & T Clark, 2007), 179~84. 요한이 자신의 글을 아포칼립시스, 즉 드러내기라고 선언하는 것에서 우리는 계시록 20장 이후 절정부에 나타나는 젠더화된 '아나칼립시스' ἀνακάλυψης('드러내기'를 의미하며, 여기에서는 신부가 공개되는 것을 가리킨다)를 예상할 수 있다. 다음도 참조하라. Lynn R. Huber, *Thinking and Seeing with Women in Revelation* (London: Bloomsbury, 2013)

9 1장 2절에서 "증언하신"('에마르티레센' ἐμαρτύρησεν)과 "증언"('마르티리안' μαρτυρίαν)으로 옮겨진 단어들은 순교와 고통의 의미도 포함한다(6:9, 12:17, 20:4). 요한은 여기에서 이 단어를 사용하여 증언과 고통 혹은 순교의 관련성을 암시하려 했는지도 모른다.

10 '나는 보았다'를 의미하는 그리스어 동사 '에이돈' εἶδον은 본문 전체에 걸쳐 한 환상에서 다음 환상으로 넘어갈 때마다 쓰이는 단어다('나는 들었다'를 의미하는 '에쿠사' ἤκουσα도 '에이돈'만큼은 아니지만 종종 사용된다). 신개정표준판을 비롯한 대다수 번역본은 이 단어를 '나는 보았다', '나는 쳐다보았다' 등으로 바꾸어 가면서 옮겼는데, 그리스어 본문에서 이 단어가 반복될 때 생겨나는 어색함을 피하기 위한 것으로 보인다. 나는 계시록을 재서술하면서 이 동사를 일관되게 '나는 보았다'로 옮겨 반복을 강조할 것이다. 독자와 청자를 압도하는 계시록의 수사적 효과가 발휘되는 데에는 이 반복이 핵심이라고 생각하기 때문이다.

다. 눈은 불꽃 같고 발은 달아오른 놋쇠 같으며 음성은 큰 물소리 같
다. 얼굴은 태양처럼 빛난다. 입에서는 양날 칼이 튀어나온다
(1:12~16).

요한은 그의 발 앞에 죽은 사람처럼 쓰러지지만, 이 무서운 존재
는 요한에게 오른손을 얹고 두려워하지 말라면서 자신이 부활한 그
리스도임을 밝힌다. 그리스도는 요한에게 일곱 개의 편지를 써서 아
시아의 일곱 교회(에페소(에베소), 스미르나(서머나), 베르가모(버가모), 티아
디라(두아디라), 사르디스(사데), 필라델피아(빌라델비아), 라오디게이아(라오디
게아)로 모두 터키 서부에 있었다)에 보내라고 이야기한다.

본문은 그리스도가 받아 적게 한 편지 내용으로 곧장 이어진다.
각 편지는 "… 교회의 천사에게"로 시작하고 교회의 상황에 따라 칭
찬, 비판, 격려 등을 담고 있다. 이 편지들을 지금 읽으면 남의 통화
를 엿듣는 듯한 느낌이 든다. 어떤 경우에는 로마의 주류 시민 종교
에 동화되는 교회를 비판하는 등 쟁점이 명백하다. 어떤 경우에는 현
대인들은 모르는 사람이나 그리스도교 신앙과 배치되는 운동, "발람
의 가르침", "사탄의 무리", "니골라오파(니골라 당)", "이세벨이라는
여자" 등을 비난하는데, 당시 교회의 몇몇 사람들은 이러한 세력을
용인하거나 포용했던 것으로 보인다.[11] 그리고 곳곳에서 요한의 여성

---

11 신앙의 적으로 언급되는 발람, 이세벨, 니골라오파에 관한 기록은 계시록 외의
    문헌에서는 찾아볼 수 없다. 이세벨이라는 이름은 아합 왕의 아내로서 야훼 외
    에 바알과 아세라의 예언자들을 대접하고 야훼의 예언자들을 살해하여 엘리야
    예언자에게 비난받은 북이스라엘의 왕비 이세벨을 떠올리게 한다(1열왕 16-2열
    왕 9). 그녀는 왕위를 노린 예후의 명령에 따라 잔혹하게 살해당했다. 계시록에
    서 그녀는 음란한 요부로 성애화되지만 히브리 성서 서사에서는 이러한 측면

혐오를 감지할 수 있다. 티아디라 교회에 보낸 편지에서 그리스도는 선언한다.

> 너는 이세벨이라는 여자를 용납하고 있다. 그 여자는 예언자로 자처하며 내 종들을 잘못 가르쳐서 미혹하게 했고 음란한 짓을 하게 했으며 우상에게 바쳤던 제물을 먹게 하였다. 나는 그 여자에게 뉘우칠 시간을 주었지만 그 여자는 자기의 음행을 뉘우치려고 하지 않는다. 이제 나는 그 여자를 고통의 침상에 던지겠다. 그리고 그 여자와 간음하는 자들도 뉘우치지 않고 그와 같은 음란한 행위를 계속한다면 큰 환난 속에 던져버리겠다. 그리고 그 여자의 자녀들을 죽여버리겠다. (2:20~23)

여기서 요한은 종교적 권위를 주장하는 누군가를 여자로 표현한다. 이 여자는 다른 이들을 유혹해 통념에 어긋나는 성행위를 하고 종교 혼합주의로 이끈다. 요한의 그리스도가 선언한 바에 따르면, 그녀의

을 찾아볼 수 없다. 그녀가 아주 강력한 왕비이며(이는 유약하고 우유부단한 남편 아합 왕과 대비된다) 신학적으로 엘리야의 최대의 적수임은 쉽게 알 수 있다. 발람에 대한 언급 역시 히브리 성서 이야기를 떠올리게 한다. 민수기 22~24장에서 예언자이자 점쟁이인 발람은 이스라엘과 그 적인 모압 사이에서 곤경에 처했다. 이 이야기에서 모압의 왕 발락은 발람을 불러다 이스라엘군을 저주해 달라고 부탁하지만, 하느님이 개입하여 발락의 계획을 뒤집어 버리고 결국 모압인들은 패배한다. 니골라오파라는 이름은 계시록에서만 발견되는데, 예루살렘의 초기 예수 운동을 이끌도록 선출된 일곱 지도자(사도 6:5) 중 한 명인 니골라오(니골라) 혹은 동명이인의 추종자들을 가리키는 것 같다. 2세기 후반 이레네우스Irenaeus의 『이단 논박』Against Heresies 이후로 이 니골라오파는 예루살렘의 니골라오와 관련이 있다고 여겨졌다.

성적 범죄는 (과도하다고 생각될 정도의) 성적 처벌을 초래한다. 그녀는 계속해서 강간당하고 자녀들은 살해당할 것이다.[12]

마지막 일곱 번째 편지가 끝난 다음 요한은 즉시 "성령의 감동을 받"고 하늘로 올라가며, 이윽고 그를 따라 우리도 비현실적인 환상들 사이를 재빠르게 넘나든다. 이 환상들은 보통 "그리고 나는 보았습니다" 혹은 "그리고 나는 들었습니다" 같은 단순한 도입부로 시작된다. 하늘에서 요한은 유리 바다를 앞에 둔 보좌와 그 위에 "벽옥과 홍옥 같"은 모습을 하고 앉아 있는 존재를 본다. 보좌 둘레에는 "비취옥과 같이 보이는 무지개"가 있다. 또한 보좌 둘레에는 높은 좌석이 스물네 개 있고, 거기에는 흰옷을 입고 금 면류관을 쓴 원로 스물네 명이 앉아 있다. 날개를 여섯 개씩 가진 "앞뒤에 눈이 가득 달린 생물" 또는 "동물"('조아'ζῷα) 네 마리도 있다. 한 마리는 사자 같이 생겼고, 한 마리는 황소 같이 생겼으며, 한 마리는 얼굴이 사람 같이 생겼고, 한 마리는 독수리 같이 생겼다. 이들은 쉬지 않고 노래한다.

거룩하시다. 거룩하시다. 거룩하시다. 전능하신 주 하느님 전에 계셨고 지금도 계시고 장차 오실 분이시로다. (4:8)

이들이 이렇게 노래할 때마다 스물네 명의 원로들은 중앙의 보좌에 경배를 드리고 면류관을 벗어 보좌 앞에 내놓으며 주 하느님을 찬미

---

12 신부인 예루살렘을 이상적으로 대상화하고 다른 것들을 여성혐오적으로 성애화하는 측면에 관해서는 다음을 참조하라. Tina Pippin, *Death and Desire*.

한다(4:1~11).

"나는 또 보았습니다." 계속해서 요한은 보좌에서 펼쳐지는 풍경을 그린다. 보좌에 앉은 존재는 안팎으로 글이 적혀 있고 일곱 인을 찍어 봉인한 두루마리를 들고 있다. 힘센 천사가 외친다.

이 봉인을 떼고 두루마리를 펼 자격이 있는 자가 누구인가? (5:2)

하늘과 땅에 있는 그 누구도 두루마리를 펴거나 볼 수 없음을 깨달은 요한은 슬피 운다. 그러자 원로 중 하나가 그를 위로하면서 "유다 지파에서 난 사자", 다윗의 후손이 두루마리를 펼 수 있다고 말한다.

바로 이때 "이미 죽임을 당한 것 같았으며 일곱 뿔과 일곱 눈을 가지고 있"는 어린 양(5:6)이 보좌와 생물들, 원로들 가운데서 걸어 나온다. 그는 보좌에 앉아 있는 존재의 손에서 두루마리를 받는다. 이에 현악기와 향이 담긴 대접을 든 원로들은 어린 양을 향해 찬가를 부른다.

당신은 두루마리를 받으실 자격이 있고 봉인을 떼실 자격이 있습니다. 당신은 죽임을 당하셨고 당신의 피로 값을 치러 모든 민족과 언어와 백성과 나라로부터 사람들을 구해 내셔서 하느님께 바치셨습니다. 당신은 그들로 하여금 우리 하느님을 위하여 한 왕국을 이루게 하셨고 사제들이 되게 하셨으니 그들은 땅 위에서 왕 노릇 할 것입니다. (5:9~10)

요한은 "또" 생물들을 둘러싼 수많은 천사와 원로가 노래하는 것을 보고 듣는다. 하늘과 땅과 땅 아래와 바다에 있는 모든 피조물도 노래한다.

요한은 계속해서 말한다.

나는 어린 양이 그 일곱 봉인 가운데 하나를 떼는 것을 보았습니다. (6:1)

어린 양이 봉인 하나를 뗄 때마다 불길한 전조를 드러내는 생물이 나온다. 처음 네 봉인을 뗄 때는 말과 기사가 나온다. 첫 번째 봉인을 떼자 흰 말을 탄 기사가 나오는데 기사는 활을 들고 승리자의 면류관을 쓰고 있다. 두 번째 봉인을 떼자 붉은 말을 탄 기사가 나온다. 그는 큰 칼을 휘둘러 땅에서 평화를 없애고 사람들이 서로를 죽이게 만든다. 세 번째 봉인을 떼자 저울을 들고 검은 말을 탄 기사가 나온다. 네 번째 봉인을 떼자 '죽음'이라는 이름을 지닌 기사가 푸르스름한 말을 타고 나온다. 그 뒤에서는 지옥이 그를 따르고 있다. 기사는 칼, 기근, 죽음, 들짐승으로 사람들을 죽인다.

어린 양이 다섯째 봉인을 떼자 "하느님의 말씀 때문에 … 죽임을 당한"(6:9) 이들의 영혼이 갑자기 제단 아래에서 부르짖으면서, 하느님이 언제쯤 자신들의 죽음에 복수해 줄 것인지 묻는다. 이들은 흰 두루마기를 받고 조금만 더 기다리라는 말을 듣는다.

여섯째 봉인을 떼자 지진이 일어나고 태양은 검게 변하며 달은 핏

빛이 되고 별들은 과일이 나무에서 떨어지듯 하늘에서 떨어지며 하늘은 거대한 두루마리처럼 말린다. 겁에 질린 세상의 모든 인간은 왕과 장성들부터 노예에 이르기까지 동굴과 바위틈에 숨어 자신들이 어린 양의 진노를 피할 수 있도록 바위가 자신들에게 무너져 내리기를 간구한다.

"그 뒤에" 요한은 땅과 바다를 해칠 권한을 받은 네 천사를 본다. 그들은 땅의 네 모퉁이를 붙들고 깔개 털 듯 땅을 흔들려 하는데 다른 천사 하나가 떠오르는 태양 쪽에서 나타나 이들을 제지하며 하느님의 종이 이스라엘 열두 지파에서 12,000명씩 144,000명 모일 때까지 기다리라고 말한다. 이 종들은 이마에 도장을 받는다. 그다음 모든 나라, 민족에서 나온 수많은 사람이 어린 양의 피로 하얗게 씻긴 흰 두루마기를 입고 보좌와 어린 양 앞에 모여 찬미의 노래를 부른다. 수천수만의 천사, 스물네 명의 원로, 네 생물도 엎드려 경배한다.

어린 양이 마지막 일곱째 봉인을 떼고 "약 반 시간 동안" 하늘에는 침묵이 흐른다. 다시 요한은 증언한다.

> 그리고 나는 하느님 앞에 서 있는 일곱 천사를 보았습니다. 그들은 나팔을 하나씩 받아 가지고 있었습니다. (8:2)

또 다른 천사가 금 향로를 들고 온 뒤 향과 불을 가득 채워 이를 보좌에 바친 뒤 땅에 던진다. 그러자 천둥과 번개와 지진이 일어난다.

천사들이 나팔을 불면서 또 다른 일곱 개의 전조가 잇따라 일어난다. 첫째 천사가 나팔을 부니 우박과 불이 피범벅이 되어서 땅에 떨어져 땅의 3분의 1, 나무의 3분의 1이 타 버리고 푸른 풀이 모두 다 타 버린다. 둘째 천사가 나팔을 부니 불길에 휩싸인 산이 바다에 떨어져 바다 생물 3분의 1이 죽고, 모든 선박의 3분의 1이 산산조각이 난다. 셋째 천사가 나팔을 부니 쑥이라는 이름을 지닌 별이 강과 샘물의 3분의 1에 떨어져 물의 3분의 1이 쑥이 되고 많은 사람이 그 물을 마시고 죽는다. 넷째 천사가 나팔을 부니 태양과 달과 별들의 3분의 1이 어두워지고 낮과 밤 3분의 1도 빛을 잃는다.

이제 상황은 더 심각해진다. 다섯째 천사가 나팔을 불자 하늘에서 땅으로 별이 떨어지는데 이 별은 끝없이 깊은 구덩이를 여는 열쇠를 받았다. 이 구덩이가 열리자 사람의 얼굴, 여자의 머리털, 쇠로 된 가슴막이, 사자의 이빨, 전갈의 꼬리를 지닌 메뚜기 떼가 쏟아져 나온다. 메뚜기들은 머리에 금관을 쓰고 있고 말과 같은 모습을 하고 있으며 꼬리는 "다섯 달 동안 사람을 해할 수 있는 권세"를 지니고 있다. 메뚜기들의 왕은 끝없이 깊은 구덩이를 다스리는 천사로 이름은 히브리어로 아밧돈 תחגבּא('파괴', '폐허'를 뜻하며, '파괴하다'를 의미하는 동사 '아바드'דבָא에서 나온 이름)이다. 메뚜기들은 풀이나 푸성귀나 나무를 헤쳐서는 안 되고, 이마에 하느님의 도장이 찍히지 않은 사람만을 괴롭히라는 명령을 받는다.

여섯째 천사가 나팔을 불자 유프라테스강에서 네 천사가 풀려 나온다. 이들은 유황을 내뿜고 머리는 사자 같고 꼬리는 뱀과 같은 말을 탄 2억의 기마병을 거느리고 있다. 불꽃 같은 가슴막이를 입은 기마병은 온 인류의 3분의 1을 죽인다.

일곱째 천사가 나팔을 불기 전, 또 다른 천사가 구름에 싸여 하늘에서 내려온다. 그의 머리 위에는 무지개가 둘려 있고 그의 얼굴은 태양 같으며 다리는 불기둥 같다. 그는 손에 작은 두루마리를 펴서 들고 있다. 한 발을 땅에, 다른 발을 바다에 딛고 선 그가 소리치자 일곱 개의 천둥이 응답한다. 요한은 천둥이 뭐라고 하는지 기록하려 했지만 하늘에서 기록하지 말라는 음성이 들리고, 바다와 땅에 발을 디디고 서 있는 천사가 "이제 일곱째 천사가 나팔을 불 터인데 그 소리가 나는 날에는 하느님께서 당신의 종 예언자들에게 전해 주신 대로 하느님의 신비로운 계획이 완성될 것이다"라고 말한다.

하늘에서 음성이 다시 울려 퍼지며 요한에게 천사로부터 작은 두루마리를 받으라고 명령한다. 천사는 요한에게 두루마리를 먹으라고 하고 요한은 그렇게 한다. 두루마리는 꿀같이 달지만 먹고 나니 뱃속이 쓰라렸다고 요한은 말한다. 하늘로부터의 음성이 그에게 예언을 해야 한다고 말하며 측량자로 하느님의 성전과 제단을 측량하고 성전에서 예배하는 사람들을 세라고 명한다. 성전 바깥 뜰은 측량할 필요가 없다. 이 뜰은 이방인들에게 내준 것으로 이들은 예루살렘을 마흔두 달 동안 짓밟을 것이다.

이때부터 사태는 조금 혼란스러워진다. 정체불명의 목소리가 들려와 자신이 "두 증인"(그리스어 '마르티르신'μάρτυρσιν으로 '순교자', '증인'을 뜻한다)에게 1,260일 동안 예언할 권위를 줄 것이라고 말한다. 이 두 증인은 주님 앞에 서 있는 두 올리브 나무이자 두 촛대이다(11:4). 이들은 하늘을 닫아 비가 내리지 못하게 할 수 있으며, 물을 피로 변하게 할 수도 있고 재난을 일으킬 수도 있다. 누구든 이들을 해치려 하면 이들은 입에서 불을 내 그들을 삼켜 버릴 것이다. 하지만 두 증인이 증언을 마치면 끝없이 깊은 구렁에서 짐승이 올라와 이들을 죽일 것이다. 이들의 시체는 거리에 버려져 썩고, 땅 위에서 이들의 예언을 들은 사람들은 그들의 죽음을 기뻐하고 즐거워하며 서로 선물을 교환할 것이다.

목소리는 미래 시제를 과거 시제로 바꾸어 말한다. 사흘 반이 지나자 하느님이 두 증인의 시체에 생명의 기운을 불어넣었다. 그들은 일어나 구름을 타고 하늘로 올라갔고 이를 지켜보던 군중은 두려움에 사로잡혔다. 두 증인이 하늘로 올라간 순간 지진이 일어나 도시의 10분의 1이 파괴되고 7천 명의 사람이 죽었다. 살아남은 이들은 하느님을 찬양했다.

마지막으로, 일곱째 천사가 나팔을 분다. 곧바로 하늘로부터 큰 목소리가 말한다.

세상 나라는 우리 주님과 그분이 세우신 그리스도의 나라가 되었고, 그리스도께서 영원무궁토록 군림하실 것이다. (11:15)

스물네 원로는 엎드려 경배하고 하느님 최후의 심판에 감사를 올린다. 이윽고 하늘에 있는 성전이 열린다. 천둥, 번개, 지진, 우박이 뒤엉킨 가운데 요한은 성전에 있는 언약궤가 나타난 것을 본다.

이어서 나오는 장면이 계속 천국에서 이루어지는 것인지, 새로운 장면인지는 불분명하다. 어쨌든 요한은 하늘에 나타난 "큰 표징"을 본다. 한 여자가 태양을 입고 달을 밟고 별이 열두 개 박힌 면류관을 머리에 쓰고 있다. 그녀는 해산의 진통과 괴로움으로 울고 있다. 또 다른 표징이 하늘에 나타난다. 일곱 개의 머리와 열 개의 뿔을 가진 붉은 용이 꼬리로 하늘의 별 3분의 1을 쓸어버리고 여자가 아기를 낳기만 하면 그 아기를 삼켜 버리려고 그 앞에서 기다린다. 이 아기는 장차 세계를 다스리게 될 존재다. 아기는 태어나자마자 하느님이 있는 하늘로 순식간에 들려 올라가고 여자는 하느님이 마련해 준 광야로 도망친다. 그곳에서 1,260일(두 증인이 구렁에서 올라온 짐승에게 죽임을 당하기 전까지 예언하는 기간도 1,260일이다)동안 사람들은 그 여자를 먹여 살릴 것이다.

이때 하늘에서는 전쟁이 일어난다. 한쪽은 대천사 미카엘과 그의 부하 천사들이고 다른 한쪽은 "악마라고도 하고, 사탄이라고도 하며 온 세계를 속여서 어지럽히던 늙은 뱀"인 용과 그의 부하들이 있다. 미카엘의 무리가 승리하고, 악마인 용과 그의 부하들은 땅에 떨어진다. 이내 용은 태양을 입은 여자를 쫓아가지만, 여자는 날개를 받고 광야로 날아간다. 용은 입에서 강물처럼 물을 토해 그녀를 쓸어버리려 하지만, 땅(그리스어 '가이아'Γαῖα)이 물을 삼켜 그녀를 구한다. 화가 치민 용은 여자를 광야에 내버려 두고, 대신 하느님을 모시는 올바른 사람들인 그녀의 자손들을 공격한다.

용이 바닷가에 섰을 때 요한은 짐승 하나가 바다에서 올라오는 것을 본다. 이 짐승은 뿔이 열 개이고 뿔 하나하나에 왕관을 쓰고 있다. 그리고 각각의 머리에는 하느님을 모독하는 이름이 붙어 있으며 머리 가운데 하나는 치명상을 입었다가 치유된 상태다. 표범을 닮았으며 발은 곰과 같고 사자의 입을 지닌 이 짐승은 하느님과 하늘에 사는 모든 이를 저주하고 모독한다. 용은 짐승에게 권세를 주었고 온 세상은 짐승을 마흔두 달 동안 숭배한다.

요한은 말을 잇는다. "나는 … 보았습니다." 또 다른 짐승이 땅에서 올라온다. 이 짐승은 어린 양처럼 두 개의 뿔이 있으며 용처럼 말한다. 이 짐승은 온갖 기적을 행함으로써 땅 위에 사는 사람들을 기만해 이들이 첫 번째 짐승을 섬기게 한다. 짐승은 첫 번째 짐승의 우상을 만들고 이 우상에 생기를 불어넣어 말을 하게 하며 섬기지 않는 이들을 죽인다. 바로 이 맥락에서 요한은 숫자 666을 이야기한다.

> 또 낮은 사람이나 높은 사람이나, 부자나 가난한 자나, 자유인이나 종이나 할 것 없이 모든 사람에게 오른손이나 이마에 낙인을 받게 하였습니다. 그리고 그 짐승의 이름이나 그 이름을 표시하는 숫자의 낙인이 찍힌 사람 외에는 아무도 물건을 사거나 팔지 못하게 하였습니다. 바로 여기에 지혜가 필요합니다. 영리한 사람은 그 짐승을 가리키는 숫자를 풀이해 보십시오. 그 숫자는 사람의 이름을 표시하는 것으로서 그 수는 육백육십육입니다. (13:16~18)

이어서 요한은 "어린 양이 시온 산 위에 서 있는 것"을 본다. 어린 양은 144,000명의 올바른 남자를 데리고 있는데, 이들은 모두 숫총각으로 "여자들과 더불어 몸을 더럽힌 일이 없"고 거짓말을 하지 않으며, 이마에는 어린 양과 하느님의 이름이 적혀 있다. 동시에 요한은 큰 물소리 같기도 하고 천둥, 혹은 현악기 소리 같기도 한 큰 음성이 하늘로부터 울리는 것을 듣는다. 이 목소리는 보좌와 네 생물과 원로들 앞에서 새로운 노래를 부르지만 144,000명을 제외하면 누구도 이 노래를 배우지 못한다.

이제 하늘 한가운데서 세 천사가 나타나 외친다. "영원한 복음"을 가지고 있는 첫째 천사는 하느님의 심판이 다가왔으니 모두 그분을 경외하라고 말한다. 둘째 천사는 "무너졌다! 큰 바빌론 도성이 무너졌다! 자기 음행 때문에 분노의 포도주를 모든 민족에게 마시게 한 바빌론이 무너졌다!"(14:8)고 외친다. 셋째 천사는 짐승과 그 우상을 경배하는 모든 이가 하느님의 진노가 희석되지 않고 담긴 포도주를 마시게 될 것이며, 영원히 불과 유황으로 고통받게 될 것이라고 말한다.

"또" 요한은 흰 구름과 그 위에 "사람의 아들 같은 분"이 앉아 머리에 금 면류관을 쓰고 날이 선 낫을 들고 있는 모습을 본다. 한 천사가 성전에서 나와 구름 위에 앉아 있는 이에게 "곡식이 무르익어 추수할 때"가 되었으니 추수하라고 외친다. 그러자 그는 낫을 땅 위에 휘두른다. 또 다른 천사가 성전에서 나오는데 그 또한 낫을 들고 있다. 이어서 불을 다스리는 천사가 나오는데, 그는 낫을 휘두르는 천사에게 포도가 익었으니 낫으로 포도송이를 거두라고 말한다. 이에

낮을 든 천사는 낮을 휘두르고 거둔 포도를 "하느님의 큰 분노의 포도주를 만드는 술틀"에 넣는다. 술틀은 성 밖에 있는데 여기서 피가 흘러나와 말 굴레의 높이까지 닿고 삼백여 킬로미터나 퍼져 나간다.

빛나는 옷을 입고 가슴에 금띠를 두른 일곱 천사가 하늘의 성전에서 나오고, 네 생물은 각 천사에게 하느님의 분노가 담긴 대접을 하나씩 준다. 첫째 천사가 대접에 든 것을 땅에 쏟자 짐승의 낙인을 가진 자들과 짐승을 경배한 이들에게 독한 종기가 생긴다. 둘째 천사가 대접에 든 것을 바다에 쏟자 물이 시체의 피처럼 변해 바다에 사는 모든 생물이 죽는다. 셋째 천사가 대접에 든 것을 강에 쏟자 물이 피로 변한다. 넷째 천사가 대접에 든 것을 태양에 쏟자 태양이 사람들을 지져댄다. 하지만 사람들은 자신의 잘못을 뉘우치지 않는다. 다섯째 천사가 대접에 든 것을 짐승의 보좌에 쏟자 그의 나라가 어둠에 빠진다. 하지만 사람들은 자신의 잘못을 뉘우치지 않고 고통 속에 자기 혀를 깨물며 하느님을 저주한다. 여섯째 천사가 대접에 든 것을 유프라테스강에 쏟자 강물이 말라 버려 동쪽에서 오는 왕들의 길이 마련된다.

일곱째 천사가 대접에 든 것을 쏟기 전에 용과 짐승, 거짓 예언자의 입에서 세 악령이 나온다. 이들은 전투를 준비하기 위해 온 세계 왕들을 하르마게돈(아마겟돈)이라는 곳에 모은다. 일곱째 천사가 대접에 든 것을 공중에 쏟자 성전에 있는 보좌에서 "다 되었다"는 음성이 울려 퍼지며 번개가 치고 천둥이 울리고 지진이 일어난다. 이에 큰 도시는 세 조각이 나고, 섬들과 산들이 도망가고 자취를 감추며, 수십 킬로그램에 달하는 우박이 사람들을 덮친다. 이번에도 사람들은 고통스러워하는 가운데 하느님을 저주한다.

이제 일곱 천사 중 한 천사가 요한을 광야로 데리고 가서 바빌론이라는 "엄청난 창녀"가 심판받는 것을 보게 한다.

> 세상의 왕들이 그 여자와 더불어 놀아났고 땅에서 사는 사람들이 그 여자의 음란의 포도주를 마시고 취했다. (17:2)

이 여자는 자주색, 빨간색 옷을 입고 보석을 걸쳤으며, 머리가 일곱이고 뿔이 열 개 달린 빨간 짐승을 타고 있다. 그녀는 흉측하고 더러운 것들이 담긴 황금잔을 들고 있으며, 성도들과 예수를 증언한 이들의 피로 취해 있다. 그녀의 이마에는 "온 땅의 창녀들과 흉측한 물건들의 어미인 대바빌론"(17:5)이라는 이름이 적혀 있다. 요한이 몹시 놀라 어안이 벙벙해지자, 천사는 여자와 짐승의 비밀을 설명한다.

> 네가 본 그 짐승은 전에는 있었지만 지금은 없다. 그것이 장차 끝없이 깊은 구렁에서 올라오겠지만 마침내는 멸망하고 말 것이다. 땅위에 사는 사람 중에서 천지 창조 때부터 생명책에 이름이 적혀 있지 않은 사람들은 그 짐승이 나타나는 것을 보고 놀랄 것이다. 전에는 있었지만 지금은 없고 후에야 나타나기로 되어 있는 그 짐승을 보기 때문이다. 이제는 지혜로운 이해력이 필요하다. 일곱 머리는 그 여자가 타고 앉은 일곱 언덕이며 또 일곱 왕을 가리키기도 한다.

그 중의 다섯은 이미 넘어졌고 여섯째는 아직 살아 있으며 마지막 하나는 아직 나타나지 않았다. 마지막 왕이 나타나더라도 잠시밖에는 살지 못할 것이다. 또 전에 있다가 지금은 없는 그 짐승은 바로 그 여덟째 왕이다. 그 왕도 그 일곱 왕과 동류로서 마침내는 멸망하고야 말 것이다. 그리고 네가 본 열 뿔은 열 왕이다. 그들은 아직 나라를 차지하지는 못했지만, 그 짐승과 함께 한때 왕 노릇 할 권세를 받을 것이다. 그들은 모두 한마음이 되어 자기들의 권력과 권세를 그 짐승에게 내어줄 것이다. 그들은 어린 양에게 싸움을 걸겠지만 마침내 모든 군주의 군주이시며 모든 왕의 왕이신 어린 양이 이기실 것이며, 그의 부르심을 받고 뽑혀서 충성을 다하는 부하들도 함께 승리할 것이다." 그 천사가 나에게 또 이렇게 말했습니다. "네가 본 물, 곧 그 창녀가 앉아 있는 물은 백성들과 군중들과 나라들과 언어들이다. 그리고 네가 본 열 뿔과 그 짐승은 그 창녀를 미워하여 벌거벗기고 처참한 지경에 빠뜨릴 것이다. 그리고는 그 창녀의 살을 뜯어 먹고 마침내 그 창녀를 불살라 버릴 것이다. 그것은 하느님께서 그들의 마음속에 당신의 뜻을 이루려는 욕망을 심어주셨고 뜻을 모아 그들의 왕권을 그 짐승에게 넘겨주게 하셨기 때문이다. 그리하여 결국 하느님의 말씀이 이루어질 것이다. 네가 본 그 여자는 세상 임금들을 다스리는 큰 도시를 가리키는 것이다." (17:8~18)

비밀을 알게 된 요한은 또 다른 천사를 본다. 이 천사는 영광스러운 광채를 발하면서 (대부분 예언서에서 차용한) 노래를 통해 바빌론의 몰락을 선언한다. 바빌론은 여전히 "엄청난 창녀"로 의인화되며, 그녀를 따르고 그녀와 간통하던 땅의 상인들과 왕들은 그녀의 참혹한 죽음에 울며 슬퍼한다.

그 뒤에 하늘에서 군중이 외치는 듯한 소리와 스물네 명의 원로 및 네 생물의 소리, 보좌에서 나오는 소리, 마지막으로 큰 물소리 같기도 하고 천둥소리 같기도 한 소리가 크게 울려 퍼지며 하느님에게 할렐루야라고 외치고, 어린 양의 혼인날이 되었으며 신부도 단장을 끝냈다고 선언한다. 천사가 요한에게 말한다.

'어린 양의 혼인 잔치에 초대받은 사람은 행복하다'고 기록하여라.

(19:9)

요한이 천사에게 경배하려고 엎드리자, 천사는 경배받을 수 있는 존재는 하느님뿐이라며 요한을 질책한다.

이제 요한은 하늘이 열려 있는 것을 본다. 거기에는 머리에 많은 관을 쓰고 하늘의 군대를 이끄는 그리스도가 흰 말을 타고 있다. 그의 눈은 불꽃 같고 그는 피로 물든 옷을 입고 있다. 그의 입에서는 모든 나라를 칠 칼이 나온다. 그는 쇠지팡이로 모든 나라를 다스릴 것이다. 그의 이름은 "신의와 진실"이고, 그 자신 외에는 누구도 모를 이름이 몸에 새겨져 있다. 그의 이름은 "하느님의 말씀"이고, 그의 옷과 허벅지에는 "모든 왕의 왕, 모든 군주의 군주"라는 칭호가 새겨져 있다(19:11~16).

요한은 또다른 천사가 태양 안에 서서, 하늘을 나는 모든 새에게 "하느님의 큰 잔치"에 모여 왕, 장군, 힘센 자, 말과 기사, 모든 자유인과 노예, 낮은 자와 높은 자의 살을 먹으라고 명령하는 모습을 본다. 그 사이 짐승과 왕들은 그리스도와 그의 군대에 대항해 싸우려 한다.

결국 짐승과 그의 앞잡이는 붙잡혀 불바다에 던져진다. 나머지는 그리스도의 입에서 나온 칼에 맞아 죽고 새들은 이들의 살점을 배불리 먹는다.

요한은 계속해서 자신이 본 환상을 서술한다. 그는 "또" 한 천사가 열쇠와 사슬을 들고 구덩이로 내려와 "늙은 뱀이며 악마이며 사탄인" 용을 잡아 천 년 동안 결박하는 모습을 "보았"다. 요한에 따르면 천 년 뒤 용은 잠시 풀려 나올 것이다. 그는 "또" 심판할 권세를 받은 이들이 높은 보좌에 앉아 있는 모습을 보았으며 예수와 하느님의 말씀을 전하다 목이 베인 이들의 영혼이 다시 살아나 그리스도와 함께 천 년 동안 다스리는 모습을 "보았"다. 요한은 이를 "첫째 부활"이라고 부르고 나머지 죽은 이들은 천 년이 끝날 때까지 부활하지 못할 것이라고, 그리고 천 년 뒤에는 사탄이 감옥에서 풀려나 다시 나라들을 미혹할 것이라고, "온 땅에 널려 있는 나라들 곧 곡과 마곡을 찾아가"(20:8) 군대를 모을 것이라고 말한다.

사탄의 거대한 군대는 성도들의 진지와 하느님이 사랑하는 도시를 둘러싸고 이들을 절멸하려 하는데 하늘에서 불이 내려와 이 군대를 모두 삼켜 버린다. 지도자인 악마 용은 불과 유황의 바다에 던져져 짐승, 거짓 예언자와 함께 영원히 고통받는다.

요한은 "또" 크고 흰 보좌와 그 위에 앉아 있는 존재를 보고 땅과 하늘이 그 앞에서 사라지는 모습을 "보았"다. "또" 그는 모든 죽은 이들이 살아나는 것을 "보았"다. 바다는 자기 안에 있는 죽은 이들을 토해내고, 죽음과 지옥도 자기 안에 있는 죽은 이들을 토해낸다. 그다음 죽음과 지옥이 불바다에 던져진다. 요한은 이 불바다를 "둘째 죽음"이라고 부른다. 다시 일어난 죽은 이들은 보좌 앞에 모여 자신의 행적대로 심판을 받는다. "생명책"에 기록되지 않은 사람도 저 불바다에 던져진다.

이전의 땅과 바다가 없어진 자리에서 요한은 말한다.

나는 새 하늘과 새 땅을 보았습니다. (21:1)

거룩한 도시 예루살렘이 "신랑을 맞을 신부가 단장한 것처럼 차리고" 하늘에서 내려온다.

그때 나는 보좌로부터 울려 나오는 큰 음성을 들었습니다. "이제 하느님의 집은 사람들이 사는 곳에 있다. 하느님은 사람들과 함께 계시고 사람들은 하느님의 백성이 될 것이다. 하느님께서는 친히 그들과 함께 계시고 그들의 하느님이 되셔서 그들의 눈에서 모든 눈물을 씻어주실 것이다. 이제는 죽음이 없고 슬픔도 울부짖음도 고통도 없을 것이다. 이전 것들이 다 사라져버렸기 때문이다." (21:3~4)

이어서 음성은 요한에게, 자신이 모든 것을 새롭게 할 것이며 자신은 "알파와 오메가"라고, 자신은 목마른 이들이 생명수 샘물을 마시게 할 것이고 이들은 자신의 자녀가 될 것이라고 말한다.

> 그러나 비겁한 자와 믿음이 없는 자와 흉측스러운 자와 살인자와 간음한 자와 마술쟁이와 우상 숭배자와 모든 거짓말쟁이들이 차지할 곳은 불과 유황이 타오르는 바다뿐이다. 이것이 둘째 죽음이다. (21:8)

그다음, 분노의 대접을 쏟았던 천사 중 하나가 어린 양의 신부인 새 예루살렘을 요한에게 보여 준다. 요한은 그녀가 거룩한 빛에 싸여 있고 거대한 벽옥 혹은 수정처럼 보인다고 적는다. 예루살렘의 높은 성벽에는 열두 대문이 있고, 대문에는 이스라엘 열두 지파의 이름이 하나씩 적혀 있으며, 온갖 보석으로 장식된 열두 개의 주춧돌에는 예수의 열두 사도의 이름이 적혀 있다. 천사가 금으로 된 측량자로 도성을 측량하는데, 도성은 완벽한 정육면체로서 가로, 세로, 높이가 모두 12,000스타디온(약 2,400km)이고, 성벽은 144큐빗(약 60m)이다. 성벽은 벽옥으로 되어 있고 도성은 순금으로 되어 있다.

> 나는 그 도성에서 성전을 보지 못했습니다. 전능하신 주 하느님과 어린 양이 바로 그 도성의 성전이기 때문입니다. (21:22)

하느님이 이 도성의 태양이고 어린 양이 달이기 때문에 이 도성에는 태양도 달도 없다. 도성에는 밤이 없기에 성문이 닫히지 않을 것이며 세상의 모든 왕과 민족이 자신의 영광과 영예를 가지고 들어올 것이다. 다만 더러운 것, 흉측한 짓과 거짓을 행하는 자는 들어오지 못할 것이다. 생명책에 이름이 올라 있는 이들만 들어올 수 있는 것이다. "또" 천사는 "생명수의 강"을 요한에게 보여 주는데 이 강은 하느님과 어린 양의 보좌에서 흘러나온다. 이 강은 도성 가운데의 거리를 따라 흐른다. 강 양편에는 생명 나무가 있어서 민족들을 치료하는 열두 가지 열매와 나뭇잎을 만들어 낸다. 올바른 이들이 하느님과 어린 양의 얼굴을 보며 경배할 것이고, 그들의 이마에는 하느님의 이름이 새겨져 있을 것이다. 이어서 그(천사인가? 하느님? 혹은 어린 양? 이 시점에서는 누가 말하는 것인지 불분명하다)는 요한이 보고 들은 것이 모두 참된 것이며, 자신이 곧 올 것이고, 요한이 기록한 예언의 말을 지키는 사람은 복을 받을 것이라고 말한다. 요한은 다시 한번 천사 앞에 엎드려 경배하고 천사는 다시 한번 그를 질책하면서, 올바른 사람을 축복하고 불의를 행하는 자에게 영원한 고통을 주는 심판을 약속한다.

예수가 이 모든 것이 사실임을 분명히 한다.

나 예수는 내 천사를 보내어 모든 교회에 이 모든 것을 증언하게 하였다. 나는 다윗의 뿌리에서 돋은 그의 자손이며 빛나는 샛별이다.

(22:16)

그러고 나서 그(계속해서 예수일까? 아니면 요한?)는 누구든 이 책의 예언에 말을 덧붙인다면 이 책에 기록된 재난이 그를 덮칠 것이며 누구든 이 책의 예언에서 말을 지운다면 그의 이름이 생명책에서 지워질 것이라고 경고한다.

이 모든 계시를 보증해 주시는 분이 "그렇다. 내가 곧 가겠다." 하고 말씀하셨습니다. 아멘. 오소서, 주 예수여! 주 예수의 은총이 모든 사람에게 내리기를 빕니다. (22:20~21)

상상을 낳는 불가해성

요한 계시록은 이렇게 끝난다. 이 책에는 기상천외하고 폭력으로 가득 찬, 눈부시게 화려한 장면들이 "나는 … 보았습니다"와 "나는 … 들었습니다"를 빼면 쉴 틈도 없이 겹겹이 쌓여 있다.

앞에서 한 것처럼 축약된 형태로라도 계시록 전체를 한 번에 읽으면 무언가에 압도당하는 경험을 하게 된다. 대학에서 처음으로 계시록을 가르치며, 나는 토론을 위해 학생들에게 미리 계시록 전체를 읽어 오게 했다. 하지만 이는 실수였다. 한 여학생은 충격을 받아 다시는 이 책을 들여다보고 싶지 않다며 한 주 넘게 수업에 들어오지 않았다. 또 다른 학생은 해변에서 계시록을 읽다 잠이 들었는데 한 시간쯤 뒤 뇌우가 쏟아지자 하느님이 진노한 줄 알고 겁에 질렸다.

그래서 요즘 계시록을 가르칠 때는 강의실에서 본문을 다 함께 소리 내 읽는 것부터 시작한다. 이렇게 해도 본문에 압도당하고 한편으로는 진이 빠지지만, 어느 정도는 비판적 거리를 유지할 수 있다.

계시록을 다 읽고 나면, 학생들에게 종이를 꺼내 계시록에 나오는 종잡을 수 없는 장면들("인자와 같은 분", 날개가 달려 있고 "앞뒤에 눈이 가득 달린 생물", 스물네 명의 원로가 반복해서 경배하며 면류관을 벗어 보좌 앞에 놓고 "이미 죽임을 당한 것 같"은 모습으로 서 있는 어린 양을 향해 승리의 노래를 부르는 장면, 네 생물이 노래하는 동안 원로들이 요한에게 두루마리에 관해 이야기해 주는 장면) 중 하나를 그려 보라고 한다.

이러한 문학적 심상들은 그림이 할 수 없는 일을 글이 할 수 있음을, 그 반대도 마찬가지임을 일깨워 준다. 계시록의 묘사는 시각 표현으로는 거의 재현이 불가능하다. 요한이 자신이 본 환상을 서술한 글, 그 글을 통해 펼쳐지는 시공간은 역설적으로 시각적 심상으로 손쉽게 전환되지 않는다. 요한의 문학적 심상은 이성과 상상력을 자극하는 동시에 거스르기에 우리에게 여러 감정, 불안하고 복잡하게 뒤섞인 감정을 일으킨다. 이와 관련해 마이아 코트로시츠Maia Kotrosits는 계시록이 "정서의 초포화 상태"affective hyper-saturation를 낳는다고 적절하게 이야기한 바 있다. 이러한 방식으로 계시록은 단일한 해석이나 재현을 거부하고 독자와 청자가 "인상주의적 상상"impressionistic imagination에 빠져들게 한다.[13]

계시록의 복잡다단한 생애를 푸는 열쇠는 바로 이 불가해성에 있다. 계시록의 불가해성은 상상을 끊임없이 자극하고 생성해 낸다. 계

---

13 Maia Kotrosits, 'Seeing Is Feeling: Revelation's Enthroned Lamb and Ancient Visual Affects', *Biblical Interpretation* 22 (2014), 478, 485.

시란 감추어진 사태가 드러나는 것, 볼 수 없는 사태를 보게 되는 것이다. 이들은 시각화를 요구하는 동시에 거부한다. 이들은 종이 위에 가만히 머무르지 못하고 필연적으로 다른 매체에 흘러 들어간다. 이들은 요한 고유의 서사와 상상과는 사뭇 다른 서사 및 종말론적 상상에 들러붙었고 다른 형체로 탈바꿈했다.

02

창백한 기사

― 모호한 기원

여러분의 형제이며 함께 예수를 믿는 사람으로서 환난을 같이 겪고

한 나라의 백성으로서 같이 견디어온 나 요한은 하느님의 말씀을 전

파하고 예수를 증언한 탓으로 파트모스라는 섬에 갇혀 있었습니다.

(계시 1:9)

가스펠 가수이자 전설적인 블루스 음악가 블라인드 윌리 존슨Blind

Willie Johnson은 1930년 발표한 《계시자 요한》John the Revelator에서 노

래했다.

계시록을 쓰고 있는 사람은 누구요?

계시자 요한이지.

그는 누구요? 계시록은 도대체 뭡니까?

계시자에게 물어보시오.

그러나 이제 계시자 요한은 없다. 그의 본문만 남아 있을 뿐이다. 그리고 이 본문 역시 선뜻 답을 주지는 않는다. 클린트 이스트우드Clint Eastwood는 계시록에 나오는 종말의 네 기사에서 영감을 받아 《창백한 기사》Pale Rider라는 대작 서부 영화를 만든 바 있다. 이 영화를 다시 빌려 말하자면, 초기 그리스도교라는 배경에서 등장한 계시록이라는 문헌은 《창백한 기사》에 등장하는, 음침하게 경건한 이방인 목사처럼 보인다. 말을 타고 마을에 들어왔지만, 그가 어디서 왔는지는 아무도 모른다. 그의 뒤에는 죽음이 따라온다. 그에 대해 아는 바는 거의 없지만, 적어도 그가 독실한 신자라는 것, 잔혹한 이력이 있다는 것만큼은 분명하다. 영화에서 마을 사람들이 이방인 목사를 두고 수군거리듯 우리는 묻는다. 이 파트모스의 요한은 누구인가? 그는 언제, 어디서 왔을까?

전쟁에 짓밟히다

하느님이 세운 그리스도를 향한 강렬하고도 뜨거운 신앙, 국가가 허락한 박해와 죽음 앞에서도 지켜 마땅한 신앙을 타협한 이들에 대한 극렬한 혐오, 어마어마한 파괴와 대규모 유혈 사태를 생생히 묘사하는 성향을 보건대 요한은 '팍스 로마나'Pax Romana 즉 '로마의 평화'의 그늘을 알고 있었을 것이다. 로마의 평화는 유대 지방과 같은 속주,

그리고 유대인들의 정치적 중심이자 핵심 상징인 거룩한 예루살렘과 같은 도시에 대한 철권통치로 유지되었다.

어떤 이들은 요한이 "대반란"Great Revolt으로 기억되는 1차 유대-로마 전쟁 중에, 혹은 그 직후에 계시록을 저술했다고 본다. 이 전쟁은 기원후 66년부터 70년까지 진행되었으며 수많은 예루살렘 주민이 죽고 성전이 파괴되면서 끝났다.[1] 로마는 기원전 63년부터 유대 지방을 점령했고 그 이전에는 총독 혹은 징세관을 두어 유대인에게 세금을 거두고 할당량을 황제에게 보내는 방식으로 지방을 통제했다. 기원후 1세기, 유대 지방은 물론 제국 전역에서 로마와 유대인 사이의 긴장은 점점 더 고조되었다. 특히 칼리굴라Caligula 황제(재위 기원후 37~41년)는 자신을 살아 있는 신으로 모시게 하는, 전례 없는 제국 종교를 강요해 갈등을 더 부추겼다.

이를테면 기원후 40년 유대인 철학자 필론Philo은 그리스인 군중이 칼리굴라의 생일을 기념해 이웃 유대인들을 약탈하고 돼지고기를 강제로 먹인 사건이 일어나자 유대인 대표단을 꾸려 이집트에서 로마

---

1 계시록의 저술 연대를 유대-로마 전쟁 끝 무렵(특히 69년)으로 추정하는 가장 강력한 논증은 다음 연구에서 찾을 수 있다. John W. Marshall, *Parables of War: Reading John's Jewish Apocalypse* (Waterloo, Canada: Wilfrid Laurier University Press, 2001), 특히 88부터. 이 책에서 저자는 계시록을 그리스도교 문헌이기보다는 오히려 유대교 문헌으로 간주해야 한다고 주장하는데(나는 이 주장이 꽤 설득력 있다고 생각한다), 특히 "사탄의 무리"를 향한 비난, 계명에 대한 강조, 이스라엘 열두 지파로부터 나온 144,000명의 군대에 관한 환상, 성도 예루살렘의 파괴와 회복에 관한 환상 등을 근거로 제시한다. 다음도 참조하라. John W. Marshall, 'Collateral Damage: Jesus and Jezebel in the Jewish War', *Violence in the New Testament* (London: T&T Clark, 2005), 35~50. 그리고 이 장의 각주 19번도 참조하라(Elaine Pagels, *Revelations*).

로 갔다.[2] 그는 군중이 길에서 유대인에게 돌을 던지고 유대인 가족 전체를 산 채로 불태워 죽였으며 어떤 유대인은 말 뒤에 묶어 죽을 때까지 끌고 다녔다고, 이런 모습을 유랑 극단의 공연 보듯 웃고, 조롱했다고 기록했다.[3]

같은 시기, 유대 지방에서는 로마의 주세 정책에 반대하는 시위가 늘어나는 한편, 수단을 가리지 않고 종교의 자유와 유대 민족의 독립을 추구하는 과격한 광신도들의 운동이 증가해 일촉즉발의 상황으로 빠져들고 있었다. 유대 역사가 요세푸스Josephus에 따르면, 카이사리아의 한 그리스인 상인이 유대인 회당 입구에서 도기를 뒤집어 놓고 그 위에서 새 몇 마리를 제물로 바친 일이 벌어지면서 이러한 긴장이 전면적인 충돌로 번져 나갔다. 요세푸스는 이렇게 적는다.

이 일로 인해 유대인들은 더 없이 분노했다. 이제 예전으로는 되돌

---

2 『가이우스에게 파견된 사절』On the Embassy to Gaius 11~15장에서 필론은 칼리굴라에게 가는 과정을 경험한 대로 설명한다. 『로마사』Roman History 59권 26~28장에서 카시우스 디오Cassius Dio는 칼리굴라가 공문서에서 종종 유피테르라고 자칭했으며, 일부 신전에 있는 신상의 머리를 떼어 내고 그 자리에 자신의 두상을 붙였다고 전한다. 다음도 참조하라. Michael Farquhar, *A Treasure of Royal Scandals* (New York: Penguin Books, 2001)

3 필론이 요약한 유대인 박해에 관해서는 『플락쿠스』Flaccus 9장 58~72절을 참조하라. 유대인들의 종교 관행 및 의식에 대해서 로마가 애초에 '최종적'이고 표준적인 정책을 편 적이 없다는 주장은 다음을 참조하라. Leonard Victor Rutgers, 'Roman Policy toward the Jews: Expulsions from the City of Rome during the First Century CE', *Judaism and Christianity in First Century Rome* (Eugene, OR: Wipf and Stock, 1998), 96, 114~16. 요세푸스가 로마 유대인에 관련된 원로원 결의를 언급하는 『유대 고대사』Antiquities의 서술이 신빙성이 떨어진다는 주장은 다음을 참조하라. H. Moehring, 'The Acta pro Judaeis in the Antiquities of Flavius Josephus', *Christianity, Judaism, and Other Greco-Roman Cults* (Leiden: Brill, 1975), 124~58.

아갈 수 없었다. 이들의 율법이 모욕당했고 회당이 오염되었기 때문이다. 냉정하고 온전한 유대인들은 총독에게 다시 한번 호소하는 것이 좋겠다고 생각했지만, 선동하는 이들과 젊음의 열기가 끓는 이들은 격렬하게 흥분하며 싸워야 한다고 주장했다. 카이사리아의 이방인들 가운데서도 같은 목적으로 일어날 준비가 되어 있었다. 그들은 합의 아래 그 남자를 보내 제물을 바치게 해 싸움이 일어나게 했다.[4]

로마의 유대 총독 게시우스 플로루스Gessius Florus는 이 소식을 듣고 예루살렘에 사람을 보내 재판을 열고 유대인 중 누가 제국에 맞서려 하는지 찾으려 했다. 하지만 범인이 나타나지 않자 플로루스는 시장에 병사들을 보내 눈에 보이는 사람을 전부 죽이라고 명했다. 요세푸스에 따르면 남자, 여자, 아이, 갓난아기 할 것 없이 3,600명이 죽었다.[5] 플로루스는 로마로 돌아가기 전에 다시 한번 유대인들을 탄압했고, 예루살렘을 혼란에 빠뜨렸다.

당시 유대의 왕이었던 헤롯 아그리파 2세Herod Agrippa II는 불만을 가라앉히기 위해, 플로루스의 임기가 끝나고 다음 총독이 올 때까지 기다려 달라고 호소했다. 저항하는 쪽으로 이미 마음이 기운 이들은 이에 더 분노했다. 이들은 아그리파와 그의 여동생 베레니케Bernice를 도

---

4 Flavius Josephus, *The Wars of the Jews*, 2.14.5. 『유대 전쟁사 1・2』(나남출판) 다음 웹 페이지에서 그리스어판과 함께 읽을 수 있다. http://www.perseus.tufts.edu. 기원후 1세기에 이르기까지 고대 유대교의 역사와 신학적 개요를 알려 주는 사료로서 요세푸스의 저작의 가치에 대한 설명은 다음을 참조하라. Jonathan Klawans, *Josephus and the Theologies of Ancient Judaism* (New York: Oxford University Press, 2012)

5 Flavius Josephus, *The Wars of the Jews*, 2.14.9.

시 밖으로 쫓아냈다. 그리고 언덕에 자리한 마사다Masada라는 도시로 쳐들어가 로마인들을 살해하고, 예루살렘 성전의 대제사장에게 황제를 위한 어떤 제물도 바치지 말라고 명령했다.

이내 반란군은 예루살렘을 손에 넣었고, 평화로운 해결을 지지하며 아그리파의 편에 선 이들을 죽였다. 왕과 베레니케의 궁전은 물론 대제사장의 집에도 불을 질렀다. 채권자들의 서류를 불태워 가난한 이들을 자신의 편으로 만들었으며 요세푸스가 쓴 것처럼 마침내 "도시의 중추를 태워 버렸다".[6] 유대인 반란은 순식간에 전면전으로 확대되었다. 시리아 총독이 보낸 수만 명의 병력이 유대 북부를 거쳐 예루살렘으로 진군했기 때문이다. 그러나 반란군은 결국 이들을 물리쳤고 총독은 다마스쿠스로 돌아가기 전까지 수천 명을 잃었다.

기원후 67년, 나중에 황제가 될 베스파시아누스Vespasian 장군은 아들 티투스Titus를 부사령관으로 삼고 아그리파 2세의 도움을 받아 갈릴래아(갈릴리)에서 유대 반란군을 공격했다. 이들은 오래지 않아 유대 지방 대부분을 점령했고, 반란군의 근거지인 예루살렘은 파벌들의 내분으로 약화되었다. 제국 곳곳에서 발생한 민족 간 분쟁을 해결하느라 로마의 유대 반란 진압은 지지부진했고, 황제가 된 베스파시아누스는 70년에 이르러서야 티투스를 다시 보내 예루살렘을 점령하게 했다. 7개월 동안 어마어마한 공성전이 벌어졌고 마침내 티투스의 군단은 예루살렘의 마지막 방어선을 뚫었다. 그들은 마지막 반란군

---

6 Flavius Josephus, *The Wars of the Jews*, 2.17.6.

을 퇴각시켰으며, 성전을 파괴했다. 한 세기 이상이 흐른 뒤 로마 역사가 카시우스 디오Cassius Dio는 예루살렘 점령을 다루며 다음과 같이 썼다.

성전의 문이 열렸다. 병사들은 미신 때문에 곧장 난입하지는 않았지만, 티투스의 명령에 따라 마침내 안으로 들어갔다. 유대인들은 전보다 한층 더 격렬하게 방어했는데, 성전을 지키기 위해 싸우다 죽음을 맞이하는 뜻밖의 특권을 누리려는 것처럼 보였다. 민중은 바깥쪽 뜰을 지켰고 원로들은 층계에, 사제들은 예배당 안에 자리 잡았다. 이들은 무력이 훨씬 우위에 있는 병사들에 비하면 한 줌에 불과했으나, 성전 한 구역에 불이 나기 전까지는 굴복하지 않았다. 이들은 기꺼이 죽음을 맞이했다. 어떤 이들은 순순히 로마인들의 칼에 찔렸고, 어떤 이들은 서로를 죽였으며, 자살하기도 하고, 불길 속으로 뛰어들기도 했다.[7]

티투스는 자신의 군단이 나머지 유대 요새들을 점령하도록 남겨두고 로마로 돌아갔다. 마지막 요새는 기원후 72년 혹은 73년에 함락된 언덕 요새 마사다였다. 이에 관련해 유일하게 현존하는 자료를 남긴 요세푸스에 따르면, 마사다의 반군 지도자 엘레아자르Eleazar는 항복하느니 차라리 단체로 자결하라고 주민들에게 강요했다. 이는 유대인들

7   Cassius Dio, *Roman History*, 66.6.

이 자신들의 역사에 대해 새로운 신학적 해석을 하게 된 결정적 국면이었다. 그들에게 이 사건은 기원전 587년 바빌론 제국에 의해 예루살렘이 함락되고, 첫 성전이 파괴되고, 주민들이 포로로 잡혀간 사건만큼이나 거대한 위기였다. 제국들이 자행한 두 차례의 파괴는 유대교와 그리스도교인들이 경전을 형성하며 자신들의 기억을 담아낼 때 커다란 영향을 미쳤다.[8]

새로운 바빌론인 로마가 의로운 이들, 그리고 이들의 거룩한 도시 예루살렘과 성전을 파괴한 전쟁 속에서 계시록이 태어났다는 설명은 꽤 설득력 있다.

제국의 그늘에서

어떤 이들은 계시록이 거의 20여 년 뒤인 도미티아누스Domitian 황제(재위 기원후 81~96년)가 통치하던 시기에 나왔다고 주장한다. 후대 그리스도교 전승에서 그는 유대인과 그리스도교인에 대한 잔혹한 박해로 악명이 높았다.

도미티아누스는 인상적인 황제 개인숭배 정책을 폈고 대중의 지지와 군대의 존경을 받았지만, 귀족들과 사이가 나빴다. 그가 궁정

---

8 Klawans, *Josephus and the Theologies of Ancient Judaism*, 17~18. 여기서 저자는 이 위기가 유대인들에게 차마 견딜 수 없고 설명되지도 않는 트라우마였다는 주장을 경계해야 한다고 말하면서, 이러한 견해를 가진 사람들이 이 사건을 은연중에 홀로코스트와 연관 짓곤 한다고 지적한다. 저자가 보여 주듯이, 요세푸스의 설명은 기원전 587년 첫 성전 파괴에 대한 신학적 고찰을 바탕으로 이 위기에 대한 신학적 관점을 전개하고 있다. 마셜Marshall은 『전쟁에 관한 비유들』Parables of War 에서 계시록의 신학적, 해석적 관점 또한 이러한 맥락에서 이해해야 마땅하다고 주장하는데, 나는 이것이 옳다고 본다.

관리들에게 살해되자 원로원은 그를 기록 말살 형에 처해 그의 주화를 전부 녹여 버리고 그가 세운 건축물을 무너뜨렸으며 공문서에서 그의 이름을 삭제했다. 소小 플리니우스Pliny the Younger 같은 로마 역사가들은 일부러 도미티아누스를 병적으로 자기중심적인 폭군으로 폄하했고, 그의 계승자들, 특히 트라야누스Trajan 황제(재위 기원후 98~117) 같은 인물과 대비시켰다. 트라야누스는 모든 로마 황제 가운데 가장 위대한 인물로 칭송받았으며 후대의 그리스도교인들에게도 의로운 이교도라는 평가를 들었다.[9]

200여 년 후, 그리스도교가 로마 제국의 공식 종교가 된 뒤에 카이사리아 주교 에우세비우스는 도미티아누스에 대한 극도로 비판적인 시각을 받아들여 『교회사』에서 "하느님을 향한 증오와 적개심"이 그리스도교인과 유대인을 향한 적극적인 박해로 표출되었다고 서술했으며, 다윗의 모든 자손은 계보상 그리스도와 연관이 있으니 모두 살육해야 한다고 도미티아누스가 명령했다는 선대의 자료를 인용했다. 에우세비우스에 따르면 도미티아누스의 재위기에 계시록의 저자 요한은 "거룩한 말씀을 증언했다는 이유로 파트모스 섬에 갇히는 벌을 받"았다. 그리고 에우세비우스가 동의를 표하면서 인용한 이레네우스는 "계시를 본 이"가 "얼마 전, 거의 우리 시대에, 도미티아누스 연

---

9 기원후 100년에 트라야누스 황제를 기리기 위해 원로원에서 낭독한 『찬가』 Panegyricus에서 소小 플리니우스Pliny는 로마 시민들이 트라야누스에게 다가가기가 얼마나 쉬운지, 그리고 이와 대조적으로 극악무도하고 예측 불가능한 도미티아누스에게 다가가는 것은 얼마나 두려운 일이었는지 말하면서, 도미티아누스가 친족들을 살해했고 선량한 시민들을 학살했다고 주장한다.

간 말엽에" 계시록을 저술했다고 말했다.[10]

대다수 그리스도교 신자들, 그리고 여러 연구자도 계시록의 저술 연대를 도미티아누스 재위기로 추정한다. 그러나 이러한 연대 추정은 결함 있는 순환 논증에 의존한 것이다. 첫째, 계시록은 그리스도교인, 유대인을 박해하는 시기에 쓰였을 것이다. 둘째, 수십 년 뒤 이레네우스는 계시록이 도미티아누스 집권 말기에 나왔다고 말했다. 셋째, 반 도미티아누스, 친 트라야누스 역사가들과 후대 그리스도교인들은 도미티아누스를 로마의 폭군이자 적극적 박해자로 기억했다. 여기서 문제는 (이러한 주장을 하는 대다수도 인정하다시피) 도미티아누스가 끔찍한 반反 그리스도교 황제였다는 그리스도교인들의 기억을 뒷받침할 역사적 증거가 전무하다는 점이다. 그리스도교든 유대교든 다른 어떤 소수 종교에 대해서든, 도미티아누스나 네로나 3세기까지 다른 어떤 황제 치하에서도 광범위한 박해가 일어난 적은 없다. 로마의 시민 종교를 거부하는 그리스도교인과 유대인에 대한 박해는 산발적이고 개별적으로 발생했다. 박해받은 이와 이를 목격한 이들에게는 그것만으로도 충분히 끔찍한 일이었을 테지만 말이다. 따라서 요한이 도미티아누스 시대 인물이라고 추정하는 것은, 에우세비우스의 주장과 달리 이때가 특별히 악명 높은 전국적 종교 박해 시기가

---

10 Eusebius, *Ecclesiastical History*, 3.17~18. 에우세비우스는 『교회사』 3권 18장 3절에서 이레네우스의 『이단 논박』 5권 30장 3절을 인용한다. 이레네우스는 숫자 666이 특정 황제를 가리키는 것인지 논의하면서 이러한 논평을 남겼다. 그는 이것이 반드시 알아야 하는 내용이었다면 도미티아누스 연간 말에 저술하던 요한이 이를 명시했을 것이라고 주장한다.

아니었음에도 이레네우스의 주장을 받아들이는 셈이다.[11]

에페소는 소아시아 지역 중 로마의 주요 항구 도시였고 계시록에서 언급한 일곱 교회(2:1~7) 중 한 곳이 있던 곳이었다. 오늘날 에페소에 방문하면, 도미티아누스에게 봉헌된 거대한 신전의 잔해가 위쪽 광장의 중심부 여기저기에 흩어져 있다. 이 신전은 폭 50m, 길이 100m가량의 2중 기단 위에 지어졌다. 그러나 지금은 부서진 기둥, 크고 작은 돌덩어리, 그리고 높이 7m에 이르는 도미티아누스의 석상을 이루었을 거대한 대리석 머리, 왼팔과 다리 조각 등과 같은 파편만이 남아 있을 뿐이다. 이러한 잔해들 가운데에 서 있으면 황제에게 봉헌한 이 신전이 이 도시에서 얼마나 강력한 존재감을 내뿜었을지 상상해볼 수 있다.

파트모스의 요한이 도미티아누스 시대 말에 계시록을 저술했고 일곱 편지 가운데 하나에서 에페소 교회를 명시적으로 언급하기까지

---

11 블런트는 내적 근거(즉, 계시록 본문 내의 증거)에 기반하여 저술 연대를 도미티아누스 시기로 추정하는 주요 주장 두 가지를 잘 요약하고 있다. 첫째, 계시록은 로마를 바빌론이라 칭함으로써 은연중에 기원후 70년의 두 번째 성전 파괴와 기원전 587년의 예루살렘 함락, 첫 성전 파괴를 연관시키곤 한다는 것이다. 그러나 유대-로마 전쟁이 진행되는 도중에, 즉 성전이 파괴되기 이전에 이러한 연관이 제시되었을 가능성도 분명히 존재한다. 두 번째 주장은 죽었다가 살아나는 짐승에 대한 언급(13장과 17장)과 관련된다. 어떤 연구자들은 이 본문이 황제 네로(기원후 68년 사망)가 죽었다가 살아나서 자신을 모욕한 로마에 복수할 것이라는 전설을 암시한다고 주장하면서, 이것을 계시록이 앞선 시기에 저술된 증거로 간주하는데, 데이비드 아운David Aune은 이 전설이 기원후 69년부터 존재했다는 증거가 있기는 하지만 훨씬 뒤에야 "널리 퍼졌다"고 주장한다(*Revelation* (Dallas: Word Press, 1997), 1:lxix-lxx). 본문 외적 증거를 이용해 저술 연대를 나중 시기로 추정한 오래된 논증은 이레네우스, 에우세비우스 등 초기의 로마 역사가들 및 그리스도교인들에 의해 형성된 믿음을 토대로 삼았다. 즉, 도미티아누스가 유독 가혹하게 그리스도교인과 유대인을 박해했다는 것이다. 블런트는 오늘날 역사가들이 이 같은 믿음을 거부한다고 명료하게 밝힌다.

했다면, 어째서 이 신전은 언급하지 않았을까? 물론 그는 베르가모에 있는 로마 신전을 넌지시 가리켜 "사탄의 왕좌가 있는 곳"(2:13)이라고 말하기는 한다. 계시록이 도미티아누스 신전의 그늘 아래에서 쓰였든, 아니면 로마 제국의 종교적 권력과 힘을 형상화한 다른 건축물의 그늘 아래에서 쓰였든, 요한이 '로마의 평화' 아래 존재하는 어두운 측면을 알고 있었다는 것은 분명하다.

그 요한이 아니다

대다수 학자는 파트모스에서 계시록을 쓴 요한과 예수가 사랑한 제자, 즉 그리스도교 전통에서 요한의 복음서 및 세 편지를 썼다고 여기는 사도 요한이 다른 사람이라고 본다. 초기 그리스도교 신자들이 파트모스의 요한을 사도 요한이라고 (잘못) 여긴 덕분에 초기 그리스도교 운동에서 계시록의 지위가 높아졌고 마침내 신약성서라고 부르는 그리스도교 경전의 정경 목록에 포함되었음은 의심할 여지가 없다. 순교자 유스티누스Justin Martyr는 예수의 메시아 정체성을 두고 어떤 유대인과 주고받은 가상의 논쟁인 『트리폰과의 대화』Dialogue with Trypho(기원후 150년)에서 주장을 논증할 필요도 없다는 듯 계시록을 쓴 요한은 사도 요한이라고 간명하게 말한다.[12] 비슷하게 몇십 년 뒤 이레네우스도 『이단 논박』(기원후 170년대 또는 180년대)에서 파트모스의 요한을 "주님의 사도"라고 부르며, 그가 최후의 만찬 때 그리스도의

---

12   Justin Martyr, *Dialogue with Trypho*, 81.

가슴에 기댄 바로 그 인물이라고 서술한다.[13]

하지만 모든 초기 그리스도교인이 이처럼 생각한 것은 아니다. 다른 초기 그리스도교 저술가들은 파트모스의 요한과 사도 요한이 동일 인물이라는 주장에 의문을 표했다. 에우세비우스는 1세기 말 혹은 2세기 초 그리스도교 지도자였던 파피아스Papias를 인용하는데, 파피아스는 두 명의 요한을 사도 요한과 "장로" 요한이라고 부르면서 자신은 이 둘의 권위를 모두 인정한다고 말했다. 에우세비우스는 이 두 번째 요한이 계시록을 쓴 요한 같다고 주장하면서, 그래야만 파피아스가 주교로 사역한 히에로폴리스 근처의 에페소에 두 명의 존경받는 요한이 묻혔다는 말이 무슨 의미인지 설명된다고 말한다.[14]

에우세비우스는 훗날 『교회사』에서 알렉산드리아의 디오니시우스(기원후 200년대 중반)가 남긴 기록을 길게 인용했다. 디오니시우스에 따르면 당시 많은 그리스도교인이 계시록을 저자가 잘못 알려진 위작으로 간주했고, 이 책이 신뢰를 얻기 위해 요한의 이름을 내세웠다고 생각했다.

우리 이전에 몇몇 사람이 이 책을 무시하고 전적으로 거부하면서, 장별로 비판하고, 그 어떤 의미도 논증도 없다고 단언하고, 그 제목

---

13 Irenaeus, *Against Heresies*, 4.20.11.

14 Eusebius, *Ecclesiastical History*, 3.39. 파피아스의 저술 연대를 기원후 130년경으로 추정하는 논증에 대한 평가와 기원후 95~100년경으로 추정하는 논증은 다음을 참조하라. Robert W. Yarbrough, 'The Date of Papias: A Reassessment', *Journal of the Evangelical Theological Society* 26 (1983), 81~91.

도 사기라고 주장했다. 이들이 말하길 이 책은 요한의 저작이 아니고, 계시도 아닌데, 모호함이라는 장막으로 두껍고도 촘촘하게 덮여 있기 때문이다. 그리고 이들은 사도 중 누구도, 성도 중 누구도, 교회의 그 누구도 이 책의 저자가 아니라고 못 박는다.[15]

디오니시우스에 따르면 이 비판자들은 계시록의 실제 저자가 케린투스Cerinthus라고 믿었다. 케린투스는 하느님의 왕국이 세속적인 것이라 믿고 "먹고 마시고 결혼하고, 축제와 희생 제사에, 제물을 살육하는 데에" 탐닉하는 종파를 창설했다. 비판자들은 케린투스가 자신의 글에 권위를 부여하기 위해 요한이라는 필명을 썼다고 보았다.

디오니시우스는 요한이 필명이라고 생각하지는 않지만, 사도가 아닌 다른 요한이 계시록을 썼다고 본다. 그는 계시록을 사도 요한의 복음서 및 편지들과 비교하면서, 문체상의 주요한 차이점을 몇 가지 밝혀낸다. 그는 적는다.

담긴 생각을 보건대, 그리고 단어들과 그 배열을 보건대, 복음서의 저자 요한과 계시록의 저자 요한이 다르다고 합리적으로 추측할 수 있다.

이를테면 사도 요한의 경우 복음서나 편지에서 자신의 이름을 결

---

15 Eusebius, *Ecclesiastical History*, 7.25.1~2.

코 밝히지 않는다면, 계시록의 요한은 자신이 저자이자 증인이라고 말하면서 이름을 빈번하게 밝힌다(계시 1:1, 2, 4, 9, 22:7, 8). 그가 사랑받은 사도 요한이자 야고보의 형제라면, 최후의 만찬 때 예수에게 기댄 그 사람이라면, 그는 분명 이를 밝혔을 것이다. 디오니시우스는 계시록이 "이 (사도 요한의) 저작들과 다른" 것일 뿐만 아니라 "이질적인" 것이라고 결론 내린다.

> 비슷하기는커녕, 그 근처에도 이르지 못했다. 좀 더 말하자면 음절 하나하나가 다 다르다.[16]

오늘날 대다수 연구자는 계시록 저자 요한이 사도 요한 또는 복음서 저자 요한과 다른 인물이라는 디오니시우스와 에우세비우스의 견해에 동의한다. 그리고 대다수 연구자는 파트모스의 요한이라 일컫는 인물에 관해서 계시록을 썼다는 점 말고는 확실한 것이 거의 없다는 점에 의견을 같이한다. 그가 남긴 것은 계시록이라는 책뿐이다. 그러므로 쓸 만한 단서를 찾기 위해서는 계시록을 샅샅이 뒤져 볼 수밖에 없다.

편지에 숨겨진 것

계시록의 저자를 파트모스의 요한이라고 부르는 것은 오해의 소

---

16 Eusebius, *Ecclesiastical History*, 7.25.6~27.

지가 있다. 그는 이 작은 섬에서 지내며 계시록을 썼지만, 이곳 출신
은 아니라고 분명히 밝혔기 때문이다. 그는 "하느님의 말씀을 전파하
고 예수를 증언한 탓으로" 파트모스에 있었다. 이 말이 정확히 무엇
을 의미하든 말이다. 대다수 연구자는 요한이 편지를 보낸 교회들이
모두 소아시아 본토에 있다는 점을 볼 때 그가 그곳에서 도망쳐 나왔
을 것이라고, 혹은 추방되었을 것이라고 짐작한다.

기원후 1세기 후반의 다양한 예수 운동Jesus movement을 모두 "그리스
도교"Christianity라고 보는 것도 시대에 맞지 않는다. 『바울은 그리스도
교인이 아니었다』Paul Was Not a Christian에서 패멀라 아이젠바움Pamela
Eisenbaum은 말한다.

> 오늘날 신약을 이루는 스물일곱 개의 문서 중 대다수는 그리스도교
> 같은 것이 존재하기도 전에 유대인들이 썼다. ⋯ 적어도 역사학자들
> 과 고고학자들과 성서학자들의 결론에 따르면 1세기에는 그리스도
> 교만의 독특한 제도, 건물, 상징 같은 것이 없었다.[17]

게다가 요한의 계시록을 비롯한 이 문서들은 1세기 로마라는 상황에
서 예수를 따르는 유대인이 된다는 것의 의미에 대해 서로 다른 입장
을 취했다.

---

17 Pamela Eisenbaum, *Paul Was Not a Christian: The Original Message of a Misunderstood
Apostle* (San Francisco: HarperOne, 2009), 6~7. 아이젠바움의 지적처럼 어떤 연구자들
은 그리스도교인들이 3세기 말이나 4세기 초 이전까지는 로마 주류 문화와 "자
신들을 실질적으로 구별"하지 않았다고 주장한다.

이러한 맥락에서 계시록에 있는 일곱 개의 편지는 요한이 다양한 입장 가운데 어떠한 입장을 갖고 있었는지를 들여다볼 수 있게 해주는 창과 같다. 이 편지들은 예루살렘을 중심으로 한 예수 운동의 지도자였던 베드로와 야고보처럼 요한도 실천 지향적 신앙관을 가졌고, 유대 율법을 준수함으로써(혹은 적어도 이교의 관행들을 피함으로써) 정결함을 유지하는 데에 관심이 있었음을 시사한다.[18] 야고보는 자신의 편지에서 "영혼이 없는 몸이 죽은 것과 같이, 행함이 없는 믿음은 죽은 믿음"(야고 2:26)이라고 말한 바 있다. 계시록의 저자 요한도 분명 이 말에 동의했을 것이다. 계시록에 담긴 일곱 편지 중 다섯 개는 "나는 네가 한 일을 잘 알고 있다"라는 말로 시작하고(계시 2:2, 19, 3:1, 8, 15) 모두 행위를 통해 드러나는 신앙에 초점을 맞춘다. 특히 요한은 율법 준수와 순수성을 강조하고 "우상에게 바쳤던 제물을 먹"는 자들과 음란한 짓으로(2:14, 20, 3:18) "자기 옷을 더럽"(3:4)히는 자들을 혹독하게 비판하면서, "유대 사람"으로 "자칭"하지만 사실은 "사탄의

---

18 David Frankfurter, 'Jews or Not? Reconstructing the 'Other' in Rev 2:9 and 3:9', *Harvard Theological Review* 94 (2001), 403~25. 여기서 저자는 "유대 사람으로 자칭하는" 사람들이 예수 운동 바깥에 있던 유대인들이 아니라는 설득력 있는 주장을 편다. 오히려 이들은 "요한이 보기에는 정당하지 못한 방식으로 '유대인'을 자처하는, 예수 운동 내부의 신자층"이다. "이 신자층은 … 바울계와 신바울계 개종자들을 예수 운동에 받아들였는데, 요한(과 1세기 많은 사람)이 보기에 이들은 율법상 충분히 정결하지 않았기 때문에 실질적 의미의 '유대인'이라고 부를 수 없었다"(403). 이들을 "사탄의 무리"라고 부르는 것을 근거 삼아 계시록을 유대교 문헌으로 간주하는 주장은 다음을 보라. Marshall, *Parables of War*, 12~16. 이 책에서 저자는 그리스도교 대체주의가 내놓은 반유대적 수사의 기나긴 역사가 4세기 포에토비오 주교 빅토리누스Victorinus까지 거슬러 간다고 밝힌다. 빅토리누스는 "유대 사람으로 자칭하는" 사람들이 곧 그리스도를 거부한 유대인들을 가리킨다고 보았다.

무리"(2:9, 3:9, 이들은 자신이 유대인의 정체성을 지녔다고 주장하는 이방인들이었을 것이다)인 예수 추종자들은 심판을 받을 것이라고 말한다.

유대인의 순수성을 강조하고 비유대인과 동화되기를 거부하는 계시록 저자 요한의 신앙과 그보다 수십 년 전 '이방인들의 사도' 바울이 전한 한결 포용적인 신앙을 비교해 보라(오늘날 우리는 이들을 모두 '그리스도교인'이라고 부르지만 말이다). 여러 학자가 지적했듯 바울은 요한이 나열한 거짓 예언자와 악한 이들 목록에 올랐을 법한 사람이다. 이를테면 바울은 고린토 교회에 있는 신자들에게 말했다.

> 우상 앞에 놓았던 제물을 먹는 문제가 나왔지만 우리가 알고 있는 대로 세상에 있는 우상은 아무것도 아니고 또 하느님은 한 분밖에 안 계십니다. … 음식이 우리를 하느님께로 가까이 나가게 해주는 것은 아닙니다. 그것을 안 먹었다고 해서 손해될 것도 없고 먹었다고 해서 더 이로울 것도 없습니다. (1고린 8:4, 8)

다만 그는 우상 앞에 놓았던 제물을 먹는 "자유로운 행동" 때문에 믿음이 약한 형제자매가 "넘어지게 하는 일"은 없게끔 주의하라고 덧붙인다.

갈라디아인들에게 보낸 편지에서도 바울은 개종자들도 할례를 받아야 한다고 하고 이방인들과 식사를 하지 않는 등 "유대 사람이 되라고 강요"하는 '유대주의자들'Judaizers, "할례를 받은 사람들"처럼 경쟁 관계에 있는 교사들을 공격한다. 바울은 파트모스의 요한은 물론이고 야고보까지 반박하면서 선언한다.

> 사람이, 율법을 행하는 행위로 의롭게 되는 것이 아니라, 예수 그리스도를 믿는 믿음으로 의롭게 되는 것임을 알고, 우리도 그리스도 예수를 믿은 것입니다. 그것은, 우리가 율법을 행하는 행위로가 아니라, 그리스도를 믿는 믿음으로 의롭다고 하심을 받고자 했던 것입니다. 율법을 행하는 행위로는, 아무도 의롭게 될 수 없기 때문입니다. (갈라 2:16)

이와 관련해 일레인 페이절스Elaine Pagels는 말했다.

> 예수가 '미워하는' 자들이라고 요한이 전하는 이들은 바울의 가르침을 받고 개종하여 예수를 따르기로 한 이방인들과 아주 닮았다. … 요한의 성난 수사법에서 한두 발짝 물러나 보면, 요한이 비난하는 습속들은 곧 바울이 권장한 것들임을 알 수 있다.[19]

흉측한 자식

요한이 본 환상들에서는 '쓰기'를 매우 중시한다. 하느님이 거듭 등장해 본 것을 '적으라'는 명령을 내림으로써 환상을 이끌고 간다는

---

19 Elaine Pagels, *Revelations: Visions, Prophecy, and Politics in the Book of Revelation* (New York: Viking, 2012), 54.

점에서도 그렇지만, 환상이 다양한 형식으로 '기록된 문서'라는 심상 (일곱 교회로 보내는 일곱 편지, 앞뒤로 글이 적혀 있고 일곱 봉인이 붙은 두루마리, 요한이 삼킨 또 다른 두루마리, 성도들의 이름이 적힌 "생명책", 그리고 무엇보다도, 책 전체가 반드시 지켜야 하고 봉인해서는 안 되며 누구라도 내용을 더하거나 빼면 이 안에 담긴 모든 재난을 받게 되리라고 요한이 경고하는 "이 책에 기록된 예언의 말씀"(22:7, 10, 22:9))을 중심으로 펼쳐진다는 점에서도 그렇다.

하지만 앞서 살펴보았듯 요한이 "보고", "적은" 것 중 상당 부분은 이미 그가 이전에 '듣고', '읽은' 것이었다. 계시록은 분명 신약성서에 속한 책 중 독특한 책이지만 계시록의 상당 부분은 구약에서 가져왔다. 계시록의 404개 구절 중 절반 이상이 다른 유대교 경전에 대한 인용, 참조, 암시를 담고 있으며 특히 에제키엘(에스겔), 다니엘, 이사야에서 상당 부분을 가져왔다.[20] 예언서 구절 중 고대의 적들의 몰락을 예견하는 구절들을 뒤섞어 새로운 바빌론인 로마의 몰락을 예견하고 로마를 조롱하며 비가를 부르는 대목도 있다. 어떤 부분에서는 아예 다른 예언자의 환상을 통째로 빌려오기도 한다. 부활한 그리스도와 관련된 무서운 환상을 다룬 부분의 경우 주로 다니엘에서 가져왔다.

그 촛대 한가운데 사람의 아들 같이 생긴 분이 계셨습니다. 그는 발에 끌리는 긴 옷을 입고('엔데디메논'$\dot{\epsilon}\nu\delta\epsilon\delta\nu\mu\acute{\epsilon}\nu o\nu$) 가슴을 가로질러(또는 '주

---

20 G. K. Beale, *John's Use of the Old Testament in Revelation*, The Library of New Testament Studies 166 (London: Bloomsbury T & T Clark, 2015)

위에'를 뜻하는 '페리에조스메논'περιεζωσμένον) 금띠를 띠고 계셨습니다. 머리와 머리털은 흰 양털과 같이, 또 눈과 같이 희고, 눈은 불꽃('피로스'πυρός)과 같고, 발은 풀무불에 달구어 낸 놋쇠와 같고, 음성은 큰 물소리와 같았습니다. 또 오른손에는 일곱 별을 쥐고, 입에서는 날카로운 양날 칼이 나오고, 얼굴은 해가 강렬하게 비치는 것과 같았습니다. 그를 뵐 때에, 내가 그의 발 앞에 엎어져서 죽은 사람과 같이 되니, 그가 내게 오른손을 얹고 말씀하셨습니다. (계시 1:13~17)

아래는 그리스어 70인역 성서에 실린 다니엘의 환상이다.

그 때에 내가 눈을 떠서 보니, 한 사람이 모시 옷을 입고('엔데디메노스'ἐνδεδυμένος) 우바스의 금으로 만든 띠로 허리를 동이고('페리에조스메네'περιεζωσμένη) 있었다. 그의 몸은 녹주석 같이 빛나고, 그의 얼굴은 번갯불 같이 환하고, 눈은 횃불('피로스'πυρός) 같이 이글거리고, 팔과 발은 빛나는 놋쇠처럼 뻔쩍였으며, 목소리는 큰 무리가 지르는 소리와도 같았다. … 나는, 그가 말하는 소리를 들었는데, 그의 말소리를 들었을 때에, 나는 정신을 잃고 땅에 쓰러졌다. 그런데 갑자기 한 손이 나를 어루만지면서, 떨리는 손과 무릎을 일으켰다. (다니 10:5~6, 9~10)

이러한 측면에서 요한은 500여 년 동안 인쇄 도서 문화를 누리며 형성된 현대인의 저자상에 부합하는 저자는 아니다. 우리에게 익숙한 인쇄된 책과 저자라는 매체 환경은 초기 그리스도교의 매체 환경과는 근본적으로 다르다. 초기 그리스도교인들은 손으로 기록한 두루마리와 파피루스 혹은 동물 가죽으로 만든 작은 코덱스를 베껴 적고 이를 공동체라는 연결망 안에서 공유했으며 예배나 학습을 위해 가정집에 모였을 때 이 문서들을 소리 내어 함께 읽었다.

그리스도교 정경이라는 맥락 안에서 우리는 요한의 환상 모음도 우리가 아는 다른 '책'들과 비슷하게 단일 저자가 만들어 소유한, 저작권 있는 지적 재산이라고 생각하곤 한다. 그러나 이는 사실이 아니다. 요한의 계시록 혹은 요한이 받은 계시들은 쥘리아 크리스테바Julia Kristeva가 상호본문성intertextuality이라고 부른 성격을 지니고 있다. 즉 계시록은 "본문이라는 표면들의 교차"가 이루어지는 곳, 여러 본문, 대화에서 심상의 차용, 말 바꿈, 인용이 의식적으로 배치되고 배열되고 변경되고 혼합되는 장이다.[21]

저자도 마찬가지다. 파트모스의 요한은 단일하고 통합된 전체로서 계시록의 저자이자 원천이라기보다는, 대화가 이루어지는 어떤 공간, 온갖 목소리들과 본문들이 교차하는 장소다. 이 교차하는 목소리들과 본문들은 또 다른 목소리들, 본문들과 상호본문성을 지니고 있으며 이러한 관계는 시작도 끝도 없이 계속 이어진다. 상호본문성을 지닌 계시록이라는 본문은 유대교 경전과 고대 다른 서아시아 신

---

21 Julia Kristeva, 'Word, Dialogue and the Novel', *Desire in Language: A Semiotic Approach to Literature and Art* (New York: Columbia University Press, 1980), 65~66. 그리고 다음도 참조하라. Julia Kristeva, *Revolution in Poetic Language* (New York: Columbia University Press, 1984), 60.

화, 그리스-로마 신화에서 온 수백 가지 부스러기들, 파편들, 커다란 덩어리들이 뒤엉킨 합성물이다. 이 모든 조각은 하나로 엮여 생명을 얻고, 누구인지, 어디서 왔는지도 모르는 한 선지자에게 입양되었다.

계시록은 (적어도 오늘날 기준으로는) 결코 '정상적'으로 탄생하지 않았다. 앞에서 제안했듯 계시록은 프랑켄슈타인 박사의 창조물처럼 흉측한 창조물이다. 다른 경전들이라는 생물들로부터 조각과 파편을 모아 만든 혼합물, 파헤쳐지고 짜깁기되어 고유한 생명을 얻은 합성체라는 점에서 말이다. 그리고 이러한 측면에서 계시록의 창조자는 계시록을 낳은 존재라기보다는 되살린 존재다. 그는 자신의 흉측한 자식이 세상으로 나아가 번성하기를 빌었다. 그러므로 우리는 요한의 생애가 아니라 계시록의 생애를 탐구해야 한다.

03

지금은 종말이 아니다

― 아우구스티누스의 두 도시 이야기

파트모스의 요한은 여러 상상을 했지만 무시무시하고 악마 같은 제국 세력의 절정, 그리스도와 그의 참된 추종자들에게 궁극의 적이라 할 수 있는 로마가 언젠가 그리스도교와 동의어가 될 정도로 그리스도교와 긴밀한 관계를 맺게 될 것이라고는 전혀 상상하지 못했다. 그러나 실제로 그러한 일이 일어났다.

실제로 이런 일이 일어나기 불과 몇 년 전까지는 누구도 로마와 그리스도교의 관계가 이렇게 급격하게 변하리라고는 상상하지 못했을 것이다. 기원후 303년 황제 디오클레티아누스Diocletian는 교회를 파괴하고 경전을 불태워버리고 사회 고위층 그리스도교 신자들을 강등시키라는 칙령을 발포했다. 뒤이어 모든 그리스도교 교회 지도자들을 투옥하고 신앙을 고백한 그리스도교인들이 우상에 제물을 바치도록 강요하는 법령들이 공표되었다. 이에 반발한 수많은 그리스도교인이 고문당했고 많은 경우 죽음을 맞이했다. 이러한 잔혹 행위들을 에우세비우스는 직접 목격했다. 그는 어떤 그리스도교인이 우상에게 경배하기를 거부하자 사람들이 그의 옷을 벗기고 밧줄을 묶어 높이 끌어올린 다음 뼈가 살 밖으로 드러날 때까지 매질했다고 기록했다. 에우세비우스에 따르면 그를 고문한 이들은 상처에 소금과 식초를 뿌린 다음 "몸의 나머지 부분을 먹는 살코기처럼 불 위에 올렸는데, 한꺼번에 올리면 그가 곧바로 죽을까 봐 한 번에 조금씩 올렸다".[1]

디오클레티아누스 치하에서 혹독한 박해를 견디며 살아가던 수많은 그리스도교인은 계시록이 마침내 끔찍한 모습으로 실현되고 있다고 여겼다. 에우세비우스의 표현을 빌리면 "권세를 받은 자가 긴 잠에서 깨어나 각성한 것 같"았다. 사람들은 "악마라고도 하고 사탄이라고도 하"는 용으로부터 왕국과 권세를 받아 우상에 경배하기를 거부하는 사람은 누구든 죽이는 계시록 속 극악무도하고 하느님을 모독하는 짐승을 떠올렸다(계시 12~16).[2] 고문과 죽음이 두렵더라도 우상을 숭배하는 사람은 하느님에게 더 심한 형벌을 받게 될 것이라는 계시록의 경고가 많은 신자로 하여금 디오클레티아누스의 칙령에 저항하도록 고무했음은 의심의 여지가 없다.

---

1 Eusebius, *Ecclesiastical History*, 8.6.9

2 Eusebius, *Ecclesiastical History*, 8.4.2

사라진 모순

그리스도교인들에 대한 로마의 박해는 거의 10년 동안 이어졌다. 박해는 갑작스럽게 시작해 갑작스럽게 끝났다. 서로마 황제 콘스탄티누스Constantine가 꿈에서 "이 표식으로 너는 승리하리라"라고 적힌 불타는 십자가를 보았다고 알려진 지 1년 뒤인 313년, 콘스탄티누스와 동로마 황제 리키니우스Licinius는 밀라노 칙령Edict of Milan에 서명함으로써 그리스도교를 향한 관용을 명하고 모든 사람은 자신이 올바르다고 믿는 어떤 신이든 자유롭게 예배할 수 있다고 선언했다. 이후 324년 콘스탄티누스는 동로마와 서로마를 통일한 뒤 수도를 그리스도교 세력이 강한 비잔티움으로 옮기고 도시 이름을 콘스탄티노폴리스로 바꾸었다. 1년 뒤, 그는 제국 전역에서 주교들을 불러 모아 니케아 공의회를 열고 교리상 문제와 교회 조직 구조 및 위계에 대한 합의를 도출해 냈다. 이로써 그리스도교 신앙은 통합되었으며 확산되었다. 한때 위태로울 정도로 비주류였으며 허약했던 예수 운동은 제국이라는 국가 권력이 공인한 그리스도교 왕국이 되었다. '로마 그리스도교'Roman Christianity라는 말은 더는 모순이 아니었다.

로마 그리스도교가 확립된 다음 세기에는 그리스도교 정경, 즉 어떤 문헌이 모든 로마 그리스도교인에게 경전이고 아닌지를 나열한 목록이 빠르게 확정되었다. 정경화 과정은 또 다른 형태의 제도화와 동시에 일어났다. 그리스도교 왕국의 구조가 위계를 갖추어 감에 따라 교회는 경전으로 인정할 수 있는 문헌, 경전을 다루는 법, 경전과 관련해 이야기할 수 있는 내용을 더 강력하게 규제하고 획일화할 수 있었다. 위계 구조가 이를 촉진했다.

이 시기 그리스도교 정경화 과정이 마무리된 데에는 또 다른 요인이 있었다. 커다란 코덱스, 즉 제본된 책을 만드는 기술이 발전한 덕분에 정경의 모든 문헌을 한 권으로 묶을 수 있게 된 것이다. 대다수 연구자는 그리스도교 교회가 이 새로운 매체 기술을 앞장서서 받아들였다고 본다. 초기 코덱스들은 200여 쪽을 넘지 않는, 상대적으로 작은 형태였고 대부분은 그보다도 훨씬 더 분량이 적었다. 그러나 4세기 말엽 코덱스 제조 기술은 그리스도교 정경 전체를 한 권의 책으로 묶을 수 있는 수준에 이르렀다. 이 중 가장 유명한 사례는 4세기 말에 나온 시나이 사본Codex Sinaiticus으로, 그리스어로 된 그리스도교 구약과 신약 정경 전체를 담고 있었다. 이처럼 정경의 확정, 이 정경을 모두 모아 한 권의 책으로 묶는 능력, 로마 그리스도교 왕국의 제도화는 우연히 동시에 발생한 일들이 아니며 서로 밀접하게 연관되어 있다. 제국과 코덱스가 만나면 정경이 나오는 것이다.

계시록은 교회의 이 새로운 상황과 어떠한 연관이 있었을까? 로마 제국을 향한 격렬한 증오와 제국의 몰락에 대한 열망을 담은, 이제 막 어엿한 권위 있는 문헌으로 인정받기 시작한 이 문헌은 어떻게 로마 그리스도교 정경에 속하게 되었을까? '창녀 바빌론'은 불길에 휩싸이는 대신 교회와 결혼했다. 이와 맞물려 "때가 가까이 왔"으므로 모든 것이 곧 끝날 것이라고 신자들에게 장담하던 계시록의 긴박감은 한두 세기 이전만큼 위력을 발휘하지 못했다. 교회는 이제 국가의 부와 권력이라는 안락함을 누리고 있었다. 그렇다면 교회는 계시록을 어떻게 취급했을까?

한 가지 방법은 계시록과 계시록에 담긴 잔혹한 반로마적 환상들을 내버리는 것이다. 앞서 살펴보았듯 경전으로서 계시록의 지위는 처음부터 논란이 되었다. 이레네우스 같은 이들은 계시록을 받아들였지만, 알렉산드리아의 디오니시우스가 언급한 것과 같은 이들은 계시록이 무의미하며 무슨 뜻인지 알 수 없는 문헌이라고 말했다. 325년 에우세비우스가 이 문헌을 누군가는 수용하고 누군가는 거부하는 "논쟁이 있는" 책으로 분류했다는 사실로 미루어, 콘스탄티누스가 제국에게 세례를 베푼 시기까지도 계시록의 지위에 대한 의심은 해소되지 않았음이 분명하다. 로마가 그리스도교 세계의 무시무시한 적이 아닌 옹호자로 떠오른 시기에 계시록을 단호하게 추방할 이유는 충분해 보였다.

또 다른 방법은 계시록에 나오는 적인 바빌론을 로마가 아닌 다른 무언가와 동일시하는 것이다. 어쩌면 계시록에 나오는 하느님의 반대자, 악의 세력은 로마 제국 자체는 아닐 수도 있다. 그들은 교리상의 적, 즉 교회 내 이단자들을 가리킬 수도 있다. 실제로, 일레인 페이절스가 지적했듯 최초로 계시록을 그리스도교 정경에 포함해야 한다고 말한 것으로 알려진 알렉산드리아 주교 아타나시우스는 계시록에서 차용한 수사법으로 자신의 적들을 타자화하는 데에 매우 능했다.[3] 그는 이집트의 다른 교회 지도자들이 반대했음에도 콘스탄티누

---

3 Elaine Pagels, *Revelations: Visions, Prophecy, and Politics in the Book of Revelation*, 133.

스 황제의 지지를 얻어 주교직에 올랐는데 당시 교회는 수십 년 동안 분열과 불화를 겪고 있었다. 아타나시우스는 주교 재임 기간 중 상당 시기를 경쟁자들에 의해 직을 박탈당하고 추방당한 상태로 보냈다. 그는 편지를 써서 이들을 공격했다.

바로 그때, 아타나시우스는 로마가 아닌 교리상 이단이라는 공동의 적에 맞서 교회의 '보편적'catholic 일치를 확립하는 수단으로 계시록을 유용하게 썼다. 그는 자신의 적들이 "우리 주 예수 그리스도를 모독하기 위해" "그들 각자의 범죄를 바빌론의 잔처럼 뒤섞"고 있다고 선언했다. 계시록 17~18장에서 창녀 바빌론이 하느님을 모독하는 이름으로 가득한 진홍색 짐승을 탄 채 "흉측하고 더러운 것들이 가득히 담긴 금잔"을 마시는 장면을 넌지시 가리킨 것이다.[4]

367년에 쓴 유명한 부활절 서신에서 아타나시우스는 그리스도교 문헌 27개를 언급한 공식 목록을 유일하게 "참되고" 권위 있는 문헌 목록이라고 (우리가 아는 한 최초로) 단언했고, 이 문헌들은 머지않아 신약 정경이 되었다. 이러한 사안을 다룰 때면 언제나 전투하는 듯한 태도로 임했기 때문에 그가 당시 그리스도교인들이 알고 있던 다른 모든 문헌은 이단적이라고 규정한 것이 그리 놀라운 일은 아니다. 아타나시우스는 목록 마지막에 계시록을 언급했으며 목록을 제시한 뒤 계시록 마지막 부분을 연상시키는 경고로 글을 마무리했다.

---

4 Athanasius, *Arian History*, 22. 이를 계시록 17장 3~4절, 18장 6절과 비교해 보라. 더 자세한 논의는 다음을 참조하라. Elaine Pagels, *Revelations*, 141~44.

누구도 여기에 더하지 마십시오. 그 무엇도 빠뜨리지 마십시오.[5]

계시록의 극악무도한 괴물 로마를 다른 종류(신학, 이념, 정치, 사회, 그 밖에 이름 붙이기 나름인)의 적으로 해석해 내는 방법은 오늘날에도 이어지고 있다. 계시록은 타자화하는 기계가 되었다. '나'의 적을 여기에 집어넣으면 그는 훨씬 더 해로운 존재, 궁극적인 악의 현현이 되어 나온다. 그리하여 이 우주에서 나와 적 둘 중 하나는 사라져야 한다는 말이 더 강한 힘을 얻게 된다.

그러나 계시록이 새로운 로마 제국의 교회에 걸맞은 존재가 되려면 또 하나의 장애물을 넘어야 했다. 바로 계시록의 미심쩍은 유통 기한이다.

이 예언의 말씀을 읽고 듣고 이 책에 기록되어 있는 대로 실천하는 사람들은 행복합니다. 그 일들이 성취될 때가 가까이 왔기 때문입니다. (계시 1:3)

자, 내가 곧 가겠다. (계시 22:7)

---

5 Athanasius, *Festal Letter*, 39.6. 계시록 22장 18~19절은 다음과 같다. "나는 이 책에 기록된 예언의 말씀을 듣는 모든 사람에게 분명히 말해 둡니다. 누구든지 여기에 무엇을 덧붙이면 하느님께서 그 사람을 벌하실 때에 이 책에 기록된 재난도 덧붙여서 주실 것입니다. 또 누구든지 이 책에 기록된 예언의 말씀에서 무엇을 떼어버리면 이 책에 기록된 생명의 나무와 그 거룩한 도성에 대한 그의 몫을 하느님께서 떼어버리실 것입니다."

자, 내가 곧 가겠다. 나는 너희 각 사람에게 자기 행적대로 갚아주기 위해서 상을 가지고 가겠다. (계시 20:12)

"그렇다. 내가 곧 가겠다." 하고 말씀하셨습니다. 아멘. 오소서, 주 예수여! (계시 22:20)

언제까지 종말이 가까이 왔다고, 예수께서 곧 돌아와 자신의 왕국을 세울 것이라고 계속 외칠 수 있을까? 게다가 계시록이 주장하는 그리스도 최대의 적이었던 존재가 교회와 함께 왕국을 건설한 지금, 시대의 정세는 극적으로 바뀌었다.

교회가 이 관계를 아주 장기적으로 유지할 생각이라면 어떻게 될까? 이 같은 관점에서는 계시록을 어떻게 읽어야 할까? 계시록의 유통 기한을 잠재적으로 예측 가능한 머나먼 미래까지 연장하려면 어떻게 해야 할까? 바로 이 시점, 계시록의 생애에서 몹시도 위태로운 이 순간 등장한 인물이 바로 히포의 아우구스티누스Augustine of Hippo다. 그는 계시록에서 예정된 시간을 달리 이해할 수 있음을 밝힘으로써 계시록이 훨씬 기나긴 미래를 품을 수 있게 해 주었다.

아우구스티누스의 젊은 시절

아우구스티누스는 기원후 354년 로마가 다스리는 (지금의 알제리 지역인) 북아프리카의 소도시 타가스테에서 태어났다. 어머니 성녀 모니카Monica 또한 독실한 그리스도교인이었고 아버지 파트리키우스

Patricius는 성마른 성격의 이교도였는데, 아우구스티누스가 열일곱 살때 파트리키우스도 임종을 앞두고 그리스도교로 개종했다.

아우구스티누스는 어려서부터 영리했다. 그는 학업에 열중했고 수사학을 가르치는 데 힘썼다. 어머니는 그를 그리스도교인으로 키웠지만 젊었을 때 아우구스티누스는 점성술이나 마니교 등 다른 종교 사상들과 실천에도 깊은 관심을 가졌는데, 특히 페르시아의 예언자 마니Mani의 이름을 딴 마니교는 당시 새로운 종교 운동 중 하나로서, 영적 세력인 빛과 물질적 세력인 어둠 혹은 악의 우주적 투쟁이라는 정교한 이원론을 설파했다. 20대 시절 내내 아우구스티누스는 이 종교 운동에 열렬히 가담했다. 29세에 이탈리아 밀라노의 수사학 교사로 부임했을 때도 그는 여전히 마니교도들에게 후원을 받고 있었다. 그러나 밀라노에서 그는 위대한 그리스도교 신학자 암브로시우스Ambrose의 제자가 되었고, 33세에 그리스도교로 개종했다.

일찍이 아우구스티누스는 혈기 왕성하게 연애를 즐겼고, 그중 카르타고 출신의 한 여성과는 장기적으로 관계를 유지했다. 두 사람 사이에는 아데오다투스Adeodatus라는 아들도 있었다. 그러나 그와 같은 계급의 사람과 결혼하면 출세에 방해가 된다고 생각한 그의 어머니 때문에 이 결합은 깨져 버렸다. 이에 관해 아우구스티누스는 『고백록』Confessions에서 말했다.

그녀와 굳게 결합해 있던 나의 마음은 찢기고 상처 입고 피를 흘렸습니다.

그녀는 다른 남자를 만나지 않겠다고 하느님에게 맹세한 뒤 아데오다투스를 아우구스티누스와 모니카에게 남겨두고 떠났다. 반면 아우구스티누스는 "동거 생활을 사랑했다기보다는 정욕의 노예였기 때문에", 당시 10세였던 약혼자가 혼인 가능 연령인 12세에 이르기를 기다리며 또 다른 정부를 얻었다.[6] 그리고 결혼하기 전인 387년에 아우구스티누스와 그의 열네 살 난 아들 아데오다투스는 그리스도교 세례를 받고 독신 서약을 했다. 이를 두고 아우구스티누스는 다음과 같이 회상했다.

우리의 과거의 삶에 대한 불안이 사라졌습니다. … 당신을 향한 찬송과 찬가를 듣고 내가 얼마나 울었는지, 달콤하게 조율된 당신 교회의 노랫소리에 내가 얼마나 감명을 받았는지요! 그 소리가 내 귀에 흘러들었고 진리가 내 마음에 스며들었으며, 그로부터 경건한 감정이 흘러넘치고 눈물이 쏟아지고 그 안에서 나는 행복했습니다.[7]

크나큰 기대

아우구스티누스 시대에 성직자가 되는 과정은 본질적으로 인기투표 같은 것이었다. 누구나 꼭 이기고 싶어 하지는 않는 투표였지만 말이다. 이미 박식한 설교자이자 교사로 주목받고 있던 아우구스티누스는 391년 대중의 요구로 사제가 되었고, 395년에는 타가스테 근

---

6 Augustine, *Confessions*, 1:6.15. 『고백록』(경세원)

7 Augustine, *Confessions*, 1:9.6.

처에 있는 비교적 작은 해안 도시 히포의 주교가 되었다. 주교는 종신직이었기 때문에 그는 430년에 75세로 사망할 때까지 주교직을 수행했다.

아우구스티누스가 없었다면 그리스도교가 어떤 모습이 되었을지 많은 이가 상상해 보려 하지만 이는 쉽지 않은 일이다. 인간의 성에 대한 교회의 깊은 불신은 물론이고, 원죄, 무로부터의 창조creatio ex nihilo, 오직 은총으로 이루어지는 구원, 예정론 같은 교리의 틀은 모두 그가 만들었다. 현재 남아 있는 것만 해도 5백만 단어가 넘는 그의 신학 저작은 성서를 제외한 그 어떤 문헌보다 그리스도교 교리의 중심에 있다.

어떤 면에서 그의 저작들은 성서에 속한 책 대다수보다 더 그리스도교 교리의 중심이라 할 수도 있다. 아우구스티누스는 북아프리카 라틴어로 된 구약과 신약을 모두 암기했다. 이와 관련해 게리 윌스 Garry Wills는 말했다.

> 아우구스티누스는 에제키엘 또는 계시록의 요한처럼 성서를 '삼키고', 성서의 용어와 운율로, 성서의 단어를 가지고, 성서의 단어를 통해서 생각했다.[8]

수사법의 달인이었던 아우구스티누스는 그리스도교 성서의 단어와

---

8 Garry Wills, *Augustine's Confessions: A Biography* (Princeton, NJ: Princeton University Press, 2011), 8.

심상뿐 아니라 그 운율과 어조까지 체화했다. 그의 사유와 표현은 성서에 담긴 상상의 흐름을 따라 움직였다. 이러한 과정에서 그는 성서 본문 스스로는 상상해 내지 못했을 신학적 관념들과 성서를 융합했으며 그의 글은 사실상 성서와도 같은 위상을 얻게 되었다.

폴라 프레드릭슨Paula Fredriksen에 따르면 아우구스티누스의 고향인 북아프리카는 당시 로마 제국의 "바이블 벨트"였다. 이 지역의 그리스도교인들은 "엄격하면서도 열광적이고, 성서에 대한 입장은 근본주의적이면서 전통적이었다".[9] 그들은 자신들이 디오클레티아누스의 강력한 종교 탄압과 가혹한 박해에 저항한 것을 자랑스러워했다. 그들은 순교한 이들을 숭상했고, 이들의 위대한 행적에 관한 이야기를 모았고, 이들을 기리기 위해 축일을 제정했다.

북아프리카는 그리스도가 곧 재림하여 하느님의 적들을 거꾸러뜨리고 순교 성인들을 죽은 이들 가운데서 다시 일으켜 이 땅을 천 년 동안 통치할 것이라고 믿는 천년왕국설의 온상이기도 했다. 많은 사람은 이 통치가 창조 이래 역사의 일곱 번째 천 년, 혹은 안식의 천 년이 밝아올 때 시작될 것이고 그 앞의 6천 년은 곧 끝난다고 믿었다.

아우구스티누스가 주교로 활동하던 시절 로마 제국이 급격히 쇠락하면서 이 같은 천년왕국설은 더 힘을 얻었다. 로마 제국은 476년 플라비우스 오도아케르Flavius Odoacer가 황제 로물루스 아우구스투스Romulus Augustus를 폐위하고 이탈리아의 첫 번째 왕이 됨으로써 끝내 멸

---

9 Paula Fredriksen, 'Tyconius and Augustine on the Apocalypse', *The Apocalypse in the Middle Ages* (Ithaca, NY: Cornell University Press, 1992), 31.

망했다. 이 궁극적 종말을 향한 결정적 계기는 410년 알라리크Alaric 지휘 하의 비시고트족Visigoth이 그리스와 이탈리아 여러 도시를 점령하고 마침내 로마를 약탈한 사건이었다.

천년왕국을 향한 아우구스티누스 시대의 열망은 계시록의 한 환상에 대한 특정 해석에 뿌리를 두고 있었다. 이 환상은 계시록이 새 하늘, 새 땅, 새 예루살렘에 대한 묘사로 절정에 이르기 직전에 언급되는 것으로 내용은 다음과 같다.

나는 또 한 천사가 끝없이 깊은 구렁의 열쇠와 큰 사슬을 손에 들고 하늘로부터 내려오는 것을 보았습니다. 그는 늙은 뱀이며 악마이며 사탄인 그 용을 잡아 천 년 동안 결박하여 끝없이 깊은 구렁에 던져 가둔 다음 그 위에다 봉인을 하여 천 년이 끝나기까지는 나라들을 현혹시키지 못하게 했습니다. 사탄은 그 뒤에 잠시 동안 풀려 나오게 되어 있습니다. 나는 또 많은 높은 좌석과 그 위에 앉아 있는 사람들을 보았습니다. 그들은 심판할 권한을 받은 사람들이었습니다. 또 예수께서 계시하신 진리와 하느님의 말씀을 전파했다고 해서 목을 잘린 사람들의 영혼을 보았습니다. 그들은 그 짐승이나 그의 우상에게 절을 하지 않고 이마와 손에 낙인을 받지 않은 사람들입니다. 그들은 살아나서 그리스도와 함께 천 년 동안 왕노릇을 하였습니다. 이것이 첫째 부활입니다. 그 나머지 죽은 자들은 천 년이 끝나기까지 살아나지 못할 것입니다. 이 첫째 부활에 참여하는 사람은 행복하고 거룩합니다. 그들에게는 둘째 죽음이 아무런 세력도 부리지 못합니다. 이 사람들은 하느님과 그리스도를 섬기는 사제가 되고 천 년 동안 그리스도와 함께 왕노릇을 할 것입니다. (계시 20:1~6)

아우구스티누스에게 반대하면서 천년왕국설을 신봉한 이들은 이 구절이 승리한 그리스도의 재림을 예언한다고 믿었다. 계시록에서 줄곧 그래 왔듯 그리스도는 용, "늙은 뱀"으로 의인화된 사탄을 결박해 끝없이 깊은 구렁('심연'을 뜻하는 영어 단어 '어비스'abyss의 어원인 그리스어 '아뷧소스'ἄβυσσος)에 던져 천 년 동안 가둘 것이다. 신앙 때문에 순교한 그리스도교인 조상들은 "첫째 부활"에서 다시 생명을 얻고 그리스도와 함께 지상을 다스릴 것이다.

천년왕국설 신봉자들은 이러한 천 년의 통치가 끝나면 사탄이 3년 반 동안 풀려 나와 온 땅의 나라들을 모아서 그리스도와 성도들에게 맞선 싸움을 준비할 것이라고 믿었다(계시 20:7~8).* 이 싸움에서 사탄의 군대는 완전히 패할 것이고, 사탄은 불바다에 던져져 영원한 고통에 시달릴 것이다.

천년왕국설의 계시록 해석에 따르면 이후 마침내 두 번째 부활과 최후의 심판이 있을 것이며, 모든 죽은 이가 다시 살아나 "자기들의 행적을 따라 심판을 받"(계시 20:12)을 것이다. 의롭지 않다고 판결된 이들은 영원한 지옥인 "둘째 죽음"으로 던져질 것이며, 의로운 이들

---

* "천 년이 끝나면, 사탄은 옥에서 풀려나서, 땅의 사방에 있는 민족들, 곧 곡과 마곡을 미혹하려고 나아갈 것입니다. 그리고 전쟁을 하려고 그들을 모을 것인데, 그들의 수는 바다의 모래와 같을 것입니다." (계시 20:7~8)

은 21~22장의 마지막 환상이 그리고 있듯 새 하늘, 새 땅, 빛나는 수도 새 예루살렘에서 하느님과 함께 영원히 살 것이다.

천년왕국설 신봉자들의 각본에 따르면 그리스도의 재림, 사탄의 결박, 순교자들의 부활, 천 년의 통치는 정말로 목전에 있었다. 천년왕국설 신봉자들에게는 지금이 종말이었다. 하지만 종말 대신 나타난 것은 아우구스티누스의 걸출한 신학 저작인 『신국론』The City of God 이었다. 413년부터 426년까지 10년 넘는 기간 동안 쓴 이 책에서 그는 계시록이 근본적으로 다른 역사적 각본을 담고 있다고 해석한다. 아우구스티누스가 보기에 계시록은 그리스도의 재림을 적어도 몇 세기는 연기하고 있다. 이 책을 통해 그는 종말을 알리는 시계의 '한참 뒤에 다시 울림' 버튼을 누른 셈이었다. '지금은 종말이 아니다. 아직은. 아직 한참 남았다.'[10]

두 도시

『신국론』이라는 이름으로 널리 알려진 『이교도들에 맞선 하느님의 도시에 관하여』De Civitate Dei contra Paganos는 두 인류 공동체를 대표하는 두 도시에 관한 이야기다. 한쪽에는 지상에 있고 시간에 매여 있고 늘 변화하고 필멸하고 영원한 지옥이 예정되어 있는 현세의 도시가

---

10 아우구스티누스의 해석은 무로부터의 창조물이 아니었다. 이 부분에서 그에게 가장 큰 영향을 준 사람은 4세기 말에 활동한 도나투스파(디오클레티아누스의 박해를 거치며 뿌리내린 운동으로, 성인에 가까운 극도로 엄격한 자기완성을 강조했다) 사상가 티코니우스Tyconius였다. 티코니우스의 계시록 주해는 남아 있지 않다. 그가 아우구스티누스에게 끼친 영향에 대한 상세한 설명은 다음을 참조하라. Paula Fredriksen, 'Tyconius and Augustine on the Apocalypse'.

있다. 다른 한쪽에는 천상에 있고 영원하고 불변하고 불멸하고 "하느님과 함께 영원히 통치하기로 예정되어 있"는 하느님의 도시가 있다.[11] 아우구스티누스의 설명에 따르면, 모든 이는 현세의 도시에서 태어나지만 선택받은 이들은 그리스도의 세례를 통해 하느님의 도시에서 다시 태어나도록 예정되어 있다.

현시대에는 이 두 도시의 이야기가 뒤얽혀 있고, 두 도시의 주민들도 뒤섞여 있다. 지금으로서는 선택받은 하느님의 도시 주민들과 저주받은 현세의 도시 주민들을 분리하기가 불가능하다. 이는 그리스도교 교회 내에서도 마찬가지다. "이 악한 세계에서는 … 수많은 타락한 자들이 선한 이들과 뒤섞여 있고, 이들 모두 복음이라는 그물에 걸려 모여 있"(18.49)기 때문이다.

바로 이 지점에서 계시록이 아우구스티누스가 그린 그림을 푸는 열쇠로 등장한다. 두 도시는 계시록이 서술하는 대로 죽은 이들이 모두 부활하고 심판받는 "둘째 부활"과 최후의 심판이 있기 전까지는 분리될 수 없을 것이다. 선택받은 이들, 진정한 하느님의 도시 주민들은 하느님과 함께 영원히 통치할 것이고, 저주받은 이들, 진정한 현세의 도시 주민들은 악마와 함께 지옥에서 영원히 고통받는 "둘째 죽음"을 겪을 것이다. 아우구스티누스에 따르면 "하느님의 이 도시에 속하지 않은 사람들은 영원한 불행, 곧 둘째 죽음이라고도 불리는 것

---

11 Augustine, *The City of God*, 2:13.1. 『신국론 1~3』(분도출판사) 두 도시, 두 부활, 그리스도의 재림, 최후의 심판에 대한 아우구스티누스의 논의는 전부 책의 후반부인 11~22권에 담겨 있다. 앞으로 이 저작에 대한 참조 및 인용은 괄호를 사용할 것이다.

을 얻을 것인데, 이때 영혼은 생명이신 하느님으로부터 분리될 것이기 때문에 살아 있다고 말할 수 없으며, 육체는 영원한 고통에 던져질 것이기 때문"(19.28)이다.

그렇다면 계시록에 묘사된 것처럼 그리스도의 재림으로 막이 열리고 성도들이 부활하여 그와 함께 천 년을 통치하는 "첫째 부활"은 어떻게 될까? 아우구스티누스에 따르면 이것은 예수 그리스도의 죽음과 부활, 그리고 그리스도의 교회가 설립됨으로써 이미 실현되었다. "첫째 부활"은 육신의 부활이 아닌 영혼의 부활로 이해해야 하며, 이는 곧 그리스도가 십자가에서 속죄 제물로 바쳐짐으로써 실현된 구원의 은혜이기 때문이다. 그래서 "그들에게는 둘째 죽음이 아무런 세력도 부리지 못합니다. 이 사람들은 하느님과 그리스도를 섬기는 사제가 되고 천 년 동안 그리스도와 함께 왕노릇을 할 것입니다"(계시 20:6)라고 쓰여 있는 것이다. 이들은 죽음에서 영원히 구원받았다. 이를 아우구스티누스는 다음과 같이 요약한다.

두 번의 재생이 있다고 앞에서 언급한 것(하나는 신앙에 따른 것으로 세례를 통해 현생에 이루어지며, 다른 하나는 육체에 따른 것으로 위대한 최후의 심판을 통해 불멸과 불사를 얻을 것이다)처럼 두 번의 부활이 있다. 첫째는 영혼의 부활로, 현생에 이루어지며 우리를 둘째 죽음에 이르지 않도록 막는 것이고, 둘째는 지금이 아니라 세계의 끝에 일어나는, 영혼이 아닌 육체의 부활로, 최후의 심판을 통해 어떤 이는 둘째 죽음으로 보내고 다른 이는 죽음 없는 삶으로 보낼 것이다. (20.6)

그렇다면 그리스도가 깊은 구렁에 가두어 "천 년이 끝나기까지는 나라들을 현혹시키지 못하게"(계시 20:3) 만든 "늙은 뱀", 사탄은 무엇일까? 아우구스티누스는 깊은 구렁이 문자 그대로의 구렁이 아니라 상징이며, 하느님과 이 세계에서 살아가는 성도들로부터 멀리 떨어진 곳이라고 말한다.

> 구렁이라는 이름은 악한 이들의 셀 수 없이 많은 무리를 가리키고, 이들의 마음은 하느님의 교회에 맞서서 헤아릴 수 없는 깊은 악의로 차 있다. (20.7)

구렁은 지독하게 사악한 인간들의 무리일 뿐이다. 사탄은 이제 그 어느 때보다 확실하게 그들을 소유하고 있다. 같은 맥락에서 아우구스티누스는 사탄이 "나라들"을 더는 현혹할 수 없다는 말을 사탄이 하느님에게 선택받은 이들의 영혼을 더는 유혹할 수 없다는 뜻으로 이해한다.

하느님의 도시에 사는 시민들의 궁극적인 구원을 방해할 수 없다는 의미에서 사탄은 묶여 있다. 하지만 사탄은 여전히 이 세계에 고통을 만들어 내고 사람들을 유혹한다. 이 세계에는 선한 것과 악한 것, 빛과 어둠이 뒤섞여 있기 때문이다. 마찬가지로 하느님의 심판도 이미 이루어졌다. 선과 악이 얽혀 있는 이 세계에서 이를 식별해 내기는 어렵지만 말이다. 이처럼 뒤엉킨 불확실한 시대에는 의로운 이가 고통받고 악한 이가 번성하는 것처럼 보인다. 그러나 이렇게 애매

하고 뒤섞인 상태는 최후의 심판 때 궁극적으로 해결될 것이다. "그 때에는 왜 이 악한 자는 행복하고 저 의로운 이는 불행한가 하는 무지한 물음이 생길 여지가 없을 것이기 때문"(20.1)이다.

따라서 아우구스티누스가 보기에 계시록 20장에 서술된 그리스도의 영광된 재림은 이미 이루어졌다. 그리스도는 지금 교회와 함께 통치하고 있다. 천 년의 통치는 천년왕국설 신봉자들의 말처럼 곧 시작되는 것이 아니라 이미 진행 중이다. 그렇지만 그리스도와 교회의 천 년의 통치는 얼마나 계속될 것인가? 문자 그대로 천 년 동안 이루어지고, 그 뒤에 세계는 종말 없이 일곱 번째 혹은 안식의 천 년으로 들어갈 것인가? 그럴지도 모른다. 아니면 천 년은 상징이자 "시간의 충만함을 가리키는 완전한 숫자"로, 이 세계의 처음부터 끝까지 전체 기간을 가리키는 것일 수도 있다(20.7). 무엇이 맞든 간에 아우구스티누스는 예수가 제자들에게 "그러나 그날과 그 시간은 아무도 모른다. 하늘에 있는 천사들도 모르고 아들도 모르고 오직 아버지만이 아신다"(마르 13:32)라고 말한 구절을 들면서, 사람이 이 햇수를 정확히 정할 수 있다고 생각하는 것은 허영이라고 주장한다. 마찬가지로 누구도, 심지어 교회마저도, 그날이 오기 전에는 하느님의 거룩한 도시 시민들을 나머지 저주받은 이들과 분리할 수 없다.

새 하늘, 새 땅, 새 육체

아우구스티누스에 따르면 교회는 사탄이 풀려 나와 온 땅의 나라들을 모아서 그리스도의 성도들에 대항하는 싸움을 준비하고 "숨어 있던 증오가 노골적인 박해로 터져 나올"(20.11) 최후 직전의 3년 반 (계시 20:7~10) 동안에도 계속 다스릴 것이다. 하느님이 성도들을 박해로부터 완전히 보호하지는 않겠으나, 사탄이 이들의 "신앙이 머무르는 내부의 인간"을 건드리지는 못하게 할 것이다. 따라서 덜 위험한 "외부의 유혹"을 참아낸 성도들은 신앙이 더욱 단단해질 것이다 (20.8).

3년 반이 지나면 그리스도와 그의 군대가 사탄과 그의 군대를 완전히 물리칠 것이다. 그러고 나면 "둘째 부활", 즉 모든 이가 되살아나 그리스도의 최후 심판을 받는 날이 온다. 생명책에 이름이 없는 불의한 이들은 지옥으로 보내질 것이다. 계시록은 이 지옥을 "불바다"라고 부르며, 사탄과 짐승들은 이미 그곳에 던져져 있을 것이다 (계시 20:10, 15).

새 하늘과 새 땅은 이전의 하늘과 땅을 대체하는 것이 아니라 하늘과 땅이 정화된 모습일 것이다. 이제 하느님의 도시는 지상의 죄와 악의 도시로부터 영원히 떨어져 나온다. 동시에 의로운 이들도 타락과 필멸이라는 허물을 벗고 천상의 도시에 걸맞은 시민이 되며, "그리하여 세계는 더 나은 모습으로 새로워지고, 육체가 더 나은 모습으로 새로워진 인간들에게 알맞도록 변화할 것이다"(20.16).[12]

---

12 『신국론』의 끝부분인 20권(18~30장)은 적그리스도(거짓 구세주)와 최후의 심판을 가리킨다고 여겨지는 다른 성서 본문들(즉 베드로의 둘째 편지, 데살로니카인들에게 보낸 두 편지, 다니엘, 시편, 이사야, 말라기 등)과 계시록 해석을 통합하는 데 집중한다. 21권은 악한 자들에 대한 처벌, 즉 두 번째 도시의 종말을 다룬다.

복잡한 문제들

아우구스티누스는 회의적인 독자들이 물음을 던질 것을 예상하고서, 특히 자신이 주장한 대규모 심판과 대규모 부활에 얽힌 잠재적 문제들을 해명하는 데 힘썼다.

첫 번째 쟁점은 매체와 관련된 문제다. 이 "생명책"이라는 것은 도대체 어떻게 생긴 코덱스일까? 그 모든 이름을 담고 있으려면 이것은 얼마나 거대할 것이며, 지금껏 살았던 모든 인간의 기록을 한 번에 하나씩 읽어 나가는 것은 얼마나 지루할 정도로 길고 골치 아픈 일일 것인가? "사람만큼이나 많은 천사가 있고, 각각의 사람은 그에게 배치된 천사가 자신의 일생을 읊어 주는 것을 듣게 되는 것일까?" 아우구스티누스는 그렇지는 않을 것이라고 추론했다. 이 경우에는 모든 사람 하나하나마다 별개의 책이 필요할 텐데 본문은 오직 한 권의 책만을 언급하기 때문이다. 그보다는 "일종의 거룩한 권능"을 가진 책이 있어서, 이 책이 열리면 모든 사람이 그 즉시 단번에 자신의 선하고 악한 행적에 관한 명료한 기억을 떠올리게 되며 동시에 자신이 어떠한 심판을 받을지도 알게 된다고 아우구스티누스는 설명했다.

> 그리고 이 거룩한 권능을 책이라고 부른다. 이를 통해 우리가 기억하도록 만든 모든 것을 읽을 수 있기 때문이다. (20.14)[13]

---

13 초기 유대교와 그리스도교 종말론 문헌에 나타나는 천상의 책 모티프에 관한 탁월한 연구는 다음을 참조하라. Leslie Baynes, *The Heavenly Book Motif in Judeo-Christian Apocalypses 200 BCE-200 CE* (Leiden: Brill, 2012) 생명책은 글자 그대로 책이 아니라 모든 것을 즉각 알게 하는 거룩한 권능이라는 아우구스티누스의 설명

둘째, 죽은 이들은 어떤 식으로 부활할 것인가? 아우구스티누스는 부활한 육신이 이전의 타락한 육신의 완성이자 완결이며 이로써 하느님의 정화된 도시에 살기에 적합한 이상적 육신이 되리라고 생각했다. 따라서 아기일 때 죽은 사람은 "완전한 체구", 즉 "실제 부피로는 아니지만 잠재적으로" 날 때부터 그의 것이었던 키를 가진 성숙한 상태로 부활할 것이다. 키가 크게 되거나 작게 될 아기라면 "이미" 잠재적으로 "크거나 작"기 때문이다. 아우구스티누스는 심지어 아기의 잠재적 키가 예수 그리스도보다 크더라도 그 키로 부활할 것이라고 말한다(22.14~15). 마찬가지로 어려서 죽은 이들은 한창때 나이로 부활할 것이다. 이에 반해, 한창때를 지나서 죽었다면 젊은 시절로 돌아갈 수는 없어도 노년의 노쇠함은 사라질 것이다.

부활한 이들의 성별은 어떻게 되는가? 창세기 2장에 따르면 최초의 여자는 최초의 남자 갈비뼈로 만들어졌고 따라서 파생된 존재인데, 그럴 경우 여성은 남성으로 부활할까? 아우구스티누스는 그렇지 않다고 설명한다. 인류의 타락은 성별 차이가 아니라 성적 욕구에 기인한 것이기 때문이다. 타락 이전의 남녀는 "알몸이면서도 서로 부끄러운 줄을 몰랐"(창세 2:25)던, 성별이 없는 것이 아니라 성욕이 없는 존재였다. 다시 말해 "여성이라는 것은 악이 아니라 본성"이다. "두 성별을 창조하신 분이 두 성별을 복원하실 것이다"(22.17).

사는 동안 계속 자라나고 깎아 내는 머리카락과 손톱은 어떻게 될

은 천사나 고귀한 필경사가 천상의 책을 들고 있던 기존 심상에 비해 획기적인 것으로 여길 수 있다.

까? 예수는 우리가 "머리카락 하나도 잃지 않을 것"(루가 21:18)이라고 말했으니 말이다. 이것은 지금껏 깎여 나간 부분들이 부활한 사람에게 전부 복원되어 손가락과 머리가 기괴하게 커진다는 뜻일까? 아우구스티누스는 아니라고 말한다. 우리는 머리카락과 손톱에 대해 생각할 때 길이가 아닌 개수를 기준으로 삼아야 한다. 생전에 머리카락이나 손톱을 잃은 사람은 평범한 길이를 가진 머리카락과 손톱이 원래의 숫자대로 복원될 것이다. 대머리인 사람은 머리카락이 회복되겠지만 길이가 엄청나게 길어지는 것은 아니다. 마찬가지로 생전에 비만이거나 수척했던 사람은 요즘 식으로 말하면 이상적인 체질량지수를 가지고 복원될 것이다. 또 잡티, 상처, 여타 몸에 난 자국들은 사라질 것이고 인간의 이상적 형태가 복원될 것이다. 단 하나의 예외라면 순교자들의 상처일 텐데, 이것은 기형이 아닌 영광의 표식이며 이것이 "몸의 아름다움은 아닐지언정 영혼의 아름다움과 그들의 용모에 광채를 더할 것"이라고 말한다(22.19).

마지막으로, 아우구스티누스는 자신의 부활 해석에 대한 가장 강력한 도전에 답한다. 즉, 시체는 부패하고, 먼지로 변하고, 동물들에게 먹히고, 불에 태워지고, 썩어 액체가 되어 버린다는 사실에는 어떻게 응해야 하는가? 죽은 사람의 "분해된 요소들"이 어떻게 다시 모여 하나의 육체를 구성하는가? 한층 더 끔찍한 얘기지만, 다른 사람에게 먹힌 사람은 어떻게 되는가? 남에게 먹힌 육체는 "그것을 자신의 양분으로 삼은 사람의 살로 변했"(22.12)는데 어떻게 복원되는가?

이에 아우구스티누스는 일종의 질량 보존 법칙의 신학적 원형을 답변으로 제시했다. 그에 따르면 부패하거나 용해되어 사라진 것은 모두 원래의 육체로 복원될 것이다. 남에게 먹힌 살도 원래의 몸으로 돌아갈 것인데, "그것은 남에게 빌린 것처럼 여겨져야 하며, 따라서 빌린 돈처럼 빌려준 이에게 돌려주어야 하기 때문"이다. 하지만 인육을 먹은 이 사람도 지금은 살이 없다면 어디서 이것을 돌려줄 수 있을까? 그가 굶주려 없어진 살은 공기 중으로 증발했다. 그러므로 하느님이 이를 대기 중에서 다시 모아 원래의 소유자에게 복원시켜 주실 것이다(22.20).

창세기에서 계시록까지

대규모 부활과 최후의 심판 실행 계획에 대한 아우구스티누스의 장황한 설명은 하느님의 도시를 다루는 그의 광범위한 신학 논문에서 불필요한 부분으로 보일지도 모르겠다. 그러나 그는 창세기부터 계시록까지 아우르는 전체 창조 역사를 그려 보이려 했고 계시록 해석을 통합해 가는 과정에서 이러한 물음들이 발생하기 때문에, 이 물음들에 대답하는 것은 반드시 필요한 일이었다. 아우구스티누스 시대에 이미 보편적인 그리스도교 신앙 고백이었던 니케아 신경은 "육신의 부활"을 믿는다고, 그리스도가 "산 이와 죽은 이를 심판하러" 돌아오기를 기대한다고 고백했다. 계시록 마지막 장들에 등장하는 재림, "둘째 부활", 최후의 심판, 새 하늘 새 땅은 『신국론』에서 이러한 신앙 고백의 해설 역할을 했다.

이렇게 아우구스티누스는 요한의 종말론, 좀 더 정확하게는 종말론 중 일부를 두 도시 이야기의 궁극적 결론으로 삼음으로써 창조 역사에 관한 성서의 장대한 서사에 이를 효과적으로 통합했다. 이로써 계시록은 천 년에 이르는 유통 기한을 새로 얻었고, 적어도 한동안은 경전으로서의 위상도 보장받게 되었다.

04

외치고 적으라

— 힐데가르트의 종말론

아우구스티누스는 계시록을 두 도시 이야기 해석의 열쇠로 삼음으로써 천 년의 새 생명을 불어넣었다. 하느님의 도시는 현세의 도시와 함께 존속할 것이다. 하지만 하느님은 최후의 심판 때 선한 이들과 악한 이들을 분리하실 것이다. 이때 타락하고 구원받지 못한 세계의 시민들은 영원히 고통받는 지옥에 던져지고, 하느님의 도시 시민들은 완전한 천상의 육신을 회복하여 그리스도와 함께 새 하늘 새 땅을 영원히 다스릴 것이다. 이것이 바로 역사의 절정이며, 창조의 맨처음부터 하느님이 예정해 두고 또 바랐던 것이다. 요한의 환상을 이렇게 이해한다면, 예수의 재림은 아직 다가오는 중인 사건이 아니라그리스도의 부활 및 그의 교회의 시작과 함께 이미 발생한 사건이었다. 그의 천 년 통치는 이미 진행 중이었고 오랫동안 계속될 것이다.

Y1K

'Y2K'('2000년'Year 2000의 약어)가 다가오던 세계와 비슷하게, 교회의 첫 번째 천 년의 끝이 다가오고 또 지나갈 무렵에는 종말에 대한 열 광과 궤변이 난무했고, 계시록에 관련된 심상과 관념을 끌어다 쓰는 경우가 많았다.[1] 하느님의 도시와 현세 도시의 공존이 정확히 천 년 동안 이어지는 것일까? 그렇다면, 이 공존은 정확히 언제 시작된 것 일까? 아니면, '천'이라는 숫자는 아주 긴 시간을 표현한 것일 뿐일 까? 어떠한 의미로든 언제 '천 년'이 끝나는지, 언제 "늙은 뱀이며 악 마이며 사탄"이 풀려 나와 3년 반 동안 교회를 박해할지 우리는 어떻 게 알 수 있을까? 사탄은 어떤 모습으로 나타날까? 진짜 용의 모습으 로? 아니면 이것도 문자 그대로의 뱀이나 악마가 아니라 상징일까? 사탄은 매력적인 왕, 혹은 카리스마 있는 사제로 꾸미고 올 수도 있 을 것이다. 어쩌면 교황의 모습으로 올지도 모른다.

기원후 1000년을 전후한 중세 후기 유럽은 정치 영역과 교회 영역 에서 갈등, 부패, 분열이 가득했다. 왕은 교황이 마음에 들지 않으면 자신을 지지할 '대립 교황'antipope을 세웠다.[2] 이 시기 사람들은 종교개

---

1 중세 말에 종말론적 영성이 흥성하고 계시록의 장면이 다른 예언서나 종말론 문헌에서 나온 단편들과 뒤섞인 과정에 관해서는 다음을 참조하라. Bernard McGinn, *Apocalyptic Spirituality: Treatises and Letters of Lactantius*, Adso of Montier-en-Der, *Joachim of Fiore, the Spiritual Franciscans, Salvanarola, Classics of Western Spirituality* (Mahwah, NJ: Paulist Press, 1979). 맥긴은 이 책에 실린 모든 글을 직접 번역하고 서론 을 붙였다.

2 1159년 독일의 왕이자 신성로마제국 황제였던 프리드리히 바르바로사Frederick Barbarossa는 교황 알렉산데르 3세Alexander III에 반발하여 빅토르 4세Victor IV를 '대립 교황'으로 세웠다.

혁에 대한 열망, 종말에 대한 기대가 가득했고 신학의 혁신을 요구했다. 교회와 제국이라는 덩굴에 매달린 썩은 열매는 사람들이 거대한 추수, 정화, 거룩한 새 시대의 여명을 준비하는 하느님 도시의 완성과 같은 환상을 품게 만들었다. 여기서 그리스도교 예언은 특별한 역할을 맡았다. 정통이든 이단이든 중세 선지자들은 히브리 성서의 예언자들, 특히 계시록의 종말론적 상상과 접목된 예언자들의 영향을 받았다. 그들은 역사의 혼란 가운데서도 작동하고 있는 하느님의 계획을 보았다. 그들은 자신들의 시대에 나타난 특정 인물 혹은 역사적 사태가 하느님이 주신 암호이고 성서의 도움을 받으면 그 암호를 해독해낼 수 있다고 믿었다.[3]

종말에 대한 강렬한 전망이라는 맥락 안에서 중세 그리스도교 사상가들은 계시록의 언어를 핵심 시각적 어휘로 꾸준히 사용했다. 계시록과 연결된 몇몇 중세 종말론 저술들은 당대 커다란 인기를 누렸는데, 이 문헌들은 종교 지도자들을 하느님의 무시무시한 적수로 해석하고, 어떤 사건을 임박한 그리스도 재림의 징표로 해석하는 관점을 사람들에게 제공했다. 계시록에 나타난 최후의 심판 심상과 결합해 특히 커다란 영향력을 발휘한 문헌은 초기 그리스도교의 예언서인 『시빌라의 신탁』Sibylline Oracles이다. 고대의 시빌라, 즉 신에게 선지 능력을 받은 여자들이 전한 신탁이라고 알려진 이 문헌은 그 기원이

---

3 그리스도교에서 예언의 사회적 맥락에 관한 탁월한 논의는 다음 책의 서론을 보라. Margaret Reeves, *The Influence of Prophecy in the Later Middle Ages: A Study in Joachimism* (Oxford: Oxford University Press, 1969)

4세기 초까지 거슬러 올라간다. 계시록의 종말론적 환상을 재료 삼아 쓰인 이 문헌은 중세 내내 커다란 인기를 누렸다.[4]

7세기 시리아의 『위僞 메토디우스의 묵시록』Apocalypse of Pseudo-Methodius에서는 오래전 죽은 황제가 돌아와 이스마엘의 자손(무슬림)을 무찌르고 그리스도교 통치를 선언한다. 그렇게 이 땅에서 오랫동안 번영한 뒤, 계시록에서 그리스도의 군대의 적으로 등장하는 곡과 마곡(계시 20:7~10. 에제키엘에서도 하느님의 적으로 거론된다)이 의로운 이들에 맞서 대규모 유혈 사태와 파괴를 일으키나 천사들의 우두머리에게 제압당한다. 황제는 이 패배로 인해 적그리스도가 나타날 것을 예상하고 예루살렘으로 가서 그를 기다린다. 적그리스도가 나타나자 황제는 그리스도가 못 박혔던 십자가 꼭대기에 자신의 관을 씌우고, 이 십자가는 하늘로 솟구친다. 황제는 죽고 적그리스도의 끔찍한 통치가 시작되는데, 어느 날 갑자기 이 십자가가 하늘에 다시 나타나 그리스도의 영광된 재림과 적그리스도의 궁극적 패배와 최후의 심판을 알릴 것이다.[5] 『시빌라의 신탁』 전승과 마찬가지로 여기서도 계시

---

4 Norman Cohn, *The Pursuit of the Millennium: Revolutionary Millenarians and Mystical Anarchists of the Middle Ages* (New York and Oxford: Oxford University Press, 1971), 14~15. 『천년왕국운동사』(한국신학연구소) 여기서 언급하듯이 "시빌계 종말론은 계시록 기반의 종말론들과 나란히 중세 내내 유행했으며, 이들은 서로 영향을 주고받았지만 시빌계 종말론이 훨씬 많은 인기를 얻었다. 시빌계 종말론이 비정경적이고 비정통적이었음에도 커다란 영향력을 행사했다. 성서와 교부들의 저서를 제외하면 시빌계 종말론 저작들은 중세 유럽에서 가장 큰 영향력을 발휘했다고 해도 좋을 것이다."

5 4세기의 또 다른 신탁 예언서인 『티부르의 시빌』Tiburtine Sibyl은 이교도 시빌의 예언으로, 콘스탄티누스의 아들이자 아리우스파 이단의 적이며 350년 암살당한 서로마 황제 콘스탄스Constans가 부활해서 로마를 다스릴 것이고 그 뒤에 그리스도의 영원한 통치가 이어질 것이라고 말한다. 아리우스 신학은 그리스도가 모

록의 뿌리와 줄기가 새로운 환상에 접목되어 중세 말까지 종말론적 영성을 뻗어 가는 모습을 볼 수 있다.

이 장과 다음 장에서는 두 번째 천 년의 여명기를 배경으로 계시록에 새 생명을 불어넣은, 거의 동시대인인 두 종말론적 선지자들을 살펴볼 것이다. 바로 빙엔의 힐데가르트Hildegard of Bingen(1098~1179년)와 피오레의 조아키노Joachim of Fiore(1135~1202년)다. 동시대를 살았지만, 이들은 서로 알지 못했다. 이들이 서로에 관해서 들어본 적이 있다는 증거조차 없지만, 이들에게는 많은 공통점이 있다. 이들은 모두 베네딕도회(6세기에 나온 성 베네딕도의 수도 규칙Rule of Saint Benedict을 따르는 공동체)의 수도사였고, 수도회 전통을, 더 넓게는 가톨릭 교회 전체를 전폭적으로 개혁해야 한다는 입장에 섰다. 이들은 아우구스티누스에게 맞서 설령 세상이 타락했을지라도 우리는 최후의 심판을 고대하는 가운데 세상을 개선할 수 있고 또 그렇게 해야 한다는 영적 사회 개량론spiritual meliorism을 옹호했다.[6] 또한, 이들은 계시록 및 예언서들에 기초하여 정교하고 복잡한 종말론 사상을 발전시켰다. 마지막으로 (어쩌면 계시록의 생애와 관련해 가장 중요한 점이라 할 수 있는데) 이들은 고도로 시각적인 사상가들, "그림으로 생각하는 사람들"이었다. 풍성

든 피조물 가운데 최고의 존재이지만 창조주 하느님보다는 못한 존재라고 본다. 이 입장은 325년 니케아 공의회에서 부정되었다.

6   힐데가르트와 조아키노를 사회 개량론자로 간주하는 설명은 다음을 참조하라. Kathryn Kerby-Fulton, 'Prophet and Reformer: 'Smoke in the Vineyard'', *Voice of the Living Light: Hildegard of Bingen and Her World* (Berkeley: University of California Press, 1998) 힐데가르트 전기는 다음을 참조하라. Barbara Newman, 'Sybil of the Rhine: Hildegard's Life and Times', *Voice of the Living Light: Hildegard of Bingen and Her World*. 나의 짧막한 논의도 대부분 이 글을 바탕으로 했다.

한 심상으로 묘사된 이들의 환상에 어우러진 화려한 삽화는 오늘날까지도 글로 쓰인 본문보다 여러 면에서 훨씬 큰 인기를 누렸고 오늘날까지 커다란 영향력을 발휘하고 있다.

성서를 맛보다

> 보라! 내 인생길의 마흔세 번째 해에, 크나큰 두려움과 떨림으로 천상의 환상을 바라볼 적에, 나는 어마어마한 광채 속에서 하늘로부터 음성이 울리는 것을 들었으니, "연약한 여인아, 먼지 중의 먼지이며, 오물 중의 오물이라! 보고 들은 것을 말하고 적으라!"[7]

빙엔의 힐데가르트의 첫 저작이자 가장 영향력 있는 저술인 『스키비아스』Scivias('주님의 길을 알라'를 뜻하는 '스키토 비아스 도미니'Scito vias Domini의 약어) 서문은 이렇게 시작한다. 『스키비아스』는 스물여섯 개의 종말에 대한 환상을 열거한 책으로 10년에 걸쳐 저술되었다. 창조의 시작부터 최후의 심판과 세계의 구원에 이르기까지 풍부한 언어로 묘사하고 있어 이를 제대로 이해하기 위해서는 삽화가 절실히 필요하다.

실제로 『스키비아스』는 처음부터 말과 그림을 한데 담은 다중매체로 기획되었을 가능성이 크다. 우리가 아는 한 가장 오래된 필사본은

---

7 Hildegard of Bingen, *Scivias*, The Classics of Western Spirituality (New York: Paulist Press, 1990), 서문. 『스키비아스』 인용은 모두 이 번역본 및 편집본을 사용하며, 다음에 실린 1513년판 라틴어본을 참조했다. J.P. Migne, *Sanctae Hildegardis abbatissae Opera omnia*, Patrologiae cursus completus, series latina 197 (Paris, 1855)

그림 4.1. 성령의 불꽃이 감싸고 있는 힐데가르트가 동료 폴마르에게 자신이 본 환상을 설명하고 (또 짐작건대 그림을 그리고) 있다. 『스키비아스』 머리말에 수록된 삽화. 12세기 말 루페르츠베르크 사본Rupersberg Codex의 채색화 영인본.

1165년경 힐데가르트의 수도원에 있는 기록실에서 작성된 것인데, 여기에 이미 서른다섯 개의 채색화가 있고 오늘날까지 대다수 판본은 이 삽화들을 수록하고 있다.[8] 어쩌면 힐데가르트가 친애하는 선생이자 비서였던 폴마르Volmar에게 자신이 본 환상들을 구술하면서 이를 직접 그렸을지도 모른다. 예언을 전하라는 소명을 받아들이는 장면

---

8 이 루페르츠베르크 사본은 제2차 세계 대전 중에 드레스덴에서 유실되었다. 흑백 복사본이 하나 남아 있으며, (1927년부터 1933년까지) 아이빙엔의 수녀들이 손으로 베끼고 요제파 크닙스Josepha Knips 수녀가 삽화를 그린 채색 사본도 하나 있다. 이 책에 실린 사진들은 이 사본에서 발췌한 것이다.

이 담긴 머리말의 삽화에서, 그녀는 밀랍 서판과 첨필을 들고 있고 그녀의 머리는 혓바닥처럼 생긴 붉은 불길에 휩싸여 있다. 그리고 폴마르는 손에 코덱스를 쥐고서 그녀를 주의 깊게 지켜보고 있다. 붓을 쥐듯이 첨필을 쥐고 있는 모습으로 보아 그녀는 글을 쓰는 것이 아니라 그림을 그리는 중이라고 추측할 수 있고, 자신이 첨필로 밀랍판에 그리는 것이 무엇인지 폴마르에게 말로 설명하고 있는 것 같다.

힐데가르트의 계시가 고도로 심상주의적imagistic이기는 하지만, 이를 단순히 '환상'이라고만 하는 것은 그녀가 자신의 계시 체험을 묘사하는 방식을 온전히 담아내지 못한다. 힐데가르트에 따르면 그녀는 단순히 단어와 심상을 "보고 들은" 것이 아니라 "엄청나게 번쩍이며 이글거리는 빛"이 "머릿속에 파고"들어 "심장과 가슴이 온통 불타오르"는 경험을 했기 때문이다.[9] 이 같은 힐데가르트의 신비 체험 설명을 두고 신경학자 올리버 색스Oliver Sacks 같은 이들은 그녀의 환상이 편두통의 조짐이며 이에 수반되는 시각 암점에서 기인했음이 분명하다고 확신했다. "질병의 역설"을 주의 깊게 탐구했던 색스는 이러한 생리적 경험이 "대다수 사람에게는 진부하거나 불쾌하거나 의미 없는 것"이겠으나 "탁월한 의식을 가진 소수에게는 극도로 황홀한 영감의 재료가 될 수 있"음을 잘 알았다.[10] 그는 힐데가르트가 바로 여기에

---

9 Hildegard of Bingen, *Scivias*, 서문.

10 Oliver Sacks, *The Man Who Mistook His Wife for a Hat* (New York: Simon & Schuster, 1970), 169. 『아내를 모자로 착각한 남자』(알마) 이 책에서 저자는 1917년에 나온 찰스 싱어Charles Singer의 다음 연구를 참조하고 있다. 'The Visions of Hildegard of Bingen', *Yale Journal of Biology and Medicine* 78 (2005), 57~82.

해당한다고 생각했다.

힐데가르트는 이러한 경험을 통해 갑작스럽게 성서의 완전한 뜻을 깨달았다고, 혹은 "맛보았다"sapiebam고 회상한다. 성서의 음절과 단어를 해독하고 분석한 것이 아니라 성서의 의미를 그녀의 온몸으로 느꼈다는 것이다. 말하자면 힐데가르트가 성서 역사를 정교하게 설명하면서 펼쳐 보이는 경험, 이러한 설명 안으로 파고든 경험은 보고 듣는 것뿐 아니라 냄새 맡고 만지고 맛보는 것까지 포함하는, 매우 구체적인 경험이자 심미적 경험이었다. 그렇게 그녀는 창조의 순간부터 최후의 절정까지를, 거룩한 시간과 공간을 모두 포괄해 이해했다. 힐데가르트는 자신의 모든 감각을 활용해 과거, 현재, 미래를 아우르는 전체 창조 신학을 그려내려 한 심미적 신학자였다.

힐데가르트는 어린 시절부터 이와 같은 황홀경을 경험했지만, 자신이 속한 공동체의 수녀원장이었던 슈폰하임의 유타Jutta von Sponheim가 세상을 떠나고 5년 뒤인 1141년, 그녀의 나이 43세에 이르러서야 비로소 『스키비아스』를 쓰기 시작했다. 힐데가르트보다 여섯 살 많은 유타는 그녀의 조언자이면서 스승이었다. 열렬한 수도자였던 그녀는 힐데가르트에게 읽고 쓰는 법을 가르쳤고, 힐데가르트의 영성이 형성되는 데 가장 커다란 영향을 미쳤다. 어쩌면 유타의 제자 신분에서 벗어나 그녀 대신 수녀 공동체의 마기스트라magistra, 즉 수석 교사가 된 덕분에 힐데가르트는 자신의 계시를 공유할 결심을 할 수 있었을 것이다.

유타가 세상을 떠난 후 힐데가르트는 놀라울 만큼 정력적인 활동을 펼쳤다. 사실상 두 번째 경력이 시작되었다고도 말할 수 있다. 그녀는 1150년 독일 빙엔 암 라인Bingen am Rhein 지역에 있는 루페르츠베르크라는 라인 강변 바위산에 수녀원을 세우고 연이어 1165년 독일 아이빙엔에도 수녀원을 세웠을 뿐 아니라, 거의 총서라고 부를 수 있을 만큼 많은 책을 썼다. 53세에 완성한 『스키비아스』를 시작으로 힐데가르트는 윤리학에 관한 주저 『삶의 공덕』Liber vitae meritorium, 우주론을 다룬 『하느님의 업적』Liber divinorum operum, 성인의 전기 두 편, 최초의 도덕극으로 알려진 《덕의 질서》Ordo Virtutum, 전례를 위한 악곡 70편, 수많은 설교와 수필, 수백 통의 편지, 과학과 자연 요법에 관한 백과사전 등을 썼다. 그러는 동안 힐데가르트는 정치와 교회 비평가로서는 물론 신학자로서 또 의술의 권위자로서 점점 더 명성을 얻었다. 그녀는 중세 말의 마르틴 루터였다. 어쩌면 루터가 종교개혁 시기의 힐데가르트였다는 말이 맞을지도 모르겠다.

더욱이 그녀는 여성이 커다란 제약을 받은 종교 문화 속에서 이 모든 것을 성취했다. 여성은 사제가 될 수 없었고 설교나 신앙 상담을 하기도 힘들었다. 당시 막 생겨나던 대학 제도에서도 배제되었다. 이러한 모든 제약의 밑바탕에는 여성의 몸에 매혹을 느끼면서도 여성의 몸을 두려워하는 풍조가 있었다. 힐데가르트도 종종 같은 견해를 내비쳤다. 그녀는 순결의 힘을 찬양하면서 순결이야말로 가부장제로부터의 독립이며 여성성에 대한 훼손에서 벗어나는 길이라 주장했다. 어쨌하든 중세 문화사학자 캐럴린 워커 바이넘Carolyn Walker Bynum의 말을 빌리자면, 힐데가르트의 『스키비아스』는 "영광된 것이든 비

참한 것이든 이를 구체화하는 작업에 대한 관심으로 번뜩인다".[11]

본 것을 적으라

계시록은 물론이고 창세기의 창조 이야기, 예언서, 시편을 비롯한 성서의 다른 책들도 힐데가르트의 종말론적 상상력의 주요 부분을 이룬다. 하지만 그녀에게 이들은 기본적으로 별개의 책들, 혹은 성서라고 부르는 한 책의 부분들이라기보다는, 베네딕도회의 중요한 의례 중 하나로 성서 독서와 묵상, 기도, 관상이 결합된 '렉시오 디비나(거룩한 독서)'lectio divina의 요소들이었다. 렉시오 디비나를 통해 힐데가르트는 불가타라고 알려진 표준 라틴어 성서와 다른 종교 문헌의 많은 구절을 암기하고 또 체화했다. 시간이 지나면서 각 본문은 그녀 안에서 상호 작용하고 더 크고 깊은 울림을 내며 그녀 존재의 일부가 되었다. 이러한 맥락에서 앤 클라크Anne Clark는 힐데가르트의 사유 과정을 다음과 같이 설명했다.

그녀는 대담하게 한 구절에서 상반되는 의미를 밝혀내고 무관해 보이는 본문을 엮으면서 가장 아끼는 주제와 본문으로 한 바퀴 빙 돌아오는, 되풀이해서 음미하는 방식으로 본문을 해석했다.[12]

---

11 Carolyn Walker Bynum, 'Preface', *Scivias*, 4.

12 Anne Clark, 'Hildegard of Bingen', *The Oxford Encyclopedia of the Bible and the Arts* (New York: Oxford University Press, 2015), 433. 성서 이외의 책들도 렉시오 디비나의 한 부분을 차지했다. 여기에는 무엇보다도 아우구스티누스, 암브로시우스, 그리고 리우스Gregory, 베다Bede의 저작이 포함되었을 것이다. 클라크가 주장하듯이 "이 주석 전통을 향한 힐데가르트의 존경심은 하느님의 말씀에 관한 환상에서 뚜

그리고 이러한 방식을 통해 계시록은 새로운 생명을 얻었다. 되풀이해서 음미하는 힐데가르트의 해석 방식, 매우 구체적인 그녀의 상상력은 계시록에 담긴 심상들, 계시록이 더 앞선 성서 문헌들로부터 차용한 이야기 형태의 심상들이 복제되고 변형되며 확장될 수 있는 최적의 장소였다. 계시록의 심상들은 힐데가르트의 상상력을 통해 더 큰 심상의 무리 안에서 이리저리 돌아다니며 여기저기 들러붙어 『스키비아스』가 서술하고 묘사하는 환상을 형성했다.

힐데가르트는 고도로 자기의식적인 작가였고 예언자로서의 정체성을 강하게 지니고 있었다. 이러한 모습은 자연스럽게 파트모스의 요한을 연상시킨다. 두 사람 모두 자신이 하느님의 부름을 받은 이야기를 시작하면서 황홀경에 빠진 경험을 언급하고 그 뒤에 어떤 목소리가 본 것을 적으라 명령했다고 말한다. 요한은 자신이 "주님의 날에 성령의 감동을 받고 내 뒤에서 울려오는 나팔 소리 같은 큰 음성을 들었"(계시 1:10)다고 말하고, 힐데가르트는 자신이 "크나큰 두려움과 떨림으로 천상의 환상을 바라"보다가 "어마어마한 광채 속에서 하늘로부터 음성이 울리는 것을 들었"고, 이 음성이 자신에게 "보고 들은 것을 말하고 적으라" 했다고 전한다.[13] 힐데가르트와 요한에게 예언은 히브리 예언자들의 예언처럼 실시간 신탁 전달 같은 것이 아니라 글로 전하는 것이었다.

렷하게 드러나는데, 여기에서 세 면을 가진 기둥은 구약과 신약과 "신실한 박사들의 해명('에누클레아티오넴'enucleationem 혹은 '설명')"(『스키비아스』III, 4.5)을 상징한다"(431).

13   Hildegard of Bingen, *Scivias*, 서문.

힐데가르트는 계시록 특유의 구절을 활용해 자신이 경험한 환상을 묘사하는 틀을 만들었다. 그녀의 환상 중 세 개는 "이다음 나는 보고 주시했다"Post haec vidi et ecce로 시작하는데, 이는 불가타판 계시록 4장 1절 및 15장 15절과 일치한다. 또 일곱 개의 환상은 더 짧은 "이다음 나는 보았다"Post haec vidi로 시작하고, 이는 계시록 7장 1절, 7장 9절, 18장 1절과 일치한다.[14] 그리고 사탄을 언급할 때는 요한이 사용하는 특유의 용어와 심상 대부분을 활용해 기만하는 용, "늙은 뱀"serpentem antiquum으로 묘사한다.[15]

이러한 문체와 어휘의 공통점 외에도, 힐데가르트는 요한의 시공간적 상상력을 공유했다. 그녀의 환상은 계시록의 환상과 마찬가지로 인간과 신성한 존재들이 시간과 공간을 가로질러 상호 작용하고 변형되는, 상호 연관된 복잡한 장면들로 이루어진다. 우리는 이러한 서술 및 묘사 방식을 『스키비아스』를 이루는 세 권의 책에서 모두 발견할 수 있다. 제1권에는 여러 겹의 껍질 혹은 주름을 가진 거대한 알이 창조의 심상으로 등장하는데, 각 껍질 혹은 주름은 서로 대립하는

---

14 힐데가르트는 "이다음 나는 보고 주시했다"라는 긴 구절을 『스키비아스』 3권의 3, 5, 12번째 환상의 도입부에서 사용한다. "이다음 나는 보았다"라는 짧은 구절은 『스키비아스』 1권의 3, 5번째 환상, 2권의 3, 5, 6번째 환상, 3권의 6, 9번째 환상에서 사용한다. 두 구절 모두 계시록을 제외하면 불가타판 구약과 신약의 다른 정경에서는 등장하지 않고, 에스드라하에만 한 번씩 나온다(13:8, 12).

15 힐데가르트는 『스키비아스』 2권 6장과 7장에서 이 사악한 용을 "늙은 뱀"이라고 부른다(3권 1장과 2장에서도 격만 바꾸어서 이렇게 부른다). 똑같은 구절이 불가타판 계시록 20장 2절에 등장한다(그리고 역시 격만 바꾸어서 12장 9절에도 등장한다). 불가타 성서의 다른 정경에서는 사탄이 "늙은 뱀"이라고 불리지 않는다. 하지만 『스키비아스』와 불가타판 계시록은 모두 용이 구렁에 결박되어 더는 세상을 속이지 못하게 된다고 서술하면서 이러한 명칭을 사용한다.

것들의 균형을 이루는 것으로 자연적 의미와 신학적 의미를 모두 지닌다. 제3권에 나오는 마지막 환상에서는 사탄의 결박, 최후의 심판, 새 하늘과 새 땅으로 절정에 이르는 영광스러운 역사를 구원의 건축물이라 불리는 거대한 구조로 제시한다.

구원의 건축물

힐데가르트가 제시한 건축물은 에제키엘의 환상에 나오는 새 예루살렘과 그 성전의 요소들, 그리고 계시록에 나오는 요한의 환상(이것도 에제키엘 40~47장을 차용한 것이다) 속 성벽으로 둘러싸인 새 예루살렘의 요소들을 절충하고 혼합한 것이다. 이 건축물은 네 벽을 가진 도성인 동시에 네 벽을 가진 직사각형 건물이다. 네 모퉁이에 위치한 방어 시설들은 각각 동서남북을 향하고 있다. 이 건축물을 둥그렇게 둘러싼 또 다른 벽은 일부는 번쩍이는 빛으로 되어 있고 일부는 돌로 만들어졌으며 아주 높은 곳에서부터 아래로는 깊은 구렁에까지 이른다. 이 건축물은 엄청나게 거대한 바위에 붙은 산 위에 지어졌고 그 위 보좌에는 하느님이 앉아 있다.

건축물의 모든 요소는 신학적 상징을 담고 있다. 이를테면 힐데가르트는 산은 아브라함의 언약에서 출발해 그리스도의 성육신에서 정점에 이르는 신앙인의 역사를 나타낸다고 설명한다. 산 아래 바위는 주님을 향한 경외를 상징하고 이는 신앙의 기반이 된다. 번쩍이는 빛과 돌로 된 둥근 벽은 안에 있는 신앙인들을 유혹으로부터 보호하며, 빛은 무엇이 옳은지에 대한 사색과 분명한 사고를 의미하고 돌은 선행을 의미한다. 도시의 네 벽은 수많은 신앙인을 지상의 네 모퉁이, 곧 이 세상의 모든 곳으로부터 거룩한 은총으로 끌어오고, 동시에 "신앙의 네 범주", 즉 악보다는 선을 선택함으로써 하느님을 따른 노아, 할례의 언약을 지킨 아브라함, 거룩한 율법을 주고 또 이를 따른 모세, 교회의 "내밀한 싹"이 자라날 수 있게 한 성자를 가리킨다. 여기에서 우리는 세대론dispensationalism(인간의 역사가 거룩한 은총의 여러 세대를 거치며 나아간다는 생각)의 원형을 만나게 된다. 앞으로 살펴보겠지만 힐데가르트의 동시대인인 피오레의 조아키노는 이를 더욱 발전시켰다.

이어서 힐데가르트는 건축물의 네 모퉁이가 인류 구원에 필수적인 신학적 요소들을 나타낸다고 말한다. 동쪽 모퉁이는 성자의 성육신으로 인류 안에 의로움이 생겨났음을 뜻한다. 서쪽 모퉁이는 신앙에 의한 구원을 나타낸다. 북쪽 모퉁이는 타락한 인류에게 주어진 은총의 약속이다. 남쪽 모퉁이는 인류의 회복이며 이로써 "하느님과 인간의 열렬한 활동이 완연한 열매를 맺"게 된다.

이 글 옆에는 원근법을 거스르는, 위에서 내려다 본 둥글고 네모진 성벽의 도시 그림이 붙어 있다. 탑과 성벽은 벌어져서 땅바닥에 누워 있지만, 모퉁이는 맞물려 있다. 네 벽 안의 공간은 비어 있지만, 각각의 벽에는 다양한 인물이 있다. 그림 상단 북쪽 모퉁이에 앉아 있는 성자를 위시해 몇몇 인물에 대해서는 이미 설명한 바 있다(본문에서는 북쪽이 아니라 동쪽 모퉁이가 성자를 뜻한다고 서술하지만 말이다). "하느님의 열의" 또는 "시샘"을 뜻하는, 화난 얼굴을 하고서 커다란 세

그림 4.2. 구원의 건축물. 『스키비아스』 3부 2장에 수록된 삽화. 12세기 말 루페르츠베르크 사본의 채색화 영인본.

날개로 서쪽 모퉁이를 맴도는 대머리를 비롯한 몇몇 인물은 아직 설명하지 않았다.

큰 틀에서 건물 전체를 설명하고 묘사한 다음 힐데가르트는 여덟 개의 환상을 통해 건물의 요소(하느님의 뜻에 대한 기대를 뜻하는 탑(3.3), 하느님의 말씀을 뜻하는 기둥(3.4), 하느님의 질투(3.5), 옛 율법을 상징하는 돌벽(3.6), 삼위일체를 상징하는 기둥(3.7), 구세주의 인간성을 뜻하는 기둥(3.8), 교회를 뜻하는 탑(3.9), 마지막으로 사람의 아들과 다섯 덕목(3.10))들을 설명

한다. 이때 설명과 심상은 가끔 상충하기도 한다.[16]

그러므로 이 건물은 평범한 건물이 아니라 그리스도교 역사와 신학에 관한 이야기가 녹아든 건축물이다. 이러한 방식으로 힐데가르트는 장대한 구원 서사의 통시적 개요를 설명할 뿐 아니라, 구원을 위해 교회가 갖추어야 할 덕목에 관한 공시적 도해를 제시했다.

우리는 일곱 번째 천 년에 살고 있다

문학적, 시각적으로 놀랄 만큼 세밀하게 건물을 전부 설명한 다음 힐데가르트는 『스키비아스』의 마지막 세 환상에서 시련이 지나간 뒤 적그리스도의 몰락(3.11), 최후의 심판과 새 하늘 새 땅(3.12), 마지막으로 영광된 찬양의 교향악 장면(3.13)을 묘사한다.

바로 이때, 자신이 살고 있는 역사의 시점에서 종말이 머지않았다는 힐데가르트의 절박함과 예언자로서의 소명 의식이 더욱 격렬해진다. 계시록이 말하는 천 년의 통치와 재림에 대한 아우구스티누스의 해석을 비롯하여 선대의 그리스도교 종말론 해석과 유사하게, 힐데가르트는 창세기의 창조의 7일을 세계사의 7천 년으로 본다.[17] 환상에서 그리스도는 그녀에게 설명한다.

16　이 책에서 언급되는 『스키비아스』에 담긴 책, 환상, 주제의 제목들은 힐데가르트가 붙인 것이 아니라 편집자들이 내용을 체계화하고 독자의 편의를 도모하기 위해 붙인 것이다.

17　열한 번째 환상은 몽티에앙데르의 아드소Adso of Montier-en-Der의 환상을 바탕으로 발전된 것이다. *De ortu et tempore Antichristi*, CCCM 45. 영어 번역본은 다음을 참조하라. John Wright, *The Play of Antichrist* (Toronto: Pontifical Institute of Mediaeval Studies, 1967)

하느님께서는 6일 만에 일을 마치시고, 일곱째 날에 쉬셨다. 이것은 무엇을 의미하는가? 6일은 번호가 붙은 여섯 개의 시대이고, 하느님께서 여섯째 날에 일을 마치셨듯 가장 최근의 기적들은 여섯째 시대에 나타났다. 그러나 이제 세계는 일곱째 시대이고, 일곱째 날이 그러하듯 시간의 끝을 향해 가고 있다. (3.11)

이제 세계는 일곱 번째, 혹은 안식의 천 년에 이르렀다. 이는 하느님이 창조를 마치고 최초의 안식을 취한 일곱 번째 날에 상응한다. 하느님의 활동이 정지한 가운데 가톨릭 교회는 시들어가고 있다고 힐데가르트는 탄식한다.

그러나 이제 나라들 가운데에서 보편 신앙이 흔들리고 민족들 가운데에서 복음이 어려움에 처해 있다 … 생명의 양식인 성경은 미지근하게 식어 간다. 이러한 이유로, 나는 성경에 통달하거나 세속의 교사에게 배우지 않은 이를 통해서 말한다. 있는 자인 나는 그녀를 통해, 점토를 섞어 자신이 원하는 어떤 모양이든 만드는 사람처럼, 지금껏 책들에 감추어져 있던 새로운 비밀들과 신비한 진리들을 말한다. (3.11)

시험과 시련 때문에 약해진 교회, 미지근해진(불가타판 계시록 3장 16절에서 라오디게이아 교회를 가리킬 때 사용되는 단어와 똑같은 '테피두스'tepidus) 성서로부터 더는 양분을 얻지 못하는 교회는 불안정해지고 길을 잃었다. 그래서 하느님은 이전까지 책에 숨겨져 있던 신비를 예언하라고 힐데가르트에게 명했다. 이제 이 신비가 『스키비아스』에서 문학적, 시각적 형태를 띠고 드러난 것이다.

적그리스도의 압제 아래 시련을 겪는 가톨릭 교회와 관련된 환상의 중심에는 괴물 같은 머리가 어떤 여성을 성적으로 공격하는, 3부로 구성된 잔혹하고 여성혐오적인 묘사가 있다. 여기에서 힐데가르트는 계시록의 세 차원(여성 혐오, 성적 폭력, 신성모독)을 전례 없이 충격적인 문학적, 시각적 심상으로 결합한다.

> 그녀의 허리로부터 여성을 나타내는 그곳까지는 비늘로 뒤덮인 부스럼이 무수했고, 그곳에는 무시무시한 검은 머리통이 있었다. 이것의 눈은 불 같았고, 당나귀의 귀, 사자의 콧구멍과 입을 가지고 있었으며, 아래턱을 쩍 벌리고 소름 끼치는 쇳빛 이빨들을 무섭게 딱딱거렸다. 그리고 이 머리로부터 그녀의 무릎까지는 희고 붉었는데 여러 번 두들겨 맞은 듯 멍들었고, 그녀의 무릎으로부터 발뒤꿈치에 맞닿는 힘줄까지는 흰빛이었는데 피로 뒤덮여 있었다.

힐데가르트에 따르면 이는 일곱 번째 천 년에 가톨릭 교회가 적그리스도에게 당할 박해를 상징하며 적그리스도는 곧 계시록의 짐승이다.

이 박해는 "진리의 두 증인"이 나타날 때까지 계속될 텐데, 이 증인들은 죽었다가 부활하는 계시록의 증인들을 연상시킨다(11:3~13).

힐데가르트는 짐승의 머리 하나가 치명상을 입었다가 나았다는 요한의 서술을 해석하면서, 이것이 교활한 술수이고 부활의 권능을 가장한 속임수라고 말한다.

> 그는 거짓된 기술로 거의 죽을 만큼 피를 흘리는 시늉을 할 것이다. ⋯ 그러나 그의 몸은 스러지지 않고, 사람을 현혹하는 그림자 속으로 숨을 것이다. (3.11)

이 추잡하고 흉포한 존재는 천상을 공격하려다가 완전히 파괴될 것이며, 이로써 이 짐승의 폭정이 끝나고 최후의 심판이 시작될 것이다. 가톨릭 교회를 상징하는 여성을 향한 폭력은 배설물로 뒤덮인 짐승이 여성의 사타구니를 비집고 나오면서 계속된다.

> 저 무시무시한 머리가 그 자리에서 나왔고 엄청난 충격에 그 여자는 사지를 덜덜 떨었다. 엄청난 양의 배설물이 머리에 묻어 있었다. 이제 짐승은 산 위로 올라가 하늘나라에 닿으려고 애썼다. 그리고 보라, 갑자기 벼락이 쳐서 짐승의 머리를 강력하게 때렸고 짐승은 산에서 떨어져 죽음에 이르렀다. (3.11)

이 환상을 묘사한 삽화(그림 4.3 아래 칸)는 힐데가르트의 본문의 복잡성을 담아내기는커녕 별달리 무섭다는 느낌조차 들지 않는다. 이 삽화는 만화책이 사건을 분할해 묘사하듯 한 칸 안에서 왼쪽 위, 오른

그림 4.3. 적그리스도의 교회 박해와 최후의 몰락(아래 칸).『스키비아스』3부 11장에 수록된 삽화. 12세기 말 루페르츠베르크 사본의 채색화 영인본.

쪽 위, 오른쪽 아래 순으로 세 행위를 묘사한다. 첫째로 왼쪽 위를 보면, 뿔이 있고 핏발이 선 눈에 얼굴은 털로 덮인 짐승 모습을 한 적그리스도가 어떤 여성의 다리 사이에서 이를 드러내며 웃고 있다. 이여성은 왕족처럼 관을 쓰고 팔을 벌리고 있는데, 이는 무력함을 나타내는 동작 혹은 찬미하는 동작으로 볼 수 있다. 둘째로 오른쪽 윗부분을 보면, 짐승의 머리가 배설물로 이루어진 구름 위에 뜬 채로 높고 뾰족한 산꼭대기에 앉아 있다. 마지막으로 오른쪽 아래를 보면, 머리는 여전히 소름 끼치게 웃으면서 진창에 처박힌다.

힐데가르트의 『스키비아스』는 삽화와 본문을 나란히 배치함으로써 단어와 심상이 가진 판이한 수사적 힘을 의식적으로 숙고해 보게 만든다. 요한이 죽은 사람처럼 엎드렸던 "인자와 같은 분"에 대한 환상(1:12~16)처럼, 여기서도 서술은 묘사를 넘어선다. 계시록의 여러 환상과 마찬가지로 힐데가르트가 서술하는 환상도 현실적으로 상상하기가 불가능하다. 그녀가 적은 글은 서로 양립할 수 없는 일련의 요소들(심상, 소리)을 결합하고 있어서, 어떤 것을 생략하지 않고서는 머릿속으로 또는 종이 위에 온전히 그려낼 수가 없다. 역설적으로 그녀가 글로 남긴 환상은 시각적 계시를 넘어서는 사태들을 드러낸다. 이때 부분의 합은 우리가 이해할 수 있는 그 어떤 전체보다 크다.

세계의 정화

힐데가르트의 계시들이 지닌 이러한 불가해성은 최후의 심판과 새 하늘 새 땅을 보여 주는 다음 환상에서도 이어진다. 이 환상은 모든 창조물이 죽음을 맞고 정화되면서 시작한다.

> 불길이 허공을 가득 채우고 물이 대지를 집어삼킨다. 이렇게 만물이 정화된다. 소금을 물에 넣으면 사라지듯 세계의 모든 불결한 것은 존재한 적도 없는 것처럼 사라진다. (3.12)

그런 다음 초토화된 텅 빈 땅에서 죽은 이들이 되살아나 대지에서 올라온다. 이들은 다시 육신을 입어 온전한 인간의 모습을 취하고 있다. 그리스도가 돌아와 이들을 심판한다. 이때 힐데가르트는 계시록 도입부에 나오는 요한의 "사람의 아들 같이 생긴 존재" 환상과 계시록 끝에 나오는 최후의 심판을 위해 보좌에 앉은 그리스도의 환상을 결합한 심상을 제시한다.

> 그리고 갑자기 동쪽으로부터 어마어마한 광휘가 비추었다. 그리고 그곳의 구름 안에서 나는 사람의 아들을 뵈었는데, 그분께서는 이 세상에 계실 때와 같은 모습을 하셨고 그분의 상처는 여전히 열려 있었으며, 천사들의 합창과 함께 오셨다. 그분께서는 불꽃 보좌에 앉으셨는데, 이 보좌는 번쩍이지만 이글거리지 않았고, 세상을 정화하는 커다란 폭풍 위에 떠 있었다. (3.12)

그리스도는 "같은 곳에 쓰여 있듯", 즉 계시록 마지막에 쓰여 있듯 의롭다고 표시된 이들을 축복하며 천상으로 안내하고 나머지 사람들은 악마와 그의 천사들이 있는 지옥에서 영원히 고통받게 한다.

그다음 땅은 "고요하기 그지없고 아름다운 곳으로 변모"한다. 자연의 힘은 더는 해롭지 않게 될 것이다. 대지의 거친 표면은 평평해질 것이다. 여기서 힐데가르트는 "친애하는 요한"을 다시 한번 증인으로 불러 하느님의 영광이 모두를 비출 것이기 때문에 이곳에는 더는 밤의 어둠이 없고 낮의 빛만 있으리라고(계시 22:5) 결론 내린다.

이렇게 일곱 번째 천 년의 마지막 날 세상은 끝난다. 그리고 하느님의 광명 아래 영원한 삶을 영위하는 새로운 시대가 시작된다. 그러나 힐데가르트의 『스키비아스』는 여기서 끝나지 않는다. 그녀는 환상을 하나 더 이야기하고 마무리 짓는데(3.13), 이 환상은 단어와 심상뿐 아니라 음악까지 포괄한다. 바버라 J. 뉴먼Barbara J. Newman이 말했듯 이 마지막 장면은 환상이라기보다 하나의 음악회 같다.[18]

힐데가르트는 먼저 성모 마리아, 9품 천사들, 예언자들, 순교자들, 증거자들, 동정녀들에게 바치는 열네 편의 노래를 교창과 응송 형식으로 제시한다. 다음으로는 구원받지 못한 이들을 대변하는 애가와 전구의 기도가, 이어서 순결한 상태였다가 유혹을 거쳐 악마를 극복하기에 이르는 영혼의 순례 과정을 묘사한 극적인 희곡이 나온다. 그 뒤에 음악의 힘에 대한 짤막한 성찰이 이어지고 마지막으로 시편 150편의 우의적 해석이 나온다. 그녀에 따르면 이 시편에 나온 악기들은 서로 다른 부류의 성인들(예언자, 사도, 순교자, 증거자, 동정녀)을 상징한다.

『스키비아스』의 종결부를 이루는 이 음악 작품에도 계시록은 짙게 배어있다. 계시록에서 음성은 나팔 같이 울리고, 네 생물과 현악기를 든 스물네 원로와 무수히 많은 천사는 언제나 찬미의 노래를 부르기 때문이다. 이러한 맥락에서 계시록과 『스키비아스』는 일종의 뮤지컬 극장, 전례라는 형식을 지닌 묵시록이라고도 할 수 있다. 요한과 힐

---

18 Barbara J. Newman, 'Introduction', *Scivias*, 43.

데가르트는 자신이 받은 계시들을 노래를 중심으로 구조화된 의례를 통해 드러냈다.

넘어서서 살아가다

힐데가르트가 문학적, 시각적 계시를 통해 요한 계시록에 불어넣은 새로운 생명 역시 파편화된 것이다. 아우구스티누스를 위시한 다른 이들과 마찬가지로 힐데가르트가 계시록에서 차용한 가장 큰 조각은 죽은 이들의 부활, 최후의 심판, 새 예루살렘에서 시작되는 하느님의 통치 등 절정 부분이다(계시 20~21). 그러나 지금까지 살펴보았듯 힐데가르트는 자신의 계시와 통합하면서 이 조각을 변형하고 수정하고 재배열했다. 그녀는 자신의 말대로 "점토를 섞어 자신이 원하는 어떤 모양이든 만드는 사람처럼"(3.11. 예레미야 18장을 떠올리게 한다) 계시록을 다루었다.

독특한 방식으로 계시록을 되살린 『스키비아스』가 수 세기 동안, 심지어는 오늘날까지 엄청난 인기를 누린 이유는 어떤 면에서 『스키비아스』도 파편화될 수 있기 때문이다. 이 저작을 숭배한 사람 중 상당수는 이 저작 전체(세 권으로 된 스물여섯 개의 환상)를 알지 못했다. 이 책을 인가해 힐데가르트를 다른 교회 공동체들의 비난으로부터 보호한 교황 에우게니우스 3세Eugenius III조차 1147년경에 영향력 있는 수도원 개혁자이자 신비가인 클레르보의 베르나르두스Bernard of Clairvaux가 전달한 미완성본을 읽었을 뿐이다. 이후 『스키비아스』가 점점 더 많은 인기를 누린 데는 시토회 수도원장인 에버바흐의 게베노Gebeno of Eberbach가 쓴 『다섯 시대, 혹은 다가올 시대의 거울』Pentachronon sive speculum futurorum temporum이 크게 기여했다. 이 책은 『스키비아스』를 비롯한 힐데가르트의 여러 저작을 인용하고 게베노 자신의 견해를 덧붙여 엮은 작은 모음집으로 1220년경 출판되었다. 13세기 힐데가르트가 널리 알려지고 인기를 얻은 데는 『스키비아스』나 그녀의 다른 완결된 저작보다도 힐데가르트에 관한 여러 저작, 그리고 힐데가르트가 썼다고 알려진 저작과 더불어 게베노의 이 작은 책이 커다란 역할을 했다.[19]

'생존', '존속'을 의미하는 영어 단어 '서바이벌'survival은 본래 '서'sur-'바이벌'vival, 즉 '더 살다', '넘어서 살다'를 뜻한다.[20] 특정 문화의 산물인 작품이 조각조각 나뉘어 '본래의' 수명을 넘어서서 살아남는 일이 계시록이나 힐데가르트의 작품에서만 일어난 것은 결코 아니다. 하지만 종말론, 특히 계시록 계보에 있는 종말론 저술들이 유독 이런 식으로 손쉽게 쪼개져 전파되는 것은 아닌지 생각해 볼 필요가 있다. 한 가지 이유를 들면, 그리스도교 전통에서 종말과 관련된 환상은 더

---

19 게베노와 힐데가르트에 관해서는 다음을 보라. Kathryn Kerby-Fulton, *Reformist Apocalypticism and Piers Plowman* (Cambridge: Cambridge University Press, 1990), 29~31. 'Gebeno of Eberbach and the Consequences', *Land der Hildegard*, landderhildegard.de/fascination/history-of-reception. 게베노의 책과 힐데가르트를 사칭한 책들을 통해 힐데가르트의 저작이 퍼져 나간 역사에 관해서는 다음을 참조하라. Michael Embach, *Die Schriften Hildegards von Bingen. Studien zur ihrer Überlieferung und Rezeption im Mittelalter und in der Frühen Neuzeit* (Berlin: De Gruyter, 2003)

20 생존으로서의 번역에 관해 발터 벤야민Walter Benjamin과 대화하면서 문헌 전승의 생존을 이야기하는 연구로 다음을 참조하라. Tod Linafelt, *Surviving Lamentations: Catastrophe, Lament, and Protest in the Afterlife of a Biblical Book* (Chicago: University of Chicago Press, 2000)

넓은 서사의 맥락에서 손쉽게 분리해 독립적으로 다룰 수 있는 특정 장면들로 이루어져 있는 경우가 많다. 게다가 앞에서 살펴보았듯 계시록의 영향을 받은 심상들, 특히 몇몇 장면에 등장하는 특정 행위자에 대한 심상들은 상상을 불러일으키는 동시에 상상을 거스른다. 이를테면 계시록에 등장하는 눈이 이글거리고 목소리는 큰 물소리 같은 "사람의 아들 같이 생긴 존재", 날개가 달리고 노래를 부르는 "앞뒤에 눈이 가득 박힌 생물", 금관을 쓰고 사람 얼굴을 한 말처럼 생긴 메뚜기 떼 등이 있다. 힐데가르트의 저술들에 등장하는 물리법칙을 무시하는 구원의 건축물, 거대한 날개가 셋 달린, 화가 난 대머리 얼굴, 다리 사이에 머리가 있는 왕관 쓴 여자도 마찬가지다. 이러한 존재들은 더 넓은 서사라는 맥락은 물론이고 각각의 장면을 이루는 다른 존재들로부터도 동떨어져 우리에게 다가온다.

힐데가르트는 계시록이 새로운 다중매체의 차원에서 살아남고 번성하는 데 기여했다. 물론 힐데가르트의 저작 이전에도 계시록을 채색한 필사본은 여럿 있었으며, 그중 11세기에 만들어진 『밤베르크 묵시록』Bamberg Apocalypse은 계시록 라틴어 본문 전체와 함께 57개의 채색 삽화를 담고 있다. 그러나 힐데가르트는 평생에 걸친 렉시오 디비나를 통해 계시록과 다른 여러 성서 전승을 나름대로 흡수하여, 그 어떤 성서 삽화도 도달하지 못한 방식으로 단어와 심상이 상호 작용하는 새로운 형태의 종말론적 상상을 빚어냈다.

05

정신의 눈

— 역사의 숲에 선 조아키노

앞 장에서 이야기했듯 힐데가르트의 예언이 유명해진 데에는 1220년경 시토회 수도원장 에버바흐의 게베노가 힐데가르트의 저작에 약간의 주석을 달아 편찬한 『다섯 시대, 혹은 다가올 시대의 거울』이 커다란 역할을 했다. 이 책자가 성공을 거둔 요인 중 하나는, 이미 유명했던 종말론 선지자인 피오레의 조아키노의 저작과 힐데가르트의 저작 사이의 연관성을 게베노가 제시했기 때문이었다.

조아키노는 힐데가르트와 거의 동시대인이었다. 그는 1135년경 이탈리아 남부 칼라브리아 지역에서 태어났다(칼라브리아는 장화 모양을 한 이탈리아반도에서 '발끝' 부분으로, 숲이 울창한 산악 지대다). 그는 아버지의 뒤를 이어 공증인이 되리라는 기대를 받았지만, 성지 순례를 다녀온 뒤 신앙생활에 전념하기로 결심하고 자발적 가난을 택해 에트

나산의 은둔 수도사로, 또 자기 고향 지역을 떠도는 설교자로 살았다. 1171년 그는 같은 지역에 있는 코라초 수도원에서 베네딕도회 수도사가 되었고, 1177년에는 수도원장이 되어 코라초 수도원과 이제 막 자리 잡은 시토회의 통합을 지휘했다. 시토회는 클레르보의 베르나르두스가 이끈 급진적 개혁 운동으로 베네딕도의 규칙을 더욱 엄격하게 준수하기 위해 애썼다.[1]

수도회의 행정 업무에 얽매여 있을 때조차 조아키노는 태초부터 종말에 이르기까지 창조 역사의 신비한 의미에 대한 고도로 복잡한 사색에 빠져들곤 했다. 1192년 그는 이러한 생각에 이끌려 몇몇 추종자들과 함께 코라초 수도원을 나왔고 칼라브리아 산악 지대에 더 금욕적인 수도회인 피오레회를 창립했다.

1202년 세상을 떠날 무렵 조아키노는 유럽에서 가장 유명한 종교적 선지자였다. 그는 수많은 편지 및 논고와 더불어 정교한 시각적 삽화를 담고 있는 『묵시록 강해』Exposition on the Apocalypse, 『조화』The Book of Concordance, 『10현 프살테리움』The Ten-Stringed Psaltery이라는 세 권의 주저를 남겼다. 오늘날 연구자 대부분은 그가 자신의 생각을 시각적으로 묘사한 네 번째 저작 『도해』Liber Figurarum도 썼다는 데에 동의한다.[2] 힐

---

1   조아키노의 생애와 그의 계통 분류에 관해서는 다음을 참조하라. Bernard McGinn, *Apocalyptic Spirituality*, 97~148. Marjorie Reeves, *The Influence of Prophecy in the Later Middle Ages: A Study in Joachimism* (Oxford: Oxford University Press, 1969) Marjorie Reeves and B. Hirsch-Reich, *The Figurae of Joachim of Fiore* (Oxford: Oxford University Press, 1972)

2   Marjorie Reeves and B. Hirsch-Reich, *Figurae of Joachim of Fiore*, 20~21. 저자에 따르면 초기 저작부터 "도해를 사용하는 것이 그(조아키노)에게 습관이 되었음"을 분명히 알 수 있다. "세 편의 주요 저작 모두에 도해가 삽입되어 있"고, 이러한 점으

데가르트와 마찬가지로 조아키노는 그림으로 생각했고, 언제나 종말론적 사유와 시각적 묘사를 결합했다.

어떤 이들은 조아키노가 성인이며 참된 예언자라고 칭송하는 반면, 어떤 이들은 그를 비난한다. 그가 세상을 떠난 후 몇몇 이는 그를 이단으로 규탄했다. 조아키노가 성부, 성자, 성령을 역사의 각기 다른 시대에 대응시킴으로써 이들을 분리된 실체처럼 취급하는 삼신론tritheism에 빠졌다고 여겼기 때문이다. 그래서인지 1537년 뤽상부르의 베르나르Bernard of Luxembourg가 쓴 『이단 목록』Catalogus Haereticorum에는 조아키노가 실려 있다. 토마스 아퀴나스Thomas Aquinas나 보나벤투라Bonaventure 같은 저명한 신학자들은 조아키노의 예언이 추측에 불과하다고 무시했다.[3] 반면 단테Dante Alighieri의 「천국편」Paradiso에서 조아키노

로 미루어 "조아키노가 제자들과 독자들을 가르치기 위해 도해를 직접 그렸다는 데에는 의심의 여지가 없"으므로, 세 편의 주요 저작이 출간될 때 실린 도해는 그가 그렸다고 볼 수 있을 것이다. 이 책에서 저자들은 도해를 담은 현존하는 모든 완전한 사본(옥스포드, 레지오, 드레스덴 사본), 단편, 조아키노를 사칭한 도해 모음을 전부 비교한다. xxi~xxiii에 실린 표에서 알 수 있듯이, 이 장에서 나중에 설명하는 용의 도해와 조화의 표는 완전한 사본 모두에 포함되어 있고 여러 개의 단편과 기타 필사본에도 들어 있다. 필사본에서 발췌 번역한 자료는 다음을 참조하라. Bernard McGinn, *Apocalyptic Spirituality*, 113~48. 『도해』의 레지오 사본 사진과 전사된 내용은 다음 웹페이지를 참조하라. http://www.centrostudigioachimiti.it/Gioacchino/GF_Tavole.asp# 조아키노의 1527년 베네치아 판 『묵시록 강해』는 구글 북스의 다음 웹페이지에서 이용할 수 있다. https://books.google.com/books?id=1BvsdZhz64MC 그의 『묵시록 안내』Enchiridion super Apocalypsim는 자신의 계시록 이해를 간략하게 소개한 책이며, 『묵시록 강해』를 인가받기 위해 교황청에 보낼 때 서론처럼 덧붙였을 수도 있다. 『묵시록 안내』의 라틴어 비평본은 다음을 참조하라. Edward Kilian Berger, *Enchiridion super Apocalypsim* (Toronto: Pontifical Institute of Mediaeval Studies, 1986)

3 Marjorie Reeves, *Influence of Prophecy in the Later Middle Ages*, 3. 『이단 목록』은 구글 북스의 다음 웹페이지에서 이용할 수 있다. https://books.google.com/books?id=5sE5AAAAcAAJ&source=gbs_navlinks_s

는 보나벤투라 옆에 서서 성인들 가운데 "빛나"고 있으며, 현세에서는 그를 비난했던 보나벤투라가 조아키노를 "예언의 영"을 받은 사람으로 소개한다.[4] 게다가 그의 삼위일체론은 이후 가톨릭 신학에 커다란 영향을 미쳤다. 특히 역사가 진행되면서 삼위일체의 서로 다른 위격의 역할이 발전한다는 생각이 그랬다.

성인이든 이단자든, 그의 생각은 그가 세상을 떠난 뒤 수십 년, 수백 년에 걸쳐 막대한 영향력을 행사했다. 조아키노주의Joachimism라 불릴 만한 사상의 조류가 생겼고 그의 종말 사상을 설명하고 확장하고 추론하고 편집하고 시각적으로 묘사하는 활동이 활발하게 이루어졌다.

예언자를 자처한 힐데가르트와 달리 조아키노는 자신이 예언자라고는 생각하지 않았다. 버나드 맥긴Bernard McGinn의 말처럼 그는 자신을 "하느님이 이미 계시하셨으나 성서에 감추어진 진리에 대한 이해라는 선물을 하느님에게 받은 해석자"로 여겼다.[5] 이러한 맥락에서 조아키노의 종말론은 근본적으로 해석학적인 것이다. 창조 역사의 전체 시공간을 이해하기 위해 그는 그리스도교 경전 전체를 복잡하게 상호 연관된 체계로 보고 문학적, 시각적으로 설명하려 했다.

조아키노에게 성서 각 부분이 다른 부분과 완벽하게 조화를 이루는 방식을 이해하게 해 주는 해석의 열쇠는 계시록이었다. 『묵시록 강해』에서 그는 자신이 어느 한밤중에 "정신의 눈"mentis oculis으로 묵상

---

4   Dante, *Paradiso*, 12. 140~41. 『신곡』(열린책들)

5   Bernard McGinn, *Apocalyptic Spirituality*, 100.

하다가 문득 이 깨달음을 얻었다고 회상한다. 그는 갑작스럽게 "이 책" 즉 계시록의 완전함 혹은 "풍부함"과 "구약과 신약이 어떻게 조화를 이루는지"에 대해 "명료한 이해를 얻었"intelligentie claritate percepta다고 회상한다.[6] 조아키노에게 계시록은 성서가 얼마나 조화로운지를 보여 주는 책이었다. 그는 창조 역사 전체를 통해 펼쳐지는 하느님의 뜻을 알리는 징표가 구약과 신약 전체에 감추어져 있으며, 계시록은 이를 풀어내게 해 주는 해석의 열쇠라고 생각했다. 종말은 가까이, 아주 가까이 있었고 하루라도 빨리 주님의 길을 닦아 놓아야 한다고 조아키노는 믿었다.

역사의 숲

조아키노는 종말론적 상상을 하며 성서 본문을 서로 연관 지어 참조하곤 했다. 이를테면 그는 초기 그리스도교 문헌인 계시록을 히브리 예언자 에제키엘이 본 날개 넷 달린 생물과 바퀴 속의 바퀴 환상(에제 1)을 이해하는 해석의 열쇠로 보았다. 그는 이 환상을 해독함으로써 구약과 신약에 있는 "역사의 숲"으로 들어가는 길이 마련되었다고 생각했다. 에제키엘의 환상은 아래와 같다.

각각(의 생물은) 얼굴이 넷이요 날개도 넷이었다. … 넷이 다 얼굴과

---

6 Joachim, *Exposition*, 39. Marjorie Reeves, *Influence of Prophecy in the Later Middle Ages*, 22. 여기에는 라틴어 본문이 실려 있는데 이에 대한 번역과 관련해서는 동료인 피터 녹스Peter Knox가 조언해 주었다.

날개가 따로따로 있었다. 날개를 서로서로 맞대고 가는데 돌지 않고 곧장 앞으로 움직이게 되어 있었다. … 넷 다 사람 얼굴인데 오른쪽에는 사자 얼굴이 있었고 왼쪽에는 소 얼굴이 있었다. 또 넷 다 독수리 얼굴도 하고 있었다. … 그 짐승들을 바라보자니까, 그 네 짐승 옆 땅바닥에 바퀴가 하나씩 있는 게 보였다. 그 바퀴들은 넷 다 같은 모양으로 감람석처럼 빛났고 바퀴 속에 또 바퀴가 있어서 돌아가듯 되어 있었는데 이렇게 사방 어디로 가든지 떠날 때 돌지 않고 갈 수 있게 되어 있었다. 그 네 바퀴마다 불쑥 솟은 데가 있고 그 둘레에는 눈이 하나 가득 박혀 있었다. 그 짐승들이 움직이면 옆에 있던 바퀴도 움직이고 … 바퀴에는 짐승의 기운이 올라 있어서 바퀴도 함께 떠올랐다. (에제 1:6~20)

에제키엘은 서로 다른 네 짐승 얼굴을 하고 하늘을 맴도는 서로 연관된 생물들을 묘사한다. 이 천상의 생물들은 각각 지상에 있는 한 쌍의 바퀴들과 동시에 움직이고, 이 바퀴들은 한 바퀴 안에 다른 바퀴가 들어가 있다. 이 각각의 동물-바퀴 쌍은 나란히 움직인다. 천상에 있는 생물이 움직이면 이에 대응해 지상의 바퀴 한 쌍이 뒤따라 움직이는 식이다.[7]

---

7 요한은 이 환상으로부터 천상의 보좌의 방에 있는 네 생물 장면을 만들어 냈다 (계시 4:6~8). 그러나 에제키엘의 환상에서는 생물들과 밀접하게 연관되는 지상의 바퀴 안에 있는 바퀴가 요한의 환상에서는 나타나지 않는다. 또, 에제키엘의 네 생물은 각각 다른 방향을 바라보는 네 얼굴을 가지고 있는 반면 요한의 네 생물은 각각 동물의 얼굴을 가지고 있다.

조아키노는 이 환상에서 그가 "구약에 그늘을 드리우는 역사의 숲 전체"라고 부른 것을 이해하기 위한 도식을 얻었다.[8] 그의 설명에 따르면 이 역사의 숲에는 다섯 역사가 있는데, 하나는 보편적 역사고 넷은 특정한 역사들이다. "네 얼굴을 가진 하나의 바퀴"라는 표현은 "하나의 보편적 역사가 있고 여기에 네 가지 특정한 역사들이 연결"된다는 것을 보여 준다. 어떤 의미에서 조아키노는 네 개의 바퀴 안에 있는 바퀴들이 본질적으로 동일한 바퀴라 보고 이것이 네 생물의 네 얼굴과 연결된다고 해석했다.

에제키엘의 환상의 바깥 바퀴에 대응하는 보편적 역사는 "세계의 시작부터 에즈라서까지 곧장 나아가는" 역사, 즉 창세기 1장의 창조로 시작해서 바빌론 포로 생활을 끝낸 유대인들이 예루살렘 성전을 재건하는 에즈라 및 느헤미야로 끝나는 성서 역사의 커다란 서사다. 그리고 네 개의 얼굴은 네 개의 특정한 혹은 '작은' 성서 역사들, 즉 욥기, 에스델, 그리고 외경인 토비트와 유딧으로, 커다란 역사의 궤적 바깥에서 벌어진 이야기다. "전자가 바퀴이고, 후자가 얼굴들"이지만, 바퀴나 얼굴들과 대응하는 것은 이뿐만이 아니다. 이 요소들은 신약에 담긴 역사의 숲과도 관련되기 때문이다. 조아키노에 따르면 신약의 네 얼굴은 마태오, 마르코, 루가, 요한이라는 네 편의 복음서

---

8 인용문은 『묵시록 안내』10~11장에서 발췌했다(Edward Kilian Berger, *Enchiridion super Apocalypsim*, 19~20. 『묵시록 강해』, 서론, 2r-3v 참조). 이 글은 『묵시록 강해』에 담긴 더 포괄적인 내용의 개요이며, 이 글의 번역문과 관련된 논의는 다음을 참조하라. Randolph Daniel, 'Joachim of Fiore: Patterns of History in the Apocalypse', *The Apocalypse in the Middle Ages* (Ithaca, NY: Cornell University Press, 1992), 78~79.

다. 그렇다면 계시록은 무엇일까? 보편적 역사라는 바깥 바퀴의 안에 있는 바퀴다.

이러한 관점에서 보면 계시록은 더 광범위하고 중요한 창조 역사의 연대표인 동시에 그 축소판이다. 조아키노의 상상에서 성서 역사는 모든 것을 포괄하는, 통시적인 동시에 공시적인 역사다. 성서 역사는 창조부터 완성까지 시간에 따라 나아가는 (통시적인) 세계에서 하느님의 계획이 펼쳐지는 선형의 이야기다. 동시에, 성서 역사는 지리 정보 시스템처럼 여러 겹이 있는 지도 같은 것이어서, 이 지도를 볼 수 있는 사람에게는 이것이 과거와 현재와 미래가 상호 작용하며 서로를 반영하는 역사의 공간적인(공시적인) 지형을 밝히고 해독하는 도구로 쓰인다. 창조에 담긴 하느님의 뜻 전체는 일상의 경험이나 구약 및 신약의 세세한 구절들과 같이 빽빽한 숲의 모습으로 나타나면 놓치기 쉽다. 하지만 대우주이자 바깥쪽 바퀴인 보편적 역사의 내부에 있는 소우주인 요한 계시록은 하느님의 뜻 전체를 드러내 준다. 계시록은 보편적 역사의 색인이자 해석의 열쇠다.

조아키노는 계시록 본문 전체를 그리스도 교회 역사의 여덟 시기(서두와 일곱 교회에 보내는 편지(계시 1:1~3:22), 일곱 인(4:1~8:1), 일곱 나팔(8:2~12:18. 세계의 파괴, 재난, 메뚜기떼, 두 증인, 태양을 입은 여자, 붉은 용이 포함된다), 두 짐승(13:1~14:20), 재난을 담은 일곱 대접(14:21~16:21), 바빌론과 짐승들의 파멸(17:1~19:21), 그리스도가 다스리는 새로운 천 년과 용의 결박, 용의 파멸과 최후의 심판(20:1~15), 새 하늘, 새 땅, 새 예루살렘(21:1~22:21))로 나눈다. 그는 이 가운데 앞의 일곱 부분을 "마지막 주간"의 일곱 "날들"로 보며 이것이 신약부터 시작된 교회사의 일곱 시대에 대응한다고 생각한다. 마지막 부분은 창조가 막을 내리고 하느님과 성도들이 영원히 통치함으로써 역사가 끝나는 것에 대응한다.

붉은 용

그러므로 조아키노에게 계시록은 우주의 창조로부터 완성까지 보편적인 역사의 형태를 암호화해 놓은 책에서 그치지 않았다. 계시록은 특수한 교회 역사를 알려 주는 책, '우리' 즉 조아키노와 그의 추종자들이 역사의 흐름 가운데 어디에 있는지를 알려 주는 책이기도 했다. 그는 계시록 이해를 바탕으로 최후의 날이 가까이 왔다고 믿었다.

그러나 본문과 역사의 대응은 여기에서 끝나지 않는다. 조아키노는 '창조 역사라는 큰 바퀴' 안에 있는 '교회사의 일곱 시대', 그리고 그 일곱 시대 안에 있는 더 특수하고 소우주적인 역사적 사건 일곱 가지가 계시록의 심상에 대응한다는 사실을 발견한다. 그는 계시록에 나오는 "일곱 인"(조아키노는 이것이 계시록의 두 번째 부분이라고 여겼다)이 구약 역사의 일곱 시대를 가리키는 동시에 교회의 일곱 시대를 가리킨다고 생각했다. 이처럼 일곱 가지 안에 있는 일곱 가지가 나오는 계시록 본문 중에서도 특히 중요한 부분은 12장(조아키노는 이를 계시록의 세 번째 부분으로 보았다)에 나오는 붉은 용의 일곱 머리였다. 조아키노는 여기에 기나긴 주석을 남겼을 뿐만 아니라, 이 주석을 설명하고 확장하기 위해 『도해』에서 단어와 심상이 상호 작용하는 설득력

있는 채색 삽화를 선보였고 덕분에 큰 인기를 얻었다.[9]

커다란 2절판 필사본 코덱스라는 매체는 후대의 인쇄본과 비교하면 조아키노의 저작들, 특히 그의 『도해』가 요구하는 바를 구현하기에 적합했다. 책을 인쇄하려면 구성 요소의 배치가 고정되어 있어야 하고, 행 길이와 여백 등이 일정하도록 같은 크기의 금속 활자를 짜 맞추어야 하며, 그림은 본문과 별도로 배치되어야 한다. 반면 필사본 예술에서 쓰는 서예 기법은 단어, 행, 다양한 크기와 색상의 단락들이 그림 주변을 감싸게 할 수 있고, 그림을 가로지르게, 그림 사이에 놓이게, 그림 및 다른 글과 상호 작용하게 함으로써 직선적인 읽기 전략을 거부하는 동시에 일정한 공간 안에 여러 요소가 복잡한 관계를 이루게 할 수 있다.

조아키노의 붉은 용 그림은 바로 이러한 매체가 어떠한 효과를 낼 수 있는지를 잘 보여 준다. 삽화에서 용은 양피지로 된 2절판 전체를 가로지르고 있다. 길고 비늘로 뒤덮인 목 위에 달린 일곱 개의 머리는 종이의 왼쪽 위편으로 뻗어 있고 굵은 몸통은 아래쪽에 웅크리고 있으며 오른쪽 위편으로는 둥글게 말린 꼬리가 뻗어 있다. 용의 몸 주위에는 손으로 쓴 글이 가득한데, 대부분 검은 잉크로 쓰였지만, 일부는 붉은 잉크로 쓰였다. 몇몇 단어와 구절이 용의 머리 가장자리를 장식하고, 주석은 커다란 단락을 이루어 몸통 주변의 공간을 채운

---

9 머리 일곱 달린 용에 관한 조아키노의 해석은 『묵시록 강해』 서론(10r-11r), 『묵시록 강해』 본문 중 계시록 12장에 관한 주석(156r~156v, 196r~197r), 『도해』 레지오 사본에 실린 도상과 설명(Bernard McGinn, *Apocalyptic Spirituality*, 136~41) 등을 참조하라.

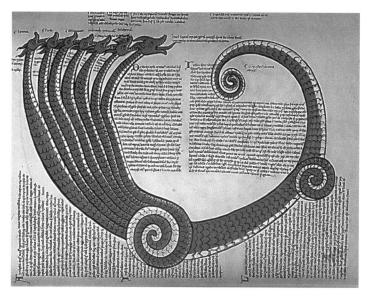

그림 5.1. 피오레의 조아키노, 『도해』 중 기대한 용의 삽화. 13세기 중반 레조 에밀리아 사본Reggio Emilia Codex, 레조 에밀리아 신학대학 도서관 소장.

다. 이런저런 본문이 서로 다른 방향으로 책 곳곳에 배치되어, 이 모두를 읽으려면 책을 시계 방향으로 또 반시계 방향으로 계속 돌려야만 한다. 게다가 이 단락들은 이 부분을 읽고 저 부분을 읽어야 한다는 식으로 순서가 정해져 있지도 않기 때문에, 어디서 시작해서 어떻게 읽어 나갈지 결정하는 것은 독자(어쩌면 사용자라고 부르는 편이 맞겠다)의 몫이다.[10] 실로 상호 작용을 일으키는 매체인 것이다.

---

10   성서의 '독자'보다는 '사용자'를 상정해 보자는 제안은 다음에서 착안한 것이다. Michael Hemenway, *Bible as Interface* (PhD dissertation, University of Denver and Iliff School of Theology, 2017) 여기에서 저자는 인쇄 책 문화와 그것에 뒤이은 새로운 매체 환경에서의 상호 작용 못지않게 필사본 코덱스 문화에서 성서를 접할 때도 다양

조아키노가 이 그림의 영감을 얻은 계시록 12장의 붉은 용은 그 자체로 복잡한 계보를 가지고 있다. 이 용은 히브리 성서에 등장하는 혼돈의 괴물들, 특히 때로는 하느님의 권능과 영광을 가리키는 존재로 그려지지만(욥기 41, 시편 104 등), 때로는 피조물의 가장 큰 적으로 하느님과 대립하는 혼돈의 "바다 괴물" 레비아단(리워야단)לִוְיָתָן을 계승한 존재다.[11] 다만 조아키노는 이 계보를 잘 정리하지 않고 오히려 더 복잡하게 만들어 버렸다. 이제 붉은 용은 사탄의 상징이기만 한 것이 아니라 과거, 현재, 미래에 교회에게 주어지는 시험과 시련의 역사 전체의 상징이다.

붉은 용 그림 주변으로 우아하게 곡선을 이루는 글에 따르면, "용의 일곱 머리"는 "교회를 박해하기 시작한 일곱 폭군을 뜻한다".[12] 각

한 상호 작용이 발생했음을 설득력 있게 제시한다.

11 "바다 괴물"('탄닌'תַּנִּין)과 레비아단 모두 그리스어 70인역 성서의 구약에서는 '용'을 뜻하는 '드라콘'δράκων으로 일관되게 번역된다. 예를 들어 에제키엘 29장 3절을 보면, "커다란 바다 괴물"(히브리어로 '핫탄님 학가돌'הַתַּנִּים הַגָּדוֹל)은 그리스어판에서 "커다란 용"('톤 드라콘타 톤 메간'τὸν δράκοντα τὸν μέγαν)으로 옮겨지고, 하느님은 이 괴물을 "내동댕이칠"('카타발로'καταβαλῶ. '던지다'를 뜻하는 동사 '발로'βάλλω에서 나왔다) 것이다. 에제키엘에서의 이 심상과 유사하게, 계시록은 붉은 용을 "커다란 용"이라고 두 번 언급하며(12장 9절의 '호 드라콘 호 메가스'ὁ δράκων ὁ μέγας, 12장 3절도 보라), 이 용이 하느님에 의해 하늘에서 땅으로 "던져졌다"('에블레테'ἐβλήθη. 이 또한 동사 '발로'에서 나왔다)고 서술한다. 70인역의 시편 73편 12~14절에서도 레비아단과 '바다 괴물'('탄닌')이 모두 그리스어 '드라콘'으로 옮겨진다. 이 시편은 여러 머리를 가진 용에 대해 서술하는데('용의 머리들'을 뜻하는 '타스 케팔라스 투 드라콘토스'τὰς κεφαλὰς τοῦ δράκοντος), 계시록 12장 3절도 마찬가지다('그것의 머리들'을 뜻하는 '타스 케팔라스 아우투'τὰς κεφαλὰς αὐτοῦ). 70인역의 이사야 27장 1절 역시 심판의 날 하느님의 손에 죽게 될 레비아단과 '바다 괴물'('탄닌')을 모두 '드라콘'으로 옮긴다. 히브리어 고유 명사인 레비아단은 70인역의 시편 103편과 욥기 41장에서도 '드라콘'으로 옮겨진다. 다음도 참조하라. Timothy Beal, *Religion and Its Monsters* (New York: Routledge, 2001), 71~85.

12 『도해』 본문의 번역문은 모두 다음을 이용했다. Bernard McGinn, Apo*calyptic*

머리 위에는 박해자의 이름이 쓰여 있고, 목을 따라서 박해에 책임이 있는 사람들의 세부 사항과 이 박해로 인해 교회가 어떻게 정화되고 단단해졌는지가 적혀 있다(이 일곱 박해는 구약에 등장하는 이스라엘의 일곱 박해와도 상응한다). 다섯 개의 머리는 과거에 일어난 박해, 즉, 사도의 시대에 헤로데(헤롯)를 비롯한 유대인들이 행한 박해, 순교자의 시대에 로마 황제 네로를 비롯한 이교도들이 행한 박해, 교부 시대에 아리우스파 황제 콘스탄티우스 2세Constantius II를 비롯한 이단자들이 행한 박해, 동정녀들의 시대에 무함마드Mohammed를 비롯한 사라센인들 혹은 아랍 무슬림들이 행한 박해, 꼰벤뚜알 수도사들Conventuals(프란치스코회Franciscan 성직자들로, 더 급진적인 엄격주의파Spirituals에 반대하여 다른 수도회들을 수용하고 교황의 뜻을 받아들였다)의 시대에 메세모트Mesemoth(북아프리카의 무어인 지배자를 의미하는 듯하다)를 비롯한 "바빌론의 자식들"이 행한 박해를 뜻한다.[13]

이 박해들은 모두 과거에 일어난 일이다. 왕관을 쓴 여섯 번째 머리는 이미 시작된 그리고 곧 실현될 박해를 뜻한다. 조아키노에 따르면 이 머리는 시리아와 이집트의 첫 번째 술탄이며 순니파 무슬림의 아이유브 왕조Ayyubid를 창건한 지배자 살라딘Saladin, 즉 살라흐 앗딘 유수프 이븐 아이유브Salah ad-Din Yusuf ibn Ayyub(1137~93년)를 가리킨다. 1169년 살라딘은 이집트를 장악하고 중동 전역에 걸친 제국을 건설하기

Spirituality, 136~41. 같은 책 294~96쪽에 있는 주석도 참조하라.

13 Bernard McGinn, *Apocalyptic Spirituality*, 194. 저자에 따르면 조아키노는 다른 저작에서는 (처음 세 개 혹은 여섯 번째 머리를 제외한) 일부 머리들을 다른 박해자들과 대응시켰다.

정신의 눈 | **155**

시작했다. 1183년에는 시리아의 주요 도시인 다마스쿠스와 알레포를 함락했고, 1187년에는 그리스도교 십자군에 승리를 거두어 예루살렘을 포함한 팔레스타인 지방을 손에 넣었다.

조아키노는 계시록의 용이 일곱 머리뿐 아니라 열 개의 뿔(12:3)도 가졌음을 지적하고 이 뿔이 전부 여섯 번째 머리에 있다고 설명한다. "짐승과 함께 한때 왕노릇 할 권세를 받"고 그리스도에게 싸움을 걸었다가 짐승과 함께 최종적으로 파멸할 열 명의 왕(계시 17:12~15) 모두 살라딘 아래에 모일 것이기 때문이다. 조아키노에 따르면 살라딘은 처음에는 홀로 통치할 것이다. 그러나 오래지 않아 그가 죽은 이들 가운데 부활해서, 혹은 그의 직계 계승자가 들고일어나서 다른 왕들을 자기 아래에 모을 것이고, 이때부터 교회를 향한 박해가 심해져서 "하느님께 선택받은 이들을 향한 전 세계적인 전쟁"이 시작될 것이다. "그때에는 수많은 이들이 순교라는 영예를 얻을 것이다."[14]

이처럼 열 개의 뿔을 지닌 여섯 번째 머리의 대대적인 박해가 끝나기 전에 적그리스도를 상징하는 일곱 번째 머리가 나타날 것이라고 조아키노는 말했다. 계시록의 짐승과 동일시되곤 하는 이 거짓 메시아는 신자들을 박해하고 군중을 현혹해 자신을 숭배하게 만드는 존재이며, 그리스도의 재림과 최후의 심판을 미리 알리는 자다. 용의 마지막 두 머리는 한데 결합하여 전 세계의 그리스도교인들을 향해 "한 쌍의 시련"을 내릴 것이다. 이러한 의미를 담아 조아키노는 교회

---

14 Bernard McGinn, *Apocalyptic Spirituality*, 138.

의 여섯 번째, 일곱 번째 박해가 일곱 인 중 여섯 번째의 시대에 동시에 일어날 것이라고 주장하며, 일곱 번째 인은 앞서 말했듯 그리스도가 천 년을 통치하는 시대로 이때 "용의 머리들은 부서지고 용은 구렁에 갇힐 것"이다. 이 심상은 구렁에 결박된 용에 대한 계시록의 묘사(20:2)와 바다 괴물 레비아탄의 머리를 부수는 하느님에 대한 시편의 묘사(74:13~14)를 결합한 것이다. 이처럼 머리와 왕과 시련은 그 숫자가 일곱이지만 "마지막 주간"의 "여섯 번째 시대에 실현되도록 예정되어 있다".

용의 꼬리도 마찬가지로 적그리스도를 뜻한다. 용의 머리는 그리스도의 천 년 통치가 시작될 때 박살 나지만, 이 통치가 끝날 때까지 용은 완전히 패배하지는 않은 채 남았다가 잠시 풀려날 것이다. 용을 그린 삽화의 꼬리 부분에는 이렇게 쓰여 있다.

곡. 그는 최후의 적그리스도다.

따라서 마곡과 함께 계시록의 마지막 전투에서 하느님에게 패배하는 악마의 군대(20:8)를 가리키는 곡은 조아키노의 도식에서 또 다른 적그리스도다.

조아키노의 삽화에서 용의 몸통은 일곱 번째 머리로부터 꼬리에 이르기까지 거의 완전한 원을 이루면서 굽어 있고 그 주변에는 주석이 적혀 있다. 이 몸통은 천 년 통치 또는 "안식의 시대"를 나타내며 용이 결박되었다가 마지막에 풀려 나오는 "구렁"을 나타내기도 한다.

이후 용은 최종적으로 파괴되고 여덟 번째 시대, 즉 새 하늘 새 땅 새 예루살렘의 시대가 올 것이다(계시 21:2).[15]

이렇게 붉은 용은 교회의 역사를 시련의 역사로 구체화하며, 이 시련은 다가오는 그리스도의 통치를 위해 교회를 차례차례 준비시킨다. 이 사악한 뱀의 몸통이 파괴되는 날 그리스도는 올 것이다. 이러한 맥락에서 용은 하느님과 교회의 최대의 적수일 뿐만 아니라 신성한 계획의 일부이기도 하다. 용이 주는 시련은 하느님의 백성을 정화하는 데 필수적이고 용의 몸통은 궁극의 구원을 향한 길을 제시하기 때문이다.

알파요 오메가

성서를 암호화된 본문으로 읽고 문학적, 시각적으로 표현한 조아키노의 서술은 구조가 복잡하고 다층적이다. 어떻게 보면 그는 일정한 흐름을 찾아낸 뒤 이를 더 큰 흐름과 조화를 이루게 하는 방식으로 구약과 신약의 거의 모든 부분을 설명하는 체계를 만든 것처럼 보인다. 그러나 마조리 리브스Marjorie Reeves와 베아트리스 히르슈-라이히 Beatrice Hirsch-Reich의 지적처럼 조아키노는 체계를 수립하려 하지 않았다. 오히려 그 반대다.

(서로 다른 요소가) 변화무쌍한 흐름을 따라 움직이게 만드는 그의 정

---

15   Marjorie Reeves and B. Hirsch-Reich, *Figurae of Joachim of Fiore*, 151~52.

신은 만화경 같은 측면이 있다. 그는 질서 정연하게 개념을 다루지 않았기에 우리는 계속 변화하는 그의 상상 구조를 포착해야 한다. 그가 서술해 나가는 동안 심상은 다채롭고 복잡한 춤을 추듯 배열되었다가 다시 배열된다. 조아키노는 자신의 '정신의 눈' 앞에서 움직이는 형상의 복잡성이 불러일으키는 당혹스러움을 잘 알고 있다.[16]

조아키노는 총체적이고 모든 것을 포괄하는 의미 체계 안에서 신학의 모든 요소(하느님, 창조, 인간 본성, 죄, 구원)를 이해하기 하기 위해 틀을 만들지 않았다. 그가 포착한 흐름은 구조적이지 않고 파편적이다. 그의 종말론적 상상 안에서는 모든 것이 다른 모든 것과 의미상 관련이 있다. 커다란 단위는 같은 구조와 흐름을 지닌 더 작은 단위로 구성되어 있으며 그 반대도 마찬가지다. 그러므로 그의 여러 시각적 상징들이 서로 완전하게 통합될 수 있다고 기대하는 것은 잘못된 판단이다. 예를 들어 그가 제시한 붉은 용 도해와 삼위일체의 원 도해를 비교해 보자. 여기에서는 지금까지 살펴본 7의 형식과 달리 3의 형식을 발견할 수 있다. 중첩되는 세 개의 원은 삼위일체의 위격을 상징하는 동시에 창조 역사의 세 시기, 각 시기 사회 '체제'를 상징한다.

성부와 동일시되는 첫 번째 원은 아담부터 그리스도까지의 시대를 아우르며, 이때 사회는 그리스도에 이르기까지 계보가 연결되는 '기혼자들'의 체제다. 성자와 동일시되는 두 번째 원은 유다 왕국의

---

16 Marjorie Reeves and B. Hirsch-Reich, *Figurae of Joachim of Fiore*, 21.

개혁자인 요시아(요시야) 왕(2열왕 22~23. 그의 노고는 그리스도에 이르러 열매를 맺었다)부터 조아키노의 시대까지를 아우른다. 이 시대는 '성직자들'의 체제다. 성령과 동일시되는 세 번째 원은 신약의 시대로, 특히 성 베네딕도회부터 세계의 종말, 즉 창조의 완전한 실현과 하느님과의 합일, 교회의 종말까지를 아우른다. 이 시대는 수도원 생활이라는 사회 체제로 특징지어지는데, 조아키노는 이 체제야말로 영적으로 가장 발전한 사회 체제이며 하느님과 합일함으로써 역사의 절정을 실현하는 데에 필수적이라고 주장한다.

언뜻 보아서는 분명히 알기 어렵지만 붉은 용 도해와 마찬가지로 여기서도 계시록, 혹은 적어도 계시록의 아주 일부분이 핵심 역할을 한다. 바로 계시록에서 하느님이 자기 자신에 대해 선언하는 부분이다.

> 지금 계시고 전에도 계셨고 장차 오실 전능하신 주 하느님께서 "나는 알파요 오메가다"하고 말씀하셨습니다(계시 1:8, 21:6, 22:13 참조, 조아키노는 라틴어 문장을 인용했다.)

조아키노는 글과 그림을 모두 동원해 하느님의 이름과 삼위일체의 세 원, 이것이 감싸는 역사의 세 시기를 결합하고, 이에 더해 신명사문자 יהוה(오른쪽에서 왼쪽으로 요드-헤-바브-헤로 읽으며, 로마자 표기는 일반적으로 'YHWH'이다), 즉 성서에서 하느님을 가리키는 히브리어 이름까지 결합한다. 이 말들의 연관성을 찾는 가운데 조아키노는 계시록에

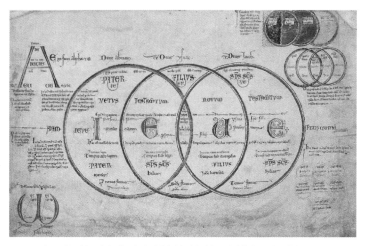

그림 5.2. 피오레의 조아키노, 『도해』 중 삼위일체의 원의 삽화. 13세기 초반 옥스퍼드 사본Oxford Codex, 코퍼스 크리스티 칼리지 소장.

나타난 하느님의 이름 '알파와 오메가'로부터 모든 역사의 토대인 하느님의 완전한 통일이라는 심상을 만들어 낸다.[17]

그림 왼쪽 위에는 그리스어 '알파' 대문자가 파란 글씨로 커다랗게 쓰여 있고, 이 글자의 삼각형 모양과 세 꼭짓점은 차이와 통일을 가리키는 심상으로 하나 안에 셋이 있는 삼위일체를 나타낸다. 맨 위 꼭짓점에는 "성부"Pater, 왼쪽 아래에는 "성자"Filius, 오른쪽 아래에는 "성령"Spiritus Sanctus이라고 쓰여 있다. 조아키노는 신명사문자를

---

[17] Marjorie Reeves and B. Hirsch-Reich, *Figurae of Joachim of Fiore*, 40~51. 이 책의 저자들은 조아키노가 『묵시록 강해』에서 계시록 1장 8절의 "알파요 오메가"와 관련해 내놓은 문자적, 시각적 해석이 『도해』에 나타난 시각적 설명보다 먼저 나왔다는 논증을 설득력 있게 제시한다. 이 논증은 『도해』의 면밀한 분석이 삼위일체와 관련된 더 큰 도해로 나아가기 위한 출발점이라는 나의 주장을 뒷받침한다.

"IEUE"('I'는 히브리 문자 요드, 'E'는 헤, 'U'는 바브)로 표기해 이 각각의 꼭짓점에 두 글자씩 대응시킨다. 따라서 성부는 처음 두 글자인 "IE", 성자는 가운데 두 글자인 "EU", 성령은 끝의 두 글자인 "UE"와 연결된다. 그다음 알파의 가운데에는 "삼위일체"Trinitas, "IEUE", "한 분 하느님"unus Deus이라고 쓰여 있다. 이렇게 삼위일체의 세 위격은 신성한 히브리어 이름을 서로 한 글자씩 겹치게 품고 맞물림으로써 위격들의 차이와 통일을 드러낸다. 그리고 이 모든 것이 알파라는 문자를 통해 표현된다.

그림 왼쪽 아래 알파 바로 밑에는 계시록에서 이야기한 하느님 이름의 나머지 절반인 '오메가' 소문자가 붉은 글씨로 커다랗게 쓰여 있다. 여기에도 삼위일체의 세 위격과 신명사문자가 적혀 있는데, 이번에는 배열이 조금 다르다. "성부"와 "I"는 왼쪽 아래 둥근 부분, "성자"와 "U"는 오른쪽 아래 둥근 부분에 적혀 있고, "성령"과 "E"는 뚫린 윗부분에 두 번씩 적혀 있다. 따라서 아래에서 위로, 왼쪽에서 오른쪽으로, 성부에서 성령과 성자를 거쳐 다시 성령 순으로 읽어 나가면 여기에서도 I-E-U-E를 발견할 수 있다.

커다란 알파와 오메가 그림 오른쪽을 보면 '오메가'ω가 아무 설명도 없이 갑자기 '오미크론'o, 즉 원 혹은 여러 원으로 대체되었음을 알 수 있다.[18] 처음에는 신명사문자를 감싼 작은 원이 보이고, 그다음 삼위일체를 나타내는 세 개의 큰 원이 겹쳐 있으며 이 원들은 알파에

---

18 조아키노는 『묵시록 강해』 중 계시록 1장 8절을 다룬 부분(34r~34v)에서도 똑같이 오메가를 원으로 대체한다.

서와같이 신명사문자를 두 개씩 감싸고 있다(성부와 IE, 성자와 EU, 성령과 UE). 또한 각각의 큰 원은 태초부터 종말까지, 알파부터 오메가까지, "지금 계시고 전에도 계셨고 장차 오실"(계시 1:8) 것들에 관한 창조 역사의 주요 시대를 나타낸다. 이렇게 계시록은 하느님과 역사의 총체성을 나타내고 구체화한다고 조아키노는 생각했다.

당신은 이곳에 있습니다

상호 연관된 글자들, 삼각형, 원, 일곱 안의 일곱, 바퀴 안의 바퀴에 관한 조아키노의 시각적, 문자적 도해는 매우 복잡하고 다층적이다. 많은 사람이 그의 저술에 흥미를 보인 이유 중 하나는 그가 이 모든 세세한 내용을 특정 역사적 사건과 결합했기 때문이다. 조아키노의 정교한 성서 해석과 그가 그린 정교한 성서 지도를 따라가다 보면 실로 모든 역사가 조아키노의 시대를 향해 가는 것만 같다. 거룩한 창조에 관한 지도, 모든 시각적, 문자적 세부 항목이 서로 연결된 지도, 방향 감각을 잃고 극도로 혼란한 가운데 우리가 어느 곳에 있는지 갈피를 잡게 해 주는, "당신은 이곳에 있습니다"라고 안내를 해 주는 지도를 읽는다고 상상해 보라. 실로 압도당할 것이다.

지금까지 살펴보았듯 계시록의 커다란 아이러니는 이 책이 밝혔다고 이야기하는 것 중 상당 부분이 여전히 베일에 가려진 채 암호와 부호처럼 남아 있다는 사실이다. 계시록은 밝히는 것보다 감추는 것이 더 많은 묵시apocalyse('아포칼립토'ἀποκαλύπτω, '감추어진 것으로부터')이며 드러내는 것보다 덮는 것이 더 많은 계시revelation('레벨라레'revelare, '덮은 것을 벗기다)다. 계시록은 감추어져 있음을 밝히고, 덮여 있음을 드러낼 뿐이다.

조아키노는 모세가 수건으로 얼굴을 가린 이야기(출애 34:29~35)를 매우 좋아했다. 모세가 율법이 담긴 판을 들고 시나이산(시내산)에서 내려왔을 때 하느님이 임한 그의 얼굴이 너무 빛나 사람들은 겁에 질렸다. 그래서 모세는 사람들에게 말하지 않을 때는 자기 얼굴을 수건(불가타에는 '벨룸'velum이라고 되어 있는데 이 말은 '레벨라레'와 관련이 있다)으로 가렸다.[19] 바울이 고린토인들에게 보낸 둘째 편지에서도 이 수건은 은유로 언급된다.

사람이 주님께로 돌아서면, 그 너울은 벗겨집니다. ⋯ 우리는 모두 너울을 벗어버리고, 주님의 영광을 바라봅니다. (2고린 3:16~18)[20]

조아키노는 만화경과도 같은 해석을 통해 너울에 가려진 성서 본문에서 너울을 벗겨낸다. 그는 "정신의 눈"을 통해 그때까지 감추어져 있던 세계의 모습과 역사의 흐름을 알게 되었다. 조아키노에게 이 모든 것을 여는 열쇠는 다름 아닌 계시록이었다.

---

19 히브리어에서 이 "수건"은 '덮개', '싸개' 등을 의미하는 '마스베'מסוה로 되어 있다. 그리스어 70인역에서 "수건"은 '아포칼립토'와 연관되고 '덮개'를 의미하는 '칼륌마'κάλυμμα다. 라틴어 불가타에서는 '레벨라레'와 연관되는 '벨룸'이다.

20 고린토인들에게 보낸 첫째 편지 13장 12절도 보라. 조아키노는 이 구절 역시 매우 좋아했다. "우리가 지금은 거울에 비추어보듯이 희미하게 보지만 그 때에 가서는 얼굴을 맞대고 볼 것입니다. 지금은 내가 불완전하게 알 뿐이지만 그 때에 가서는 하느님께서 나를 아시듯이 나도 완전하게 알게 될 것입니다".

디지털 매체 기술에서 '코덱'codec이란 정보를 부호화 또는 복호화하는 장치나 프로그램을 가리킨다(코덱이라는 단어 자체는 '부호'를 뜻하는 '코드'code와 '해독하다'를 뜻하는 '디코드'decode를 합친 합성어다). 초창기에 코덱은 아날로그 정보를 디지털 형식으로 부호화해서 저장 가능하게 만들고, 또 이 정보를 아날로그 형식으로 복호화해서 사용할 수 있게 만드는 CD, DVD 레코더와 플레이어 등의 하드웨어 기기를 뜻했다. 나중에는 이 용어가 컴퓨터 프로그램을 가리키는 데 쓰이면서, 음성 및 사진을 부호화하고 압축하여 디지털 형식으로 저장 가능하게 만들고 또 이를 복호화해서 보고 들을 수 있게 만드는, 퀵타임QuickTime 과 MPEG 등의 비디오, 오디오 소프트웨어를 뜻했다.

계시록은 조아키노의 손을 거치면서 성스러운 역사의 과거와 현재와 미래에 관한 정보를 부호화하고 복호화하는 중세의 코덱 같은 도구가 되었다. "정신의 눈"을 가진 사람은 그 안에 부호화되어 저장된 정보를 발견하고, 이것이 스스로 복호화되어서 성스러운 역사 전체의 완전한 의미로 드러나는 모습을 분명하게 이해할 수 있다. 이로써 조아키노는 성서 전체의 완전한 진리를 부호화해서 담고 있는 코덱이라는 새로운 형태의 삶을 계시록에 부여했다. 이때 성서는 그 자체로 태초부터 종말까지 하느님의 창조 계획 전체를 구현하고 포괄한다. 계시록의 장면과 심상이 복호화됨으로써 더 큰 성서의 궤적을 따라 실제로 생겨난 역사 속 사건과 인물이 드러나게 된다.

이 묵시적 방법론은 철저히 분석적인 동시에 상상력이 풍부하며 창의적이다. 화려한 구조 아래 형태와 형식은 글자와 단어를, 또 글

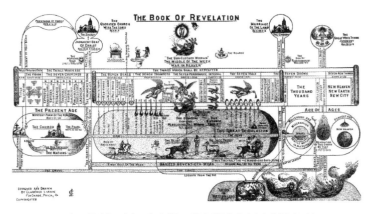

그림 5.3. 클래런스 라킨, 요한 계시록으로부터 해독해 낸 역사적 세대들의 도식.
『세대적 진리』Dispensational Truth, 1918.

자와 단어는 형태와 형식을 반영한다. 힐데가르트의 심상은 대부분 계시록의 내용을 재현하고 있고, 기괴해 보일지언정 알아볼 수는 있는 인물이 포함된 종말의 특정 장면을 묘사하는 반면, 조아키노의 도해에 있는 심상은 추상화의 산물이다. 형체는 글자와 단어가 되고, 글자와 단어 역시 형태가 되는 가운데, 형태와 글자가 서로 맞물리며 상호 연결된 시공간의 그물을 만들어 낸다. 이러한 방식으로 그는 정신의 눈을 통해 하느님의 정신을 들여다보았다.

조아키노의 성서 해석은 그가 죽은 뒤에도 커다란 영향력을 발휘했지만, 단어와 심상으로 구성된 시각적 도해라는 그의 창의적이고 지적인 묵시적 방법론은 그보다도 더 큰 영향을 미쳤다. 그 뒤에 이어진 계시록의 생애 내내 이 방법론의 계승자들이 나타났으며 19세기 말과 20세기 초의 해석자들이 내놓은 시각적 도식에서 그 절정을 이루었다. 특히 성스러운 역사는 하느님의 은총을 받은 일련의 세대들로 이루어진다는 클래런스 라킨(Clarence Larkin(1850~1924년))의 시각적 도상은 그리스도교 근본주의의 초석이 되었다. 분명 조아키노는 이러한 시각적 세대론자의 조상이다.[21]

조아키노와 그의 방법론을 따른 이들 모두 '지금 이 순간'이 가장 중요한 시간이라고 말하는 것 같은 지도와 도상을 제시했다는 점이 놀랍지는 않다. 그들은 우리가 바로 여기에 있다고, 하느님이 아끼는 시대의 끄트머리에 있다고, 만물의 완성을 향해 나아가는 과정의 출발점, 바로 그 흐름의 목전에 있다고 이야기했다. 계시록의 인, 나팔과 짐승을 먼 미래로 유예했던 아우구스티누스의『신국론』으로부터 이들은 완전히 이탈했다. 다시금, 종말을 머지않은 시점으로 끌어당긴 것이다.

---

21 세대론이 제임스 햄프턴의 보좌의 방에 미친 영향에 관해서는 이어지는 논의를 참조하라.

06

9월 성서

― 루터의 성서 대對 크라나흐의 계시록

그리스도교 등장 후 몇 세기가 지나도록 사람들은 계시록을 기꺼이 신약 정경으로 받아들이지 않았다. 계시록이 정경이라고 주장한 이들은 계시록의 저자 요한을 그리스도가 사랑한 제자이자 복음서와 세 편지를 쓴 사도 요한이라고 착각한 경우가 대다수였다. 많은 이는 이 책을 정경으로 인정하기를 거부했고, 이 책이 일관성 없고 형편없는 생각을 담고 있으며 터무니없다고 주장했다. 에우세비우스의 저술을 통해 알 수 있듯 4세기까지도 계시록의 지위는 논쟁 중에 있었다. 기원후 367년 주교 아타나시우스가 자신의 신약 정경 목록 마지막에 계시록을 넣은 것은 사실이다. 그러나 그가 이처럼 특정한 정경 목록을 제시할 필요가 있었다는 사실 그 자체만으로도 우리는 당시에 어떤 책을 정경에 포함하고 제외할지 의견 일치가 이루어지지 않앗음을 알 수 있다.

그리고 4세기 말에 신약 정경이 확립된 데에는 교회 당국의 권위 못지않게 당시 매체 기술의 발전이 큰 영향을 미쳤다. 로마 그리스도교가 제국의 종교로 확립되자 교회 권력을 공고화하고 통제하려는 경향이 생겨났고, 동시에 구약과 신약 정경을 한 권에 모두 담을 만큼 커다란 코덱스라는 매체 기술이 발전했다. 커다란 코덱스라는 새로운 매체와 그리스도교 왕국이라는 새로운 제국 종교는 손을 맞잡고 정경을 확정했다.

420년에 이르면 히에로니무스Jerome는 성서 전체를 당대 라틴어로 펴냈는데, 이는 주로 그리스어 성서와 히브리어 성서를 번역한 것이었다. 이 성서는 아타나시우스의 목록과 동일한 스물일곱 권의 책을 신약으로 포함했고, 서방 그리스도교 전체의 표준 불가타 성서가 되었다. 하지만 이렇게 확정된 정경 목록이 전적으로 확실하고 영구적이라고 생각해서는 안 된다. 불가타 성서도 고정되고 불변하는 것이 아니었다. 히에로니무스는 자신이 가지고 있는 히브리어 필사본에 바룩이나 토비트 등이 없었기 때문에 이 문헌들을 외경으로 보고 제외했지만, 오늘날까지 남아 있는 모든 불가타 성서는 이들을 포함하고 있다. 그리고 히에로니무스와 아타나시우스 모두 라오디게이아인들에게 보낸 바울의 편지를 제외했지만, 가장 오래된 불가타 필사본 중 일부는 이를 담고 있다. 또 어떤 초기 필사본은 네 개의 복음서 대신 네 복음서 발췌 합본을 담고 있다.[1]

누군가는 15세기 인쇄 기술이 발명되고 성서를 중심으로 한 인쇄

본 문화가 생겨나면서 마침내 성서 정경이 최종적으로 고정되고 완결되었기를 바랄 수도 있다. 분명 15세기에는 기계 인쇄 방식과 고정된 활자 덕분에 서로 완전히 똑같이 생긴 수천 부의 복사본을 생산할 수 있게 되었다. 그러나 획일화되고 영속적인 성서라는 것이 있으려면 이 같은 대량 생산의 대상이 되는 단일한 성서가 먼저 존재해야 한다. 하지만 그리스도교 성서의 경우에는 이런 것이 없었다. 따라서 인쇄 혁명과 함께 성서는 고정되고 한데 묶이기보다는 틀에서 벗어나 더욱 크게 흔들렸다.[2] 1456년 구텐베르크Johannes Gutenberg가 처음으로 불가타 성서를 인쇄한 뒤 20년 만에 아홉 종의 독일어 성서가 인쇄되었다. 개신교 종교개혁이 가속화된 16세기 중엽에 이르면 다른 근대 언어로 된 서로 다른 성서가 아주 많이 나타났는데 이 성서들은 많은 경우 서로 다른 라틴어, 그리스어, 히브리어 '원본' 필사본을 번역한 서로 다른 정경의 서로 다른 본문을 담고 있었다.

개신교 종교개혁은 신학의 혁명 못지않게 매체의 혁명이기도 했다. 여러 측면에서 개신교 종교개혁은 성서 문해력을 끌어올리려는 운동이었고, '만인 사제직'이라는 이상을 실현하기 위해 성서를 가능한 한 손쉽게 이용할 수 있도록 만들려 애썼다. 이와 동시에 인쇄 문

---

1 성서 코덱스의 크기와 무게 또한 정경을 확정하는 데 주요 걸림돌이었다. 본문 전체가 보존된 가장 오래된 불가타는 8세기의 아미아티누스 사본인데, 이것은 높이가 약 49cm, 너비가 약 34cm, 두께가 18cm 이상이며, 2천 쪽이 넘고 무게는 34kg가량이다. 히에로니무스, 불가타, 정경의 역사에 관해서는 다음을 참조하라. Timothy Beal, *The Rise and Fall of the Bible: The Unexpected History of an Accidental Book* (New York: Houghton Mifflin Harcourt, 2011), 117~20.

2 인쇄본 문화 속에서 성서가 확산된 과정에 대한 상세한 설명은 다음을 참조하라. Timothy Beal, *Rise and Fall of the Bible*, 120~43.

화는 성서와 여타 책을 소장 가치 있는 필사본에서 시장성 있는 상품으로 빠르게 변모시켰다. 이전까지는 부유하고 유력한 후원자가 교회, 수도원, 글을 읽을 줄 아는 엘리트의 집에 소장할 불가타 성서 전체나 복음서 또는 성가집의 값비싼 필사본을 의뢰하곤 했다. 그러나 이제 책은 더는 이러한 영역에 갇혀 있지 않았다. 성서는 민주화되었다. 이는 4세기 로마 교회에서는 상상조차 하지 못했을 악몽이었다.

좋은 책은 많다

이러한 와중에 계시록은 경전으로서의 지위가 다시금 의문시되었다. 개신교 종교개혁에 수반된 새로운 매체 혁명 속에서 계시록은 다시금 정경으로 인정받기 위해 분투해야만 했다. 아타나시우스 같은 교회의 권위자들, 아우구스티누스 같은 4~5세기 신학자들이 계시록을 정경으로 받아들였다는 사실만으로는 충분하지 않았다.

1522년 9월 21일, 마르틴 루터는 고향인 독일 비텐베르크에서 자신이 번역한 독일어 신약성서를 출판했다.[3] '9월 성서'라고 알려진 이 책의 출간은 인쇄의 역사, 독일어의 역사, 그리스도교 성서의 역사에서 획기적인 사건이었다. 신약이 근대 토착 언어로 번역된 첫 번째 사례인 루터의 성서는 독일 동부 및 중부 방언을 사용했고, 덕분에 이 방언은 고지 독일어High German가 따라야 할 표준으로 자리 잡았다. 에라스뮈스판 그리스어 신약을 대본으로 삼은 루터의 번역이 가톨릭

---

3 *Das Newe Testament Deutzsch* (Wittenberg: Melchior Lotter for Christian Döring and Lucas Cranach, 1522) 에모리 대학교 피츠 신학 도서관 특별 소장품 제공.

전통에 대한 도전이었음을 알아채기란 어렵지 않다. 당시 가톨릭 교회에서는 불가타 성서를 권위 있는 유일한 본문으로 고집했기 때문이다. 에라스뮈스 판본은 한 쪽이 두 단으로 나뉘어 안쪽 단에는 유려한 활자체의 그리스어가 실렸고 바깥쪽 단에는 에라스뮈스의 라틴어 번역이 실렸다. 그의 번역이 종종 불가타와 두드러진 차이를 보였다는 점으로 미루어 이 문헌은 불가타 본문의 신뢰성과 권위에 대한 암묵적 의심을 담고 있었다. 루터도 이 사실을 알고 있었다.

그러나 루터가 로마 교회의 권위에 제기한 도전은 이보다 심오한 것이었다. 그는 새롭게 떠오르는 개혁 운동을 이끌면서 그리스도교 정경에 어떤 책을 포함해야 하느냐는 물음을 다시 던졌다. 이는 9월 성서의 목차에서도 잘 드러난다. 이 목차는 전통적인 가톨릭 정경 스물일곱 권을 나열하기는 하지만, 성인이 썼다고 알려진 앞의 책 스물세 권에만 번호를 매겼다. 뒤의 네 권(히브리인들에게 보낸 편지, 야고보의 편지, 유다의 편지, 계시록)에는 번호를 매기지 않은 채 아래 공간에 따로 모아 놓았다. 9월 성서가 가톨릭 정경에 제기한 도전은 루터가 계시록을 위시한 책들의 서문 격으로 적어 둔 논평에서 가장 분명하게 드러난다. 루터는 말한다.

이 요한의 계시록에 관해서는 누구든 자유롭게 의견을 가질 수 있다고 본다. 나의 의견이나 판단에 따라야 한다고 누구에게도 요구하지 않을 것이다. 나는 내가 느낀 대로 말하겠다. 내가 이 책에서 이해할 수 없는 부분은 한둘이 아니다. 이 때문에 나는 이 책이 사도의 저작

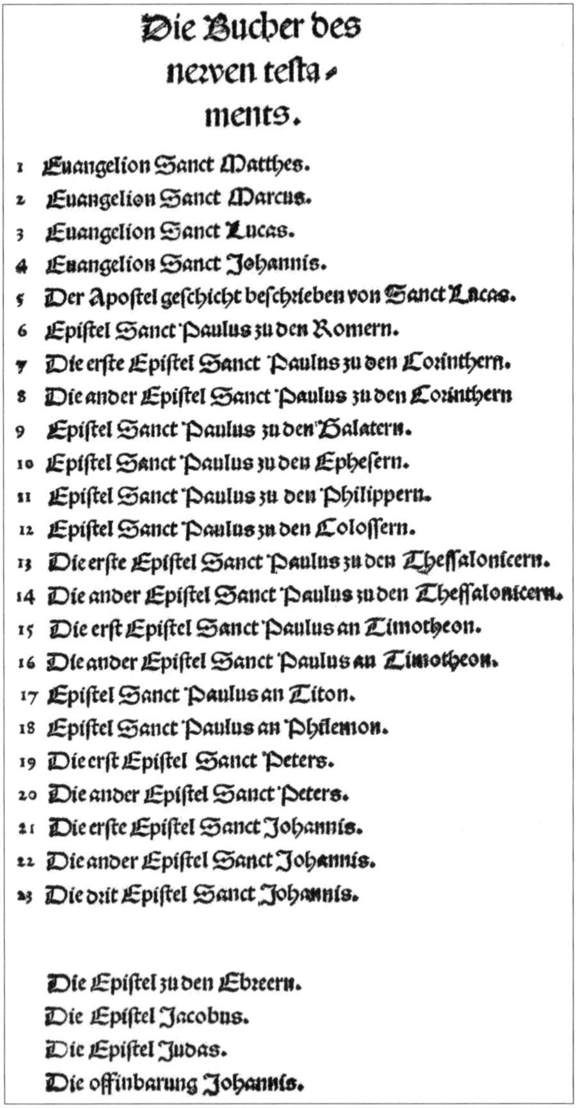

Die Bucher des
nexven testa-
ments.

1 Euangelion Sanct Matthes.

2 Euangelion Sanct Marcus.

3 Euangelion Sanct Lucas.

4 Euangelion Sanct Johannis.

5 Der Apostel geschicht beschrieben von Sanct Lucas.

6 Epistel Sanct Paulus zu den Romern.

7 Die erste Epistel Sanct Paulus zu den Corinthern.

8 Die ander Epistel Sanct Paulus zu den Corinthern

9 Epistel Sanct Paulus zu den Balatern.

10 Epistel Sanct Paulus zu den Ephesern.

11 Epistel Sanct Paulus zu den Philippern.

12 Epistel Sanct Paulus zu den Colossern.

13 Die erste Epistel Sanct Paulus zu den Thessalonicern.

14 Die ander Epistel Sanct Paulus zu den Thessalonicern.

15 Die erst Epistel Sanct Paulus an Timotheon.

16 Die ander Epistel Sanct Paulus an Timotheon.

17 Epistel Sanct Paulus an Titon.

18 Epistel Sanct Paulus an Philemon.

19 Die erst Epistel Sanct Peters.

20 Die ander Epistel Sanct Peters.

21 Die erste Epistel Sanct Johannis.

22 Die ander Epistel Sanct Johannis.

23 Die drit Epistel Sanct Johannis.

Die Epistel zu den Ebreern.

Die Epistel Jacobus.

Die Epistel Judas.

Die offinbarung Johannis.

그림 6.1. 루터의 1522년판 9월 성서의 목차. 에모리 대학교 캔들러 신학 대학 피
츠 신학 도서관 리처드 C. 케슬러 종교개혁 소장품 제공.

도 예언자의 저작도 아니라고 생각하게 되었다.[4]

루터는 몇몇 교부도 계시록을 거부했음을 지적하면서 자신은 계시록에서 성령의 흔적을 전혀 찾지 못했다고 말한다. 다른 사도들의 저작과 달리 이 책은 분명하게 말하지 않고 "오로지 환상과 심상"을 다루는데 그마저도 해석되지 않은 채 남아 있다고 불평한다. 계시록 마지막 장에서 권위를 내세우는 요한의 주장에 대해 루터는 이렇게 적었다.

> 내가 보기에 그(요한)가 자신의 책을 그처럼 높게 평가하는(22:6, 16) 것은 지나친 듯하다. 이러한 모습은 다른 어떤 성스러운 책들에서도 발견할 수 없다. 하지만 다른 책들이 훨씬 더 중요하다. … 게다가, 이 책에 적힌 말씀을 지키는 사람은 복을 받으리라고 말하지만(22:7, 9) 정작 그 말씀이 무엇인지 아는 사람은 아무도 없다. 누구도 그 말씀을 지킬 수 없음은 말할 것도 없다. 사실상 우리는 이 책을 갖고 있지 않은 것이다. 그리고 우리에게는 훨씬 좋은 책이 많이 있다.

루터는 되풀이해서 말한다. "마음 가는 대로 해라". 자신은 "느낀 대로 말하겠"으니 당신도 그렇게 하라는 것이다. 그리고 그는 자신의 소감을 밝힌다.

---

4 'Preface to the Revelation of John', *Luther's Works 35: Word and Sacrament I* (Philadelphia: Fortress Press, 1960), 398~99.

나의 영은 이 책을 받아들이지 못한다.

이는 루터에게 계시록을 뒤로하고 "나에게 명백하고 순수하게 그리스도를 보여 주는 책들에 몰두"할 충분한 이유가 되었다.

　루터는 누군가 계시록에 주목하기를 바라지 않았다. 오히려 그는 독자들이 계시록을 멀리하게 하려 했다. 하지만 루터의 친구이자 동료인 루카스 크라나흐가 계시록에서 묘사하는 장면을 눈부신 스물한 개의 목판화로 만들어 삽입한 덕분에 루터가 바라던 바와는 정반대의 일이 일어났다. 루터는 계시록을 영원히 묻어 버리고 싶어 했지만, 루터의 성서에 실린 크라나흐의 그림은 글로 된 문헌이 아닌 압도적인 시각 체험을 선사하는 매체로서 계시록을 되살렸다.

초자연적인 것

　루카스 크라나흐(1472~1553년)는 작센 선제후였던 프리드리히 Frederick의 비텐베르크 궁정에서 1504년부터 1550년까지 화가로 일했다. 그는 시 의회의 의원이었으며, 약재상을 운영하고 종이류를 거래하며 인쇄소를 소유했다. 한때 비텐베르크에서 가장 넓은 땅을 보유한 사람이기도 했다. 그러나 오늘날 사람들은 크라나흐를 그의 가까운 친구인 마르틴 루터와 오랜 시간에 걸쳐 함께 작업한 인물로 기억한다. 그는 9월 성서와 그 이후에 나온 루터 성서에 들어갈 삽화를 그렸을 뿐 아니라 초기 개신교의 여러 저작을 인쇄했고, 마르틴 루터와 카타리나 루터Katharina Luther의 공식적인 결혼 초상화, 루터 부모의 초상화도 그렸다. 또 성서를 주제로 한 그의 그림은 루터의 신학에 강한 영향을 받은 것으로 보이는데, 우리는 신앙에 의해서만 의롭게 될 수 있다는 것, 즉 우리는 기도나 선행이나 올바른 교리가 아닌 그리스도를 통해 대가 없이 주어지는 하느님의 은총에 의해서만 구원받을 수 있다는 믿음을 담고 있다.[5]

쾰른과 뉘른베르크에서 출간한 초기 독일어 성서는 구약에서 묘사한 장면을 그린 삽화를 담고 있었다.[6] 처음에 루터는 성서에 삽화를 넣는 것을 반대했다. 성서를 읽는 이들이 삽화 때문에 본문에 집중하지 못할까 우려했기 때문이다. 그러나 자신의 첫 번째 성서인 9월 성서를 출판할 무렵에는 마음을 바꾸었다. 9월 성서는 신약 각 책의 첫 글자를 큼지막하게 적은 다음 이 글자를 본문의 이야기에서 뽑은 그림으로 꾸몄다. 본문에 나오는 장면을 묘사한 삽화는 루터가 가장 불쾌해한 책인 계시록에만 있었다. 아마도 그가 서문에서 불평했듯 글만으로는 알 수 없는 내용을 설명하기 위해서였던 것으로 보인다.

---

5 루카스 크라나흐의 삶, 작품, 루터와의 관계에 관해서는 다음을 참조하라. Stephan Füssel, 'Cranach, Lucas the Elder', *The Oxford Encyclopedia of the Bible and the Arts* (New York: Oxford University Press, 2015), 1:246~51. 그리고 다음도 참조하라. Stephan Füssel, *The Bible in Pictures: Illustrations from the Workshop of Lucas Cranach (1534)-A Cultural Historical Introduction* (Cologne: Taschen, 2009) 크라나흐와 루터 성서와 관련해 인쇄본 성서 삽화 일반을 소개하는 연구로 다음을 참조하라. David M. Gunn, 'Bible Illustration', *Oxford Encyclopedia of the Bible and the Arts*, 2:1~22. 이 책에 담긴 나의 작업은 특히 이 연구들에 빚지고 있다.

6 루터 성서 이전에 나온 삽화가 실린 독일어 성서 중 가장 눈에 띄는 두 가지는 쾰른에서 출간된 하인리히 크벤텔Heinrich Quentell의 성서(1478~79년)와 뉘른베르크에서 출간된 안톤 코베르거Anton Koberger의 성서(1483년)다. 이에 관해서는 다음을 참조하라. David M. Gunn, 'Bible Illustration', 1~3.

크라나흐의 삽화 대다수는 알브레히트 뒤러Albrecht Dürer가 『그림이 있는 묵시록』Apocalypsis cum figuris이라는 제목으로 펴낸, 열다섯 쪽의 목판 전면 계시록 삽화를 기초로 삼거나 개작한 것이다. 뒤러의 계시록 그림들은 그가 《최후의 심판》을 만들기 시작했다고 알려진 시기보다 2년 앞선 1498년 뉘른베르크에서 처음 출간되어 인기를 얻고 좋은 평가를 받았다. 이 삽화집은 인쇄본이라는 새 매체에서 복잡하고 표현이 풍부한 삽화가 잠재력을 가지고 있음을 입증했다. 앞선 시기의 채색 삽화와 달리 그의 획기적인 흑백 삽화는 고도로 복잡하고 내용이 풍부하고 상세하며 보는 이의 감정을 움직였다. 이는 미술사학자 에르빈 파노프스키Erwin Panofsky의 말을 빌리면 초자연적 소재를 자연주의적으로 다루는 뒤러의 역설적 방식이 낳은 결과라 할 수 있다.[7] 초자연적인 것을 자연화하는 그의 방식은 달리 말하면 자연적인 것을 초자연화한다. 앞서 계시록의 서술은 시각적 묘사를 요구하는 동시에 거부한다고 이야기한 바 있다. 뒤러의 방식 또한 그러했고 덕분에 매우 큰 효과를 냈다.

크라나흐의 삽화 스물한 점(거의 계시록 한 장당 한 점이다) 가운데 열세 점은 뒤러의 작품을 따른 것이다.[8] 그는 각 풍경에 인물을 배치하

---

7 Erwin Panofsky, *The Life and Art of Albrecht Dürer* (Princeton, NJ: Princeton University Press, 1955), 56. 『인문주의 예술가 뒤러 1,2』(한길사) David H. Price, *Albrecht Dürer's Renaissance: Humanism, Reformation, and the Art of Faith* (Ann Arbor: University of Michigan Press, 2003), 62~64. 다음도 보라. 'Dürer, Albrecht', *Oxford Encyclopedia of the Bible and the Arts*, 2:28, 30~31. 뒤러의 작품은 1498년에 불가타 라틴어와 독일어로 된 본문을 싣고 각각 『그림이 있는 묵시록』과 『비밀스러운 계시』Die heimlich Offenbarung로 출간되었다.

8 뒤러의 작품 가운데 두 점은 크라나흐의 삽화 중 유사한 것을 찾을 수 없다. (1)

는 방식뿐만 아니라 성스러운 존재들과 인간들과 괴물들로부터 휘돌아 나오는 구불구불한 선에 화면을 가득 채운 인물들을 더해 예측할 수 없는 활력을 자아내는 방법을 뒤러에게서 배웠다. 하지만 크라나흐의 삽화는 중요한 측면에서 뒤러의 삽화와 차이를 보인다. 그는 인물과 요소의 숫자를 줄이는 등(예컨대 뒤러는 다섯 번째 인과 여섯 번째 인 장면을 한 삽화로 묘사했지만 크라나흐는 이를 두 삽화로 나누었다) 의도적으로 삽화를 단순화함은 물론, 루터의 본문과 세세한 부분에서 일치하게끔 삽화에 변형을 가했다. 그래서 뒤러는 요한이 "인자같이 생긴" 그리스도의 환상을 보고서 무릎 꿇고 경배하는 모습(계시 1:12~17)을 그리는 반면, 크라나흐는 (루터 성서를 비롯한 여러 판본의) 본문에서 요한이 그리스도의 발 앞에 "죽은 사람처럼"(1:17) 쓰러졌다고 한 것에 맞추어 그가 얼굴을 땅에 대고 엎드린 모습을 그린다.

그러나 뒤러의 작품과 크라나흐의 작품이 지닌 가장 커다란 차이점은 바로 크라나흐가 초자연적인 것을 다루는 방식에 있다. 뒤러는 신성한 존재와 악마 같은 괴물을 우리에게 친숙한 인간과 동물의 형태 및 비율을 가진 것으로 표현함으로써 초자연적인 소재를 자연주

요한의 순교, (7) 어린 양을 향한 경배 장면이 그것이다. 크라나흐의 작품 가운데 뒤러의 작품과 대응하지 않는 것은 다음과 같다. (4) 순교자들이 부활하여 흰 두루마기를 받는 다섯째 인 장면(계시 6:9~11. 뒤러의 다섯 번째 삽화는 다섯째 인과 여섯째 인 장면을 합쳐서 표현했다. 여섯째 인을 묘사한 크라나흐의 다음 삽화가 뒤러의 이 삽화와 유사하다), (8) 금관을 쓰고 전갈 꼬리를 가진 메뚜기들 장면(계시 9:1~12), (11) 짐승과 대적하는 두 증인 장면(계시 11:3~7), (14) 시온 산 위의 어린 양과 복음을 전하는 천사 장면(계시 14:1~8), (15) 분노의 포도주 술틀과 수확 장면(계시 14:9~20), (16) 분노의 대접 장면(계시 16), (18) 바빌론의 몰락과 왕과 상인들의 애도 장면(계시 18), (19) 용과 그 군대의 패배 장면, (21) 새 하늘 새 땅 새 예루살렘 장면(계시 21).

의적으로 다루었지만, 크라나흐는 이러한 존재들(특히 사악한 존재들)을 초자연적이고 부자연스러운 기이한 존재, 기괴한 존재로 만들었다.

힘의 근원은 입과 꼬리에 있다

죽음의 네 천사가 유프라테스강에서 풀려나 기마병을 이끌고 인류의 3분의 1을 죽인다는 내용에 대한 크라나흐와 뒤러의 묘사를 비교해 보자. 본래 계시록에 기술된 내용은 아래와 같다.

그래서 네 천사는 풀려났습니다. 그 천사들은 정해진 연 월 일 시에 사람들의 삼 분의 일을 죽이려고 준비를 갖추고 있었습니다. 내가 들은 바로는 그 천사들이 거느리는 기마병의 수효가 이억이나 된다는 것입니다. 그 말들과 그 위에 탄 자들의 모습이 내 눈에 비치었는데 그들은 불빛 같은 붉은 색이나 보라색이나 유황색의 가슴 방패를 붙였고 말들은 그 머리가 사자의 머리 같았으며, 그 입에서는 불과 연기와 유황을 내뿜고 있었습니다. 그 말들의 입에서 뿜어내는 불과 연기와 유황, 이 세 가지 재앙 때문에 사람들의 삼 분의 일이 죽고 말았습니다. 그 말들의 힘의 근원은 그들의 입과 꼬리에 있었습니다. 그 꼬리는 뱀과 같으며 머리가 달려서 그 머리로 사람을 해칩니다. (9:15~19)

분명 크라나흐는 전체 구도와 틀에서 뒤러를 따랐다. 두 도상 모두

그림 6.2. 알브레히트 뒤러, 여섯 번째 나팔 목판화. 『그림이 있는 묵시록』, 1498. 코네티컷 칼리지 웨트모어 소장품 제공.

그림 6.3. 루카스 크라나흐, 여섯 번째 나팔(계시 9:15-19) 목판화, 루터의 9월 성서, 1522. 에모리 대학교 캔들러 신학 대학 피츠 신학 도서관 리처드 C. 케슬러 종교개혁 소장품 제공.

수염을 기르고 긴 옷을 입은 하느님이 천상의 제단 뒤에 있는 보좌에 앉아 있고, 그의 머리에서는 빛줄기가 뿜어져 나온다. 하느님 양편에는 천사가 있고 오른편에 있는 천사가 여섯 번째 나팔을 불어 죽음의 천사들과 그들의 기마병을 풀어놓는다. 천상은 구름으로 둥글게 감싸져 아래 공간과 분리되며, 아래 공간에서는 수많은 인간이 칼을 휘두르는 날개 넷 달린 천사들에게 학살당한다. 그리고 두 도상 모두, 구름으로 둘러싸인 천상은 질서 잡혀 있고 비교적 정적이고 인물들이 대칭을 이루며 있는 반면, 전투가 벌어지는 아래 공간은 구불구불한 선들과 쭉 뻗은 선들이 움직임과 활력을 더한다. 크라나흐의 목판화가 뒤러의 목판화에 비하면 세부 묘사가 적고 질감이 매끄럽기는 하지만, 주요 인물, 기타 요소의 기본적인 구도와 배치는 매우 유사하다.

하지만 크라나흐의 삽화는 초자연적인 존재, 특히 기마병의 말을 표현하는 방식에서 뒤러의 삽화와 커다란 차이를 보인다. 뒤러의 작품에서 말들은 저 멀리 구름에서 나타나, 전투 중인 천사들에게 합류하려 한다. 말의 머리는 평범한 사자 모양이고 꼬리는 뱀보다는 말의 꼬리 같으며, 크기나 비율도 자연스럽고 평범해 보인다. 멀리서 보면 이 존재들은 그냥 말처럼 보인다.

이와 달리 크라나흐의 삽화에서는 모든 것이 기이하고 초자연적인 혼돈 상태다. 말들은 앞쪽 중앙, 즉 삽화의 한가운데이자 전투의 한가운데에 서서 인간들을 발굽으로 짓밟고, 천사들에게 달려들 것처럼 보인다. 말의 머리는 형태가 괴상하고 유령의 집 거울에 비친

듯 약간 일그러져 있다. 가장 눈에 띄는 것은 몸을 구부린 뱀 모양의 커다란 꼬리인데, 길이는 거의 말의 몸통만큼 길며 입을 벌리고 뾰족한 혀를 내밀고 있다. 말 같지 않게 흉측한 머리와 꼬리 때문에 이 존재는 말처럼 보이지 않는다. 요한의 말("그 말들의 힘의 근원은 그들의 입과 꼬리에 있었습니다")이 크라나흐의 그림에 대한 설명처럼 보일 정도다.

전투 장면도 뒤러의 삽화에 견주었을 때 크라나흐의 삽화가 더 혼란스럽고, 불안정하며, 갈피를 잡을 수가 없는 분위기를 자아낸다. 말들이 헤쳐나갈 때 인간들과 천사들은 온갖 방향으로 몸을 기울이고 굽히고 있다. 이 같은 소동이 벌어지는 동안 뱀 꼬리는 위쪽에서 몸부림치거나 웅크리고 있는데, 이 꼬리들은 기이하고 부자연스럽고 창자처럼 생긴 천상 아래 구름을 닮았다. 그리고 보라. 뱀 꼬리는 다섯이지만 말은 네 마리밖에 보이지 않는다. 단조롭게 질서 잡힌 천상의 풍경은 부자연스럽고 무질서한 지상의 풍경과 확연한 대조를 이룬다. 하느님은 직선과 직각, 하얗게 빈 공간이 단순한 대칭을 이루는 가운데 움직임 없이 앉아 있어 보는 이들에게 지상에서 벌어지는 폭력과 혼란을 주목하라고 말하는 것처럼 보인다.

계시록이 서술하는 초자연적 흉물들에 대한 크라나흐의 관심은 뒤러의 작품에 기초하지 않은 삽화에서 더욱 눈에 띄게 나타난다. 가장 인상적인 삽화는 다섯 번째 나팔이 울리고 지옥 구덩이가 열리면서 메뚜기처럼 생긴 악마들이 나와 의로운 이들을 괴롭히는 장면을 묘사한 것이다(계시 9:1~12). 계시록은 이 장면을 다음과 같이 서술한다.

그 메뚜기들(루터 성서는 '호이슈레켄'Heuschrecken이라고 옮겼다)의 모양은 전투 준비가 갖추어진 말 같았으며 머리에는 금관 같은 것을 썼고 얼굴은 사람의 얼굴과 같았습니다. 그것들의 머리털은 여자의 머리털 같았고 이빨은 사자의 이빨과 같았습니다. 그리고 쇠로 만든 가슴 방패와 같은 것으로 가슴을 쌌고 그것들의 날갯소리는 전쟁터로 달려가는 수많은 전투 마차 소리 같았습니다. 그것들은 전갈의 꼬리와 같은 꼬리를 가졌으며 그 꼬리에는 가시가 돋쳐 있었습니다. 그것들은 그 꼬리로 다섯 달 동안 사람들을 해칠 수 있는 권한이 있었습니다. (계시 9:7~10)

사자 머리에 뱀 꼬리가 달린 말처럼 여기서도 크라나흐는 이 기이한 인간-짐승 복합체를 가능한 한 서술 그대로 묘사하려는, 다소간 어처구니없는 노력을 기울였으며, 그 결과 거의 만화에서나 나올법한 오싹한 괴물을 만들어 냈다. 통통한 메뚜기 몸통은 인간의 갑옷으로 덮여 있고, 가시가 있는 전갈 꼬리는 길고 굵게 뻗어 있다. 이 괴물들은 왕관을 쓰고 있으며 얼굴에는 수염이 났고, 이가 다 드러나도록 웃고 있다. 그리고 왕관 아래로 뻗은 긴 금발이 얼굴 옆으로 흘러내린다. 이들은 죽은 사람 혹은 죽어 가는 사람 위로 기어서 돌아다닌다.

삽화 한가운데 구덩이에서는 불꽃과 연기가 거대한 나무 모양으로 뿜어져 나온다. 그 한가운데에는 사방으로 빛줄기를 발하는 천사의 얼굴이 보인다. 얼굴의 일부가 불꽃에 가려져 있는 이 천사는 아래편에서 일어나는 학살을 준엄하게 바라본다. 아마도 크라나흐라면

그림 6.4. 루카스 크라나흐, 다섯 번째 나팔(계시 9:1~12) 목판화, 루터의 9월 성서, 1522, 에모리 대학교 캔들러 신학 대학 피츠 신학 도서관 리처드 C. 케슬러 종교개혁 소장품 제공.

"모든 천사는 무섭다"라는 라이너 마리아 릴케Rainer Maria Rilke의 유명한 시구에 고개를 끄덕였을 것이다. 불길에 휩싸인 이 천사는 뒤러가 그린 천사들보다 훨씬 무섭다. 크라나흐는 요한의 무시무시한 종말론적 상상을 피해 가거나 자연화하기보다는 신성한 괴물을 가급적 요한이 서술한 대로 그려내려 했다. 이 괴물은 끔찍한 폭력을 일으키는 존재다.

악마는 삼중관을 쓴다

다른 삽화에서 크라나흐는 괴물을 만들어 내는 계시록의 또 다른 잠재력, 즉 교회의 적들과 정적들을 악마와도 같은 존재로 만드는 유용한 힘을 적극적으로 활용했다. 데이비드 프라이스David Price가 지적했듯 9월 성서는 "성서를 보급하고 대중이 가톨릭 교회를 향해 반감을 갖도록 만드는 이중의 기능"을 목표로 삼은 첫 인쇄본이었다.[9] 그리고 크라나흐의 삽화는 대중이 "가톨릭 교회를 향해 반감을 갖도록" 하는 데 커다란 역할을 했다. 예를 들어 "악마들의 거처가 되고 더러운 악령들의 소굴이" 된 타락한 바빌론, 세상의 모든 왕이 놀아난 바빌론(계시 18:2~3)을 묘사한 그의 삽화는 바티칸과 그 근처의 성천사성Castel Sant'Angelo(안에 하드리아누스Hadrian 황제의 묘가 있다)의 모습을 토대로 했다. 더욱 도발적인 요소는 창녀 바빌론과 성전 안의 구렁으로부터 올라온 짐승(계시록 11장 참조. 뒤러는 이를 그리지 않았다) 모두 교황의

9　David H. Price, *Albrecht Dürer's Renaissance*, 30.

삼중관을 쓰고 있는 식으로 묘사한 것이다. 그러므로 이 그림을 본 사람은 하느님의 사악한 적들과 로마 가톨릭 교회 및 교황을 연관 지어 생각하게 된다. 가톨릭 신자였던 작센 공작 게오르크George는 크라나흐를 신랄하게 비난했고 목판에서 삼중관 부분을 잘라내 더는 인쇄되지 않게끔 조치했다.[10] 그러나 바티칸과 바빌론을 시각적으로 연관 짓는 미묘한 요소는 사라지지 않았다(1534년 루터가 출판한 신구약 완역 성서에서는 보름스를 바빌론으로 묘사하는데, 보름스 협약Edict of Worms은 신성 로마 제국 내에서 개신교 신앙을 금한 바 있다).

크라나흐가 9월 성서에서 창녀 바빌론과 짐승을 교황에 연관시킨 것은 제네바 성서에도 영향을 미쳤다. 제네바 성서는 메리 여왕Queen Mary(1516~58년)의 개신교 박해를 피해 스위스로 망명한 잉글랜드 청교도 개혁자들이 1560년에 펴낸 유명한 영어 성서다. 이 책의 제1판은 계시록 11장에서 구렁으로부터 올라오는 짐승이 교황이라고 노골적으로 밝힌다. 이후 판본들은 한 걸음 더 나아갔다. 이를테면 1598년 판 계시록 주석은 교황 그레고리우스 7세Gregory VII가 "가장 끔찍한 주술사"이자 "악마의 노예"라고 말한다.[11]

앞서 언급했듯 계시록은 수많은 세월 동안 누군가를 '타자화'하는 기계로 빈번하게 이용되었으며 이는 종교개혁 시기도 마찬가지였다. 개신교에서는 계시록을 활용해 로마 가톨릭을 괴물로 만들었고 로마 가톨릭은 계시록을 활용해 개신교를 괴물로 만들었다. 각 전통에 속

---

10 Stephan Füssel, 'Cranach, Lucas the Elder', 249.

11 Timothy Beal, *Rise and Fall of the Bible*, 130.

한 종파들, 개인들은 계시록을 활용해 다른 개인들과 종파들을 괴물로 만들었다. 크라나흐의 삽화 이후 나온 심상들은 이 같은 '타자화하는 힘'을 점점 더 노골적으로 활용했다. 세상의 종말은 오지 않았지만, 삼중관을 쓴 짐승들은 끊임없이 등장했다.

루터는 혐오했지만

루터와 크라나흐의 신약성서는 대단한 성공을 거두었다. 3천 부에서 5천 부 사이를 찍은 1쇄는 거의 바로 매진되었고, 또 다른 판본인 '12월 성서'가 두 달 뒤에 출간되었다. 그다음 해에는 다른 출판사들에서 적어도 열한 번 이상 쇄를 거듭했다. 결론적으로 1522년에서 1525년 사이에 인쇄된 루터 성서는 최소한 43쇄, 86,000부였다.[12]

1534년 출간된 루터의 완역 성서는 크라나흐의 작업장에서 일하는 어떤 예술가(이름 첫 글자가 'MS'라는 사실 외에는 알려진 바가 없다)의 새로운 목판화를 담고 있었다. 크라나흐의 계시록 삽화 스물한 점은 전부 그대로 실렸고, 새로운 작품 다섯 점도 추가되었다. 구약에도 여든두 점의 삽화가 수록되었지만 이들 대부분은 삽화를 수록한 이전 성서들에 기초한 것이었고, 계시록을 제외한 신약의 삽화는 일곱 점뿐이었다(복음서마다 하나, 바울 서신에 둘, 베드로 서신에 하나).

루터의 완역 성서는 그의 신약성서만큼이나 전례 없는 성공을 거

---

12 9월 성서가 출판된 내력에 관해서는 다음을 참조하라. Mark U. Edwards Jr., *Printing, Propaganda, and Martin Luther* (Philadelphia: Fortress Press, 1994), 123~30. 그리고 다음을 참조하라. David M. Gunn, 'Bible Illustration', 6~8.

두었다. 비텐베르크에서 처음 이 성서를 출간한 한스 루프트Hans Lufft
는 이후 30년 동안 적어도 100,000부를 인쇄했고, 독일의 다른 지역
에서도 수없이 재쇄를 거듭했다. 어떤 판본들은 원본 목판을 이용해
삽화를 인쇄했고, 어떤 판본들은 더 작은 모조품을 이용했다.

오래지 않아 독일의 거의 모든 가정에서 크라나흐에 기반한 계시
록 삽화가 담긴 루디 성서를 한 부씩 가지고 있게 되었다.[13] 당시 독
일인들이 계시록 본문을 읽든 읽지 않든 이 그림들을 들여다보았을
가능성은 매우 크다. 실제로 내가 직접 살펴볼 수 있었던 초기 성서
들은 계시록 부분의 종이 가장자리에만 집중적으로 손때가 묻어 있
었다. 이는 루터 성서의 사용자들(반드시 독자는 아닐 수도 있다)이 얼마
나 계시록을 주목했는지 알려 준다.[14]

따라서 루터와 크라나흐의 신약성서와 마찬가지로 루터의 완역
성서에서 계시록은 성서의 다른 부분과 시각적으로 구별되었다. 이
는 삽화가 계시록에 집중적으로 배치되었기 때문이기도 하지만, 계
시록의 삽화들이 본문의 기이함을 반영하는 동시에 증폭하는, 초자
연적이고 기이한 심상들을 담고 있었기 때문이기도 하다. 계시록은
성서의 꽁무니에 위치한 문학적, 시각적 종말론이라는 꼬리다. 크라
나흐가 묘사한 말에 달린 뱀 꼬리처럼 이 꼬리는 성서라는 몸통에 걸

---

13 David M. Gunn, 'Bible Illustration', 7.

14 나는 1522년판 9월 성서는 물론이고,『독일어로 된 예언서』Die Propheten alle Deutsch
와 『외경』Apocrypha까지 한데 묶인 루터의 『신약성서』Das Newe Testament(Leipzig:
Nicolaus Wolrab, 1541), 그리고 루터의 채색판 『성서』Biblia(Nuremberg: Johann vom Berg
and Ulrich Newber, 1550) 역시 계시록 부분이 유독 닳아 있고 손때가 많이 묻었다
는 것을 확인했다. 모두 에모리 대학교 피츠 신학 도서관 특별 소장품 제공.

맞지 않게 기묘하고, 불안을 일으키며, 매혹적이다.

크라나흐의 계시록 목판화는 루터 성서와 이를 통해 새롭게 생명을 얻은 계시록의 생애에서만 중요한 것이 아니었다. 크라나흐의 작품은 이를 모방한 여러 삽화가를 통해서 루터 성서 이외의 성서에도 간접적으로 커다란 영향을 미쳤다. 예를 들어 D. 요한 디텐베르거D. Johan Dietenberger가 1534년에 내놓은 독일어 번역본은 같은 해 출판된 루터 성서에 대응하기 위해, 혹은 적어도 이를 대체하기 위해 로마 가톨릭의 입장에서 펴낸 성서였는데, 여기에는 크라나흐의 삽화와 매우 유사하지만 삼중관과 바티칸을 연상시키는 도상만 제거된 스물한 점의 계시록 삽화가 실렸다.[15] 디텐베르거 성서는 속표지 한가운데에 보좌에 앉은 교황 그림이 있고 그 주변이 호화롭게 장식되어 있는, 명백한 로마 가톨릭의 성서기 때문에 크라나흐에게 빚지고 있다는 사실이 더욱 인상적이다.

루터는 계시록이 해석되지 않은 "환상과 심상"만 제시하며 이들은 어떤 의미를 밝히기보다는 더 모호하게 만든다는 이유로 이 본문을 혐오했다. 하느님과 그의 천사들이 별다른 이유도 없이 뱀 꼬리 달린 말, 전갈 꼬리 달린 메뚜기떼를 보내 수많은 사람을 죽이고 고문한다

---

15 *Biblia: beider Allt unnd Newen Testamenten* (Mainz: Peter Jordan, 1534) 한스 제발트 베함Hans Sebald Beham과 안톤 뵌잠Anton Woensam이 제작한 스물한 점의 계시록 목판화는 뒤러보다는 크라나흐의 작품과 비슷하다(이를테면 "인자 같이 생긴 분" 그림 중 첫 번째 작품에서 요한은 무릎을 꿇지 않고 엎드리며, 다른 요소들도 크라나흐의 그림과 거의 동일하다). 뒤러에게는 없고 크라나흐에서만 나타나는 삽화(구덩이에서 올라오는 메뚜기 등)도 일부 포함되어 있다. 에모리 대학교 피츠 신학 도서관 특별 소장품 제공.

는 내용을 루터는 받아들일 수 없었다. 그는 자신의 성서에서 계시록이 떨어져 나가기를 바랐을 것이다. 하지만 현실은 그러한 바람과 반대로 흘러갔다. 많은 사람은 계시록을 보기 위해 성서의 다른 책들을 건너뛰었다. 크라나흐의 삽화들은 요한의 환상을 묘사하기는 했지만 그 의미를 해명하거나 해석하는 데에는 거의 도움이 되지 않고 그 기이함을 부각시켰을 뿐이다. 하지만 이 작품들 덕분에 계시록은 새롭고 초자연적인 생명력을 얻었으며 엄청나게 많은 독자가 새롭게 이 책에 열광했다.

07

신들과 괴물들의 새로운 세계

― 다른 종교를 타자화하기

인쇄 문화의 여명기에, 그리고 크라나흐의 시각적 묵시록이 담긴 루터 성서 이후에, 다중매체의 집합으로서 계시록은 더욱 빠르게 확장되고 확산되었다. 계시록의 조각들(이야기 형태의 조그만 심상들과 종말론적인 파편들)이 글로 된 성서의 맥락에서 떨어져 나와 새 매체 생태계에서 새 생명을 얻기 시작하자 계시록을 글로 된 하나의 전체로 보는 시각이 점차 사라졌다. 인쇄 매체와 그 이후 환경에서 계시록의 심상과 신화적 요소가 지닌 '상상을 낳는 불가해성'은 폭발을 일으켰다.

예를 들어 크라나흐의 목판화와 엄청난 인기를 끈 제네바 성서(1560년) 주석 이후 오늘날까지도 수많은 개신교인은 창녀 바빌론이 로마 가톨릭 교회를 가리킨다고 추측한다. 핼 린지의 『위대한 행성 지구의 만년』(1970년)이나 여호와의 증인의 『파수대 성서』에서는 바빌론이 무시무시한 종교적 단일 세계 정부를 가리킨다고 말한다. 남성들은 권력을 쥔 여성에 대한 혐오를 표현할 때 창녀 바빌론이라는 말을 쓴다. 인터넷에서 "창녀 바빌론"이라는 표현과 함께 힐러리 클린턴Hillary Clinton, 앙겔라 메르켈Angela Merkel, 미셸 오바마Michelle Obama 등의 이름을 검색하면 이러한 타자화 경향의 증거들이 넘쳐난다는 사실을 알 수 있을 것이다. 이와 비슷하게 숫자 666은 요한의 환상이라는 맥락에서 떨어져 나와 사악한 세계 지도자를 가리키는 암호로 통용되곤 한다. 사람들은 이름 철자 개수가 6-6-6이라는 이유로 666이 미국의 전 대통령 로널드 레이건Ronald Wilson Reagan을 가리킨다고 해석하거나, 이름의 철자에 대응하는 숫자를 더하면 666이라는 이유로 666이 아돌프 히틀러Adolf Hitler를 가리킨다고 해석했다(A는 100, B는 101, C는 102라는 식으로 대응시키면 HITLER는 107+108+119+111+104+117=666이다).

하지만 정작 히틀러는 자신과 나치가 계시록의 전투에 등장하는 하느님의 편이라고 믿었으며 자신의 정적들은 그리스도에게 거부당했다고 믿었다. 그는 자신이 구상한 제3제국을 "천년 제국"이라고 선전함으로써 그리스도의 재림으로 시작되는 천 년 통치(계시 20)와 자신의 통치를 동일시했다. 그리고 1932년에 벌인 운동에서는 자신의 정적들이 라오디게이아 교회처럼 미온적이라며 이 때문에 하느님이 그들을 뱉어 버릴 것이라고(계시 3:15~16) 비난했다. 히틀러는 선언했다.

하느님은 미온적인 자들의 멸망을 허락하셨기 때문에, 우리에게 승리를 안겨 주실 것입니다.[1]

히틀러가 계시록 전체는 고사하고 본인이 언급한 구절들을 제대로 읽은 적이 있는지조차 알 수 없으며 그것은 그리 중요한 문제도 아니다. 이 심상들은 특정한 성서 문헌의 맥락을 완전히 벗어난 그의 수사 안에서 효과적으로, 정말 강력하게 작동한다. 이 심상들을 맥락을 따져 세밀하게 검토했다면 이를 새로운 맥락에 적용할 수 있는지 묻게 되기 때문에 그 힘이 약화되었을 것이다.[2] 이제부터는 상상을 낳는 불가해성을 지닌 계시록 조각들이 끝없이 확장하는 다중매체의 장 속에서 어떻게 종말에 대한 상상과 결합했는지 그 과정을 추적해 보도록 하겠다. 계시록은 분열되고 파편화되는 방식으로 살아남았고 번성했다.

---

1 Gordon W. Prange, *Hitler's Words: Two Decades of NS, 1923-1943* (Washington, DC: American Council on Public Affairs, 1944), 89. David Sikkink and Mark Regnerus, 'For God and Fatherland: Protestant Symbolic Worlds and the Rise of German National Socialism', *Disruptive Religion: The Force of Faith in Social-Movement Activism* (New York: Routledge, 1996), 159에서 재인용. 다음도 참조하라. Elaine Pagels, *Revelations: Visions, Prophecy, and Politics in the Book of Revelation* (New York: Viking, 2012), 38. Richard Steigmann-Gall, *The Holy Reich: Nazi Conceptions of Christianity, 1919-1945* (Cambridge: Cambridge University Press, 2003)

2 Judith Kovacs and Christopher Rowland, *Revelation*, Blackwell Bible Commentaries (Oxford: Blackwell, 2004), 187. 여기서 저자가 창녀 바빌론 심상이 널리 퍼진 것과 관련해 지적하듯이, 이 심상은 "상세하게 분석되기보다는 그냥 적용되는 경향이 있다".

혼돈의 신들

앞서 이야기했듯 요한이 자신의 괴물들을 최초로 창조한 사람은 아니다. 그는 유대교 예언서와 고대 신화들에서 발굴한 옛 괴물들의 부분 부분을 모아 꿰매어 자신의 괴물을 만들어 냈다. 이렇게 만든 괴물 가운데 최고의 괴물은 "늙은 뱀이며 악마이며 사탄인"(계시 20:2) 붉은 용이다. 앞서 언급했듯 붉은 용은 히브리 성서에 등장하는 혼돈의 괴물들, 특히 이사야와 에제키엘, 시편 74편에 등장하는 레비아단이나 "바다 괴물"('탄닌'תַנִּין)과 매우 유사하다. 유대교 성서의 그리스어판인 70인역 성서는 이 괴물들을 모두 '드라콘'δράκων, 즉 '용'으로 옮겼다.

붉은 용의 계보를 더 깊이 파고들다 보면 훨씬 더 오래된 뱀 괴물들과 괴물 신들이 저 아래에서 꿈틀대고 있음을 쉽게 알 수 있다. 예를 들자면 그리스 신화에서 헤라클레스가 죽인 히드라Hydra, 레토의 아들 아폴론을 위협한 피톤Python, 그리고 짐작건대 고대 가나안의 혼돈 신 얌Yamm과 머리 일곱 달린 리탄Litan(히브리 신화의 레비아단)이 있을 것이며, 그 아래에는 어쩌면 바빌론 신화의 혼돈 모신 티아마트Tiamat, 혹은 베다의 뱀 악마 브리트라Vtra가 있는지도 모른다.[3]

---

3 5장 각주 11번을 보라. David L. Barr, 'Women in Myth and History: Deconstructing John's Characterizations', *A Feminist Companion to the Apocalypse of John* (New York: T & T Clark, 2009), 55~68. 여기서 저자는 계시록에 등장하는 모든 여성이 신화적 인물에 뿌리를 둔 "상징적 구성물"이라고 주장한다. 예를 들어 창녀 바빌론은 고대 근동의 혼돈 모신 티아마트에 뿌리를 두고 있다. 이러한 주장은 티아마트와 용사이의 흥미로운 잠재적 연관을 시사하는지도 모른다(계시록 12장 16절에서 용이 토해낸 강물을 삼킨 "땅"과의 연관도 암시된다). 고대 근동, 특히 바빌론과 가나안의 혼돈의 괴물들에 관한 상세한 논의, 이 괴물들과 히브리 성서의 레비아단, 얌, 탄

그렇게 요한은 다른 괴물들로부터 자신의 괴물들을 만들어 냈다. 그러나 일단 창조된 다음에는 요한의 괴물들도 자신만의 생명을 얻었고, 요한의 글을 떠나 다른 이들의 상상에 파고들었다. 요한이 만든 사악한 용은 다른 어떤 괴물보다도 재빠르게 요한의 글을 벗어났다. 예를 들어 그 기원이 6세기로 거슬러 올라가는 성 게오르기우스Saint George 전설에서는, 영웅이 (계시록 12장의 대천사 미카엘처럼) 용을 물리치고 공주를 구한 다음 공주의 아버지에게 약속을 지키라고 요구해서 그의 모든 백성이 세례를 받도록 만든다. 여기서 용은 가부장제, 국가, 영원한 구원의 적이다.

고대 잉글랜드의 서사시 『베오울프』Beowulf에서 기트족 마을을 공포에 몰아넣다가 영웅 베오울프와 함께 서로를 죽이며 파멸하는, 불을 뿜는 구렁 속 "땅의 용"eorð-draca에서도 우리는 이 사악한 용을 발견할 수 있다. 이 용이 아주 오래되었다는 사실, 이 용이 혼돈과 맹렬한 파괴의 대명사라는 사실, 이 용이 '드라카'draca('용')이자 '위름'wyrm('벌레' 혹은 '뱀')이라고 불린다는 사실을 볼 때 그 연원이 계시록에 있음은 분명하다. 계시록의 사악한 용처럼, 그리고 베오울프가 이전에 맞선 무시무시한 적인 그렌델처럼 이 용은 거룩한 축복을 받은 사회와 우주의 창조 질서를 위협하는 혼돈의 괴물이다.[4]

닌("바다 괴물"), 계시록의 용을 연결하는 언어학적 계보에 관한 분석은 다음을 참조하라. Timothy Beal, *Religion and Its Monsters* (New York: Routledge, 2001), 1, 2, 6장.

4   Seamus Heaney, *Beowulf: A New Verse Translation* (New York: Farrar, Straus and Giroux, 2000), ll. 2326~27. 『베오울프』 속 괴물들과 성서의 연관에 관한 상세한 논의는 다음을 참조하라. Timothy Beal, 'Beowulf', *The Oxford Encyclopedia of the Bible and the Arts* (New York: Oxford University Press, 2015), 1:89~93.

여기에 용이 있다

계시록의 붉은 용과 괴물로부터 이어져 온 괴물 만들기 전통에는 이보다 더 음흉한 사례도 있다. 오랜 기간 서구에서는 비서구 전통의 낯선 신들, 다른 민족의 신들을 그리스도교의 악마, 괴물로 만들곤 했다.

동아시아와 남아시아를 여행하다가 기괴한 형체를 맞닥뜨린 서구인들의 이야기는 적어도 13세기 말에서 14세기, 마르코 폴로Marco Polo와 포르데노네의 오도리코Odoric de Pordenone와 존 맨더빌 경Sir John Mandeville까지 거슬러 간다.[5] 이들은 일종의 판타지를 저술했고, 15세기 초에 나온 『세계의 불가사의』Livre des merveilles를 비롯해 삽화가 있는 여러 책에 그들의 글이 실렸다. 이 책들은 시각적 어휘의 상당 부분을 계시록으로부터 가져왔다. 예를 들어 마르코 폴로가 중국 카라잔 지방에서 보았다는 거대하고 게걸스러운 용은 커다란 날개를 가졌고 꼬리 끝에는 뱀 머리가 달렸다고 하는데, 이는 계시록 12장의 커다란 날개를 가진 용과 계시록 9장의 뱀 꼬리 달린 사자 얼굴 말에서 착안해 꿰어맞춘 것으로 보인다.

프란치스코회 수사이자 선교사로 1320년대에 아시아를 여행하고 자세한 기록을 남긴 포르데노네의 오도리코(1286~1331년) 역시 계시록

---

5 예술 작품에 나타난 유럽의 괴물 만들기 전통에 관해서는 다음을 참조하라. Partha Mitter, *Much Maligned Monsters: A History of European Reactions to Indian Art* (Chicago: University of Chicago Press, 1977 and 1992), 1~28. 나 역시 아주 많은 부분을 이 연구에 의존했다. 다음에 담긴 논의도 참조하라. Timothy Beal, *Religion and Its Monsters*, 103~22.

의 심상들을 빌려 자신이 만난 생물들을 묘사했다. 그가 보고한 여러 불가사의한 것들 가운데에는 시체가 사방에 흩어져 있는 "위험천만한 계곡"이 있는데, 여기에는 영혼을 포로로 잡는 날개 달린 악마가 산다. 오도리코가 무언가 맞닥뜨린 것이 사실이라면, 그 정체는 불확실하기는 하지만 거대한 부처상이었을 수도 있다. 그러나 미술사학자 파르타 미터Partha Mitter의 지적처럼 오도리코와 그의 삽화가들은 아시아의 엄청난 악마들을 이야기하는 알렉산드로스 대왕Alexander the Great의 원정 전설이라는 "널리 알려진 굉장한 전승"의 영향으로 아시아에서 악마 같은 괴물들을 찾을 생각에 여념이 없었다. 그들은 자신들이 본 '악마'를 요한이 만든 용, 커다란 날개가 달린 악마와 쉽게 결합했다.[6] '알려지지 않은 땅'terra incognita에는 '여기에 용이 있음'hic sunt dracones이라고 경고문을 적어 두곤 했던 고대의 지도들처럼, 알렉산드로스 전설은 사악한 괴물들을 어디에서 찾을 수 있는지 좌표를 찍어 주었고, 계시록 전승은 이 괴물이 어떻게 생겼을지 예측하게 해 주었다.

캘리컷의 악마

계시록의 악마를 인도의 신에게 투사한 가장 널리 알려진 예는 "캘리컷의 신"God of Calicut이다. 이 괴물은 이탈리아의 여행가이자 일기 작가인 로도비코 데 바르테마Lodovico de Varthema가 『여행기』Itinera-

---

6 Partha Mitter, *Much Maligned Monsters*, 12.

rio(1510년)에서 처음 묘사한 뒤로 책이 판을 거듭하고 다른 여행 서사물에도 나타나면서 수 세기 동안 이름을 떨쳤다. 수많은 유럽인은 이 심상이 인도의 끔찍하며 소름 돋는 신학적 상상력과 인도 토착 종교 관습의 전형이라 생각했다.

바르테마가 인도 남부의 도시 캘리컷(코지코드)에 머무를 때, 그가 "악마를 숭배하는 이교도"라고 부른 "캘리컷의 왕"은 그에게 자신의 집에 있는 작은 신당을 보여 준다. 바르테마는 캘리컷의 최고 신을 악마들에 둘러싸인 사악한 대립 교황처럼 묘사한다.

그의 신당은 네 면의 너비가 두 보폭에 높이가 세 보폭이고, 나무로 된 문에는 악마들이 양각으로 새겨져 있다. 이 신당 한가운데에는 금속으로 만들어진 악마가 역시 금속으로 만들어진 대좌 위에 놓여 있다. 이 악마는 교황의 관을 닮은 삼중관을 쓰고 있으며, 네 개의 뿔과 네 개의 이빨, 커다란 입과 코, 무시무시한 눈을 가지고 있다. 손은 고기를 걸어 두는 갈고리처럼 생겼고, 발은 수탉과 같아서, 바라보기가 두려운 모습이다. 신당 주변에는 온통 악마의 그림들이 있고, 각 면에는 대좌 위에 앉은 사타나스(사탄)들이 있으며, 이 대좌는 불길에 휩싸여 있고, 불길 안에는 손가락 반 개 혹은 한 개 길이의 수많은 영혼이 있다. 그리고 사타나스는 오른손으로 한 영혼을 집어 입에 넣고, 다른 손은 허리 아래에서 다른 영혼을 붙잡고 있다.[7]

---

7 *The Itinerary of Lodovico de Varthema of Bologna from 1502-1508* (London: Argonaut Press, 1928), 55~56. 바르테마의 여행기는 1510년 이탈리아어로 처음 출간되었고 1511

파트모스의 요한의 묘사에 비길 만한 장면이다. 미터의 지적처럼 바르테마는 중세의 지옥과 최후의 심판 심상에 많이 의존하고 있고, 이는 상당 부분 계시록의 종말론적 심상에 뿌리를 두고 있다.[8] 서로 다른 생물의 혼합체(뿔과 왕관, 고기 걸이 같은 손, 수탉 같은 발)인 사탄이 오른손으로 영혼을 잡아 입에 넣고 다른 손으로 영혼을 붙잡고 있다는 서술은 단테의 「지옥편」Inferno에 등장하는 악마 묘사와 닮았을 뿐 아니라, 기이하게도 계시록 초반에 등장하는 서로 다른 요소의 혼합체인 그리스도가 오른손에 일곱별을 쥐고 입에서는 칼이 나온다는 묘사(계시 1:16)와 닮았다. 짐작건대 그 신성한 형체의 무시무시함이 잠재의식에 남아 있었을 것이다.

오도리코의 경우와 마찬가지로 바르테마가 본 신당 안에 정말로 무엇이 있었는지는 알 수 없다.[9] 그가 묘사하는 장면은 실제 당시 인도보다는 성서에 나온 장면에 가깝기 때문이다. 그가 '본' 것은 계시록의 사악한 괴물을 투사한 것이었을 뿐이다. 이후 『여행기』를 펴낼 때 참여한 삽화가들도 마찬가지였다. 1516년의 독일어판에 실린 아우크스부르크 출신 화가 외르크 브로이Jörg Breu의 목판화는 이 장면을 일종의 사악한 반反 미사anti-Mass로 묘사한다.[10]

년 라틴어로 번역되었다. 리처드 에덴Richard Eden의 1577년판 영역본은 라틴어판을 대본으로 삼았다.

8   Partha Mitter, *Much Maligned Monsters*, 17~18.

9   이 신당 안에 있던 형상들의 모습을 재구성하려는 시도는 다음을 보라. Jennifer Spinks, 'The Southern Indian 'Devil in Calicut' in Early Modern Northern Europe: Images, Texts and Objects in Motion', *Journal of Early Modern History* 18 (2014), 15~48.

10   Jörg Breu, 'Idol von Calicut', Ludovico de Varthema, *Die Ritterlich und lobwürdig Reisz*

그림 7.1. 외르크 브로이, 캘리컷의 우상. 로도비코 데 바르테마의 『고귀하고 칭송할 만한 여행』(Die Ritterlich und lobwirdig rayss)의 첫 번째 독일어판, 1516.

브로이는 바르테마가 신당 가운데 있다고 서술한 사탄을 신당 옆면에 있는 기괴한 형체들과 하나로 합친다. 교황의 삼중관을 쓴 뿔달린 악마는 지옥에 떨어진 영혼들로 식사를 하고, 긴 옷을 입은 인물은 옆에 서서 향로를 들고 향을 피운다. 이처럼 브로이의 삽화는 유럽인들에게 친숙한 그리스도교 예배의 모습을 지옥과 최후의 심판이라는 종말의 심상과 결합함으로써 종교적 친밀성과 종교적 타자성이 뒤섞인 불경한 혼합물을 만들어 냈다.

이후에 나온 여행담들은 바르테마의 캘리컷 악마 묘사를 활용해

(Strassburg, 1516), http://www.musethno.uzh.ch/static/html/de/ausstellungen/2005/Blick_nach_Indien/Pressebilder/pressebilder.html. 브로이의 종교적, 정치적 맥락에 관해서는 다음을 참조하라. Pia F. Cuneo, *Art and Politics in Early Modern Germany: Jörg Breu the Elder and the Fashioning of Political Identity ca. 1475-1536* (Leiden: Brill, 1998), 15~81.

이 장면의 종말론적 의미를 증폭시키곤 했다. 네덜란드 상인이자 동인도 탐험가이며 인도 고아에서 포르투갈 총독 비서로도 일했던 얀 하위헌 판 린스호턴Jan Huygen van Linschoten(1563~1611년)은 16세기 말에 출간한 그의 유명한 여행기에서, 바르테마의 작은 신당을 "거룩한 예배당, 아니, 차라리 악마의 예배당"이라 일컫는 커다란 예배당으로 확장하고 악마 신에게는 몇 개의 뿔과 두 번째 얼굴을 더해 계시록과의 연관성을 노골적으로 드러냈다.

마침내 도착한 마을에는 돌로 된 거대한 예배당이 있었다. 그곳에서 우리는 한가운데에 걸려 있는 커다란 신상 그림을 발견했는데, 이것은 몹시 일그러지고 기형적인, 지금껏 본 적 없는 무시무시한 형상이었으니, 뿔이 여러 개 있고 입 밖으로 긴 이빨이 튀어나와 무릎까지 닿았으며 배와 배꼽 아래로는 뿔과 엄니가 여럿 달린 또 다른 얼굴이 있었다. 머리 위로는 교황의 삼중관과 크게 다르지 않은 삼중으로 된 주교관이 있어서, 묵시록이 서술하고 있는 괴물처럼 보였다.[11]

17세기 초에 이르러 유럽인들은 인도 종교를 계시록의 사악한 괴물을 숭배하는 종교로 묘사했다. 당시에는 인도인들을 사탄과 그의 짐

---

11   The Voyage of John Huyghen van Linschoten to the East Indies: From the Old English Translation of 1598 (London: Hakluyt Society, 1885), 1:296~97. 번역자에 따르면 네덜란드어 원문은 이빨이 아래로 무릎까지 닿는다고 서술하지는 않고 턱에 걸쳐 있다고 묘사한다.

승에 의해 기만당한 군중으로 묘사하는 것이 거의 표준이었다. 이러한 묘사는 인도 종교의 풍부한 시각 문화에서 나온 것이 아니라 유럽의 성서 해석 전통, 특히 사악한 용과 그 짐승을 서술하고 묘사하는 계시록의 전통에서 취한 관습적 용어와 심상에서 나온 것이다.[12]

자신에게 친숙한 종말론적 심상을 낯선 종교의 심상과 관행에 투사하는 행위는 식민지 담론에서도 똑같이 나타났다. 호미 K. 바바 Homi K. Bhabha가 지적하듯 이러한 투사는 어떤 문화적 타자를 "'타자' 인 동시에 전적으로 가시적이고 인식 가능한 사회적 현실"로 만든다.[13] 동일성과 차이, 끌림과 혐오라는 양면의 유희가 수반되는 이 역학을 통해 우리는 친숙한 악마의 심상을 낯선 종교 문화에 투사하고 다른 사람들이 예배하는 신을 괴물로 만들어 버림으로써, 독특하고 단순화될 수 없는 차이를 단순화시켜 우리의 의미 체계 안에 집어넣는다. 유럽 그리스도교인들이 새로운 세계에서 마주한 다른 종교를

---

12 유럽인들이 인간 제물을 받아 삼키는 인도의 신들을 묘사한 것은 종교적 타자성을 지닌 성서 속의 또 다른 존재를 암시하는지도 모른다. 히브리 성서의 여러 구절에서 몰렉은 인간 희생 제사와 자주 연관된다. 그는 성서의 하느님과 경쟁 관계이며, 특히 아동 희생 제사를 금지하는 맥락에서 언급되곤 한다(2열왕 23:10, 레위 18:21, 20:2~5, 1열왕 11:7, 예레 32:35, 사도 7:43). 다음을 참조하라. George C. Heider, *The Cult of Molech: A Reassessment* (Sheffield: Sheffield Academic Press, 1985) 그리고 다음도 참조하라. John Day, *Molech: A God of Human Sacrifice in the Old Testament* (Cambridge: Cambridge University Press, 1990)

13 Homi K. Bhabha, *The Location of Culture* (London and New York: Routledge, 1994), 70~71. 『문화의 위치』(소명출판) 그리고 다음을 참조하라. Stephen D. Moore, 'Mimicry and Monstrosity', *Untold Tales from the Book of Revelation: Sex and Gender, Empire and Ecology* (Atlanta: Society of Biblical Literature, 2014), 13~38. 여기서 저자는 식민주의의 양면성, 혼종성, 모방이라는 바바의 비판적 범주에 호응하여, 계시록 본문 속에서 로마 제국과 관련된 동일한 역학을 발견해 낸다. 로마 제국이 천상의 제국으로 대체되는 환상을 통해, 계시록은 궁극적으로 제국주의 이데올로기에 저항하기보다는 이를 다시 새겨 넣는 것은 아닐까?

계시록의 괴물 신을 가지고 해석하는 과정은 이를 잘 보여 준다. 그들은 '친숙한 타자성'을 지닌 심상을 만들어 냈고, 동양 종교에 씌운 저 심상에 대항하는 방식으로 자신들의 그리스도교인으로서의 정체성을 구축했다.

소규모 악마 수업

안타깝게도, 이후 나타난 여러 그리스도교 복음화 운동은 다른 종교의 신에 계시록의 괴물들을 투사하는 관행을 이어받았다. 이 운동에 몸담은 이들은 다른 종교의 신이 자기와 자기의 우상들을 숭배하도록 사람들을 기만한다고 주장했다. 그리스도교 작가이자 편집자이고 런던 출신 선교사이며 수단 연합 선교회의 공동 창립자인 루시 이밴절린 기네스Lucy Evangeline Guinness는 계시록의 끔찍하리만치 공포스러운 어휘가 선교지로의 부름을 적은 글에서 어떻게 사용될 수 있는지 보여 주는 전형이다. 유명한 선교사인 아버지 그래턴 기네스Grattan Guinness와의 여행을 기록한 책 『20세기의 새벽 인도를 가로지르다』Across India at the Dawn of the 20th Century(1898년)에는 인도 선교를 향한 세기말의 열정이 가득 담겨 있다. 그녀는 자신이 만난 사람들이 악마와 악령 숭배에 빠져 있다고 진심으로 믿고 안타까워하면서, 땅 위의 모든 사람이 악마인 용과 그의 무시무시한 두 짐승과 짐승의 우상에 경배하는 환상(계시 13)을 연상시키는 글을 썼다.

아, 인도여! 그대의 맹목은 순전한 무지에서 오는 맹목이 아니라, 거짓, 환상적인 거짓, 더러운 거짓, 문둥병 걸린 거짓, 사악한 거짓에서 오는 것, 그대의 치욕을 누구나 알고 있지. … 그대의 신들은 굽실거리는 짐승들일 뿐. … 그들은 추잡한 성소에서 경배자들을 노려보고, 그들의 이름은 군단이며, 그들의 전설은 악명 높고 무시무시하네. 그대의 신들이란 악마들, 그대의 신전이란 복마전伏魔殿, 하느님의 형상을 따라 창조된 수백만 사람들이 짐승과 악마들 앞에 서고 그들이 거룩한 존재인 양 엎드리는 곳. … 그대는 계시의 빛을 결코 알지 못했지. … 누가 그대를 캄캄한 감옥에서, 지긋지긋한 우상들의 방에서 꺼내 줄 것인가?[14]

기네스는 서구 그리스도교인들에게 인도 선교를 후원해 달라고 호소하면서 이 "하느님의 형상을 따라 창조된 수백만 사람들"이 가짜 신들에게 현혹된 피해자라고 침통해했다. 그리고 "계시의 빛"은 이 가짜 신들의 신전이 "짐승과 악마들"의 "복마전"이라는 사실을 드러낼 것이라고 믿었다.[15]

한때 다른 종교를 향했던 서구 그리스도교의 '괴물 만들기'는 지난 세기 서구로 '귀환'해 뿌리내렸다. 1960년대 이래 미국 곳곳에서 그리스도교 우파가 부상한 현상은 여러모로 종교의 다양성이 증가한 것

---

14 Lucy Evangeline Guinness, *Across India at the Dawn of the 20th Century* (Religious Tract Society, 1898), 199.

15 "그대의 치욕을 누구나 알고 있지"라는 기네스의 선언은 계시록 18장에서 여성으로 의인화된 바빌론을 잔인하게 모욕하는 내용을 떠올리게 한다(에제키엘 16장과 예레미야 13장도 보라).

에 대한 반발로 볼 수 있다.[16] 그리스도교 우파의 가장 분명한 강령은 낙태 반대와 동성애 반대다. 하지만 이 운동에 속한 구성원들이 초창기부터 가장 열을 올렸던 일은 비그리스도교, 특히 불교와 힌두교를 기괴한 악마 숭배로 매도하는 것이었다.

예를 들자면 텔레비전 전도사이자 그리스도교연합Christian Coalition 지도자이고 1988년 대통령 후보였던 팻 로버트슨Pat Robertson은 요가를 하는 그리스도교인들은 무심결에 악마를 숭배하는 것이라고 오랫동안 믿었다. 요가는 "놀라운 '신적 의식'이나 초자연적 힘이 아니라 사탄, 악마들과 접촉하는 것"이라고 그는 말했다.[17] 계시록 이해에 기반을 둔 종말론적 전망과 요가에 관한 주장을 연결해 로버트슨은 "새로운 세계 질서"가 곧 세워질 것이고, 그리스도교인들이 신으로 가장한 사탄과 그의 짐승들에게 더는 맞서 싸우지 못하리라고 생각했다.[18]

요가가 사탄이나 그의 짐승을 숭배하게 되는 관문이라는 믿음은 오늘날까지도 보수 그리스도교인 모임들에서 흔히 찾아볼 수 있다. 워싱턴주 시애틀의 마스 힐 교회 목사였던 유명 목회자 마크 드리스콜Mark Driscoll은 요가의 영적 위험성을 설파하곤 했다. 2010년의 한 설

---

16 아시아에서 미국으로의 이민이 가장 크게 증가한 것은 1965년의 이민국적법 덕분이었다. 이 법은 기존에 미국에 거주하던 민족별 인구와 이민자 숫자를 연동하던 할당 체계를 폐지했다. 이 무렵부터 흥성한 그리스도교 우파에 관해서는 다음을 참조하라. Steven P. Miller, *The Age of Evangelicalism* (New York: Oxford University Press, 2014)

17 Pat Robertson, *Answers to 200 of Life's Most Probing Questions* (Nashville, TN: Thomas Nelson, 1984), 142. 다음도 보라. Ken Philpott, *A Manual of Demonology and the Occult* (Grand Rapids, MI: Zondervan, 1976), 137, 138, 163.

18 Pat Robertson, *The New World Order* (Dallas: Word Publishing, 1991)

교에서 그는 그리스도교인들이 요가를 멀리해야 한다고 역설했다.

요가는 악마의 활동입니다. 여러분이 소규모 요가 수업을 등록한다, 이건 소규모 악마 수업에 등록하는 거예요.[19]

이러한 경고는 우리가 다른 종교의 명상 활동에 참여할 때 부지불식간에 "암흑의 권세"에 사로잡힐 수 있다는 생각과 결합되곤 한다.

이런 동양식 영성 활동을 하는 건 암흑의 권세를 지지하는 겁니다.

마녀에서 그리스도교인이 되었다고 자처하는 어떤 사람은 2016년에 올린 한 간증 영상에서 말했다.

이런 걸 실생활에서 하다 보면 악마들, 악령들을 집으로 불러들이고 가족들한테 불러들이는 거예요.[20]

이와 유사하게 2015년 아일랜드 드럼전에서 가톨릭 미사를 집전하던

---

19 Janet I. Tu, 'Yoga 'Demonic'? Critics Call Ministers' Warning a Stretch', *The Seattle Times*, October 11, 2010.

20 Beth Eckert, http://theothersideofdarkness.com, Czarina Ong, 'Witch-Turned-Christian Says There Is a Connection Between Yoga and Satan', *Christianity Today*, December 18, 2016. 버지니아주 부지사 후보이자 목회자인 E. W. 잭슨E. W. Jackson에 관한 다음 글도 참조하라. Garance Franke-Ruta, 'GOP Candidate: Yoga Opens You to Satanic Possession', *The Atlantic Monthly*, June 5, 2013.

신부 롤런드 콜훈Roland Colhoun은 경고했다.

> 요가를 하고 인디언 헤드 마사지를 받다 보면 암흑의 권세로 빠지는
> 겁니다.[21]

이 "암흑의 권세"라는 관념은 바울이 골로사이인들에게 보낸 편지(골
로새서) 중 하느님이 "우리를 암흑의 권세('엑수시아스'ἐξουσίας, 즉 '통제',
'지배')에서 건져내시어 당신의 사랑하시는 아들의 나라로 옮겨주셨"
다고 적은 데에서 나왔다. 이 본문은 본래 어두운 무지 상태를 벗어
나 하느님이 다스리는 빛으로 가게 되었다는 전적으로 긍정적인 모
습을 담고 있다. 그러나 아우구스티누스의 『신국론』에서 이 "암흑의
권세"는 (하느님의 도시가 아닌) 지상의 도시, 속절없이 악마에게 넘어
가 마침내 계시록에 나타난 "둘째 부활" 이후 최후의 심판에서 영원
한 벌을 받도록 예정된 도시와 동의어가 되었다.[22]

아우구스티누스는 하느님의 도시에 속한 사람과 영원한 벌을 받
을 사람이 정해져 있다고 믿었기 때문에 "암흑의 권세"가 신자에게는
아무런 힘도 행사할 수 없다고 생각했다. 그러나 더 많은 그리스도교
신학자들은 이 권세가 언제나 존재하는 위협이고, 우리는 언제나 세
계에서 작동하는 악마의 힘에 현혹당해 끌려 들어갈 수 있다고 믿었

---

21 Alison Lesley, 'Catholic Priest Links Yoga and Satan During Satanism Sermon', *World Religion News*, March 6, 2015.

22 Augustine, *The City of God*, 2:20.7, 2:18.31.

다.[23] 이 같은 믿음과 타 종교의 신을 계시록의 악마로 간주하는 그리스도교의 전략이 결합한 결과, 많은 그리스도교인은 무해하고 평화로워 보이는 요가나 불교 명상 같은 것들이 지옥으로의 길을 닦을 수도 있다는 두려움에 사로잡혔다. 구원은 확정되지 않았다고, 사방에 존재하는 사악한 힘을 경계하지 않으면 언제든 구원은 무효화될 수도 있다고 그들은 믿었다. 이러한 믿음을 지닌 이들은 구원으로부터 암흑의 권세로 향하는 미끄러운 비탈길이 있다고, 요가나 다른 비그리스도교 명상의 형태를 한 악마들의 활동이 언제나 신앙의 약한 고리를 노리고 있다고 사람들에게 경고했다.

구제

암흑의 권세를 경계하는 그리스도교인들의 종말론적 상상에서 신이 괴물로 변한 사례로 바르테마가 전한 캘리컷의 악마와 드리스콜이 말한 시애틀의 "소규모 악마 수업"은 긴 시간의 간극이 있다. 하지만 어떤 측면에서 둘은 매우 가까이 있다. 이번에는 요가가 암흑의 권세로 향하는 악마의 지름길이라고 생각하는 종말론적 두려움과, 인도의 신들을 계시록의 용과 짐승으로 간주하는 초기 식민주의적

---

23 우리가 구원받지 못하도록 만드는 사악한 유혹인 "암흑의 권세"라는 그리스도교 관념이 오늘날 널리 퍼져 있는데, 이것의 선례로 '암흑의 나라에 관하여'라는 제목이 붙은 토머스 홉스Thomas Hobbes의 『리바이어던』Leviathan(1651년) 제4부를 들 수 있다. 여기에서 홉스는 무지로 인한 영적 어둠뿐 아니라 사탄, 악마, 유령, 환각의 영 등 다양한 이름을 가지고 나타나는 "기만자들의 연합"을 이야기한다. 악마와 괴물의 삽화가 첨부된 다음 목록도 참조하라. Robert Burton(Nathaniel Crouch), *The Kingdom of Darkness* (London: A. Bettesworth and J. Batley, 1728)

투사가 결합된 이야기를 소개하고자 한다.

코리나Corinna는 10년째 요가 강사로 일하고 있었다.[24] 그녀는 많은 그리스도교인이 요가를 악마의 활동으로 여긴다는 사실을 알았지만 이에 동의하지는 않았다. 자신의 그리스도교 신앙이 굳건하다고 믿은 그녀는 "악마가 몇몇 동작이나 움직임에 대해서 지적 재산권 같은 게 있다는 생각이 못마땅했"다. 그런데 어떤 목사(그녀는 이 목사의 웹사이트에 자신의 이야기를 공개했다)가 그녀에게서 "동양 의술 악마"를 몰아내자 그녀는 요가에 대해서도 노심초사하게 되었다.

저한테 동양 의술 악마가 붙어 있었다는 깨달음 때문에 충격을 받아서, 요가 악마도 붙어 있을 수 있겠다고 생각하게 됐습니다.

요가를 하다가 무심결에 불러낸 "힌두교의 영"이 성령을 대체하면 어쩌나 코리나는 두려워했다.

그녀는 금식하고 기도하면서 하느님에게 답변을 간청했다. 그리고 코리나에 따르면 "그분께서는 친절하게도 제게 악몽을 내리셨"다.

저는 평소에 요가를 가르치던 곳처럼 되어 있는 방에 있었습니다. 어떤 여자가 요가 매트 위에 비스듬히 앉아 있었어요. 그 사람은 저한테 "저는 여기 살아요"라고 말했습니다. 그 옆에는 몸집이 엄청

---

24 Corinna Craft, 'Testimony of Deliverance from a Demon of Yoga', Deep Healing International.

큰 보디빌더가 밀리터리 프레스를 하고 있었습니다. 그다음 저는 집에서 요가 교재나 안무나 인쇄물을 준비하는 방에 있었습니다. 향로 비슷한 걸 켰고 연기가 나기 시작했어요. 뒷마당으로 난 창문 밖을 봤는데 숨이 턱 막혔습니다. 힌두교 신들한테 바치는, 엄청 크고 공기를 넣어서 부풀리는 야광 제단이 있고 연회석이 있었는데 거기에 제 자리도 있었습니다. 저는 너무 무서워서 그것들을 다 치워 버리고 싶었는데, 축제 때 쓰는 커다란 용이 무슨 연이나 바람 자루처럼 창문 앞으로 날아와서 저한테 얼굴을 들이미는 거예요. 저는 거기다 대고 저주하고 창문을 두드렸습니다. 예수님을 부르니 그제서야 물러가더군요.

코리나는 악몽을 되새겨 보기 시작했다. 어째서 인도의 신들과 용이 장난감처럼 보였을까? 그녀는 자신도 모르게 위험한 어떤 것을 장난 감처럼 가지고 놀고 있었기 때문이라는 결론을 내렸다.

코리나는 요가 악마가 자신에게 붙었다고 확신했고, 이 악마가 내쫓기는 모습을 보려고 거울 앞에 섰다. 그녀의 회상에 따르면, 악마에게 나가라고 명령하자 처음에는 기분 좋은 "힘이 솟구치고 온몸이 붕 뜬 느낌"이 들었다. 하지만 이는 오래 가지 않았다.

그다음에 험악하고 추하고 뱀 같은 표정이 제 얼굴에 나타났습니다. 에너지가 생기고 뱀 얼굴이 나타나는 건, 힌두교 그림에서 쿤달리니라는 에너지가 척추 아래에 코브라처럼 똘똘 감겨 있다가 열렬한 요가 수행자의 제3의 눈이라고 부르는 머리끝 크라운 차크라까지 올라가는 것과 관계가 있습니다.

악마는 처음에 자기가 그리스도를 섬긴다고 주장했지만, 계속 압박하자 사탄을 섬긴다고 실토했다. 그녀는 "성령의 힘으로 악마를 엄하게 심문"했고, 이 악마가 요가는 무해한 운동일 뿐이라고 거짓말을 함으로써 무고한 사람들을 사로잡았다는 사실을 알게 되었다. 그녀는 결론 내린다.

악마는 이런 속임수를 써서 그리스도인들이 체중 감량, 신체 단련, 스트레스 감소라는 명분으로 자기도 모르게 우상 숭배를 하게 만듭니다.

물론 요가의 악마적 타자성을 이야기하는 이러한 간증은 바르테마까지 갈 것도 없이 한 세기 전 그리스도교 선교사들이 만들어 낸 무시무시한 그림들의 방과도 다르다. 하지만 이것들은 모두 괴물을 만드는 이들의 경전인 계시록까지 거슬러 올라가는 '종교적 타자를 괴물로 만들기'를 수행한다. 앞에서 이야기했듯 계시록은 무언가를 타자화하는 기계다. 나와 세계, 나와 다른 누군가 사이에 계시록을 놓으면 그 차이는 악마화된다. 내가 속한 세계와 다른 세계는 악마의 소굴이 되고, 나 혹은 우리와 다른 누군가는 악마에 사로잡힌 존재가 되며, 나의 하느님과 다른 신은 악마가 된다.

나는 나약하지만 '그들'은 강력하다. 다른 신들, 악마들은 '나'를 구슬리고 현혹해 암흑의 권세로 끌어들이려 한다. '그들'은 무해해 보이는 소규모 요가 수업, 불교 명상, 중국 의학으로 먼저 다가올 것이다. 그렇게 나는 나도 모르게 우상에게 바친 음식을 먹게 된다(계시 2:14, 20). 우리는 우리도 모르는 사이에 "사탄의 비밀"(2:24)을 배우고 있다. 우리는 사탄인 용과 그의 짐승들과 짐승의 우상을 숭배하고 있으며(13:1~15), 그 낙인을 받았다(13:16~18).

이 같은 종말론적 괴물 만들기 과정은 괴물이 되는 대상들, 즉 방문자, 이민자, 이방인, 사회 주변부에 있는 구성원들이 현실적으로 취약하다는 사실을 부인하게 만든다. '괴물'이 된 이들의 인간성은 부인되고 이들을 향한 폭력은 정당화된다. 더 나아가 이들을 향한 폭력은 선과 악, 하느님과 사탄의 우주적 대결의 일부로 추켜올려져 칭송받기까지 한다. 이 대결은 최후의 심판으로 끝이 날 것이고 우리는 이 심판을 준비해야 한다면서 말이다.

08

차고 안의 천국

― 제임스 햄프턴의 보좌의 방

그 뒤에 나는 하늘에 문이 하나 열려 있는 것을 보았습니다. 그리고
처음에 내가 들었던 음성, 곧 나에게 말씀하시던 나팔 소리 같은 그
음성이 나에게 "이리로 올라오너라. 이후에 반드시 일어날 일들을
보여주겠다." 하고 말씀하셨습니다. 그러자 곧 나는 성령의 감동을
받았습니다. 그리고 보니 하늘에는 한 보좌가 있고 그 보좌에는 어
떤 분이 한 분 앉아 계셨습니다. 그분의 모습은 벽옥과 홍옥 같았으
며 그 보좌 둘레에는 비취옥과 같은 무지개가 걸려 있었습니다. 보
좌 둘레에는 또 높은 좌석이 스물네 개 있었으며, 거기에는 흰옷을
입고 머리에 금관을 쓴 원로 스물네 명이 앉아 있었습니다. (계시
4:1~4)

1950년, 한 남자는 워싱턴 DC 노스웨스트 7번가에 있는 오래된 차고를 월세 50달러에 임대하면서 "작업 중인 물건"이 하숙집에 두기에는 너무 커졌다고 차고 주인에게 말했다. 그 후로 14년 동안, 스스로 성 야고보라고 칭하곤 했던 이 말 없고 얌전한 아프리카계 미국인 남자는 단 한 번도 월세를 밀리지 않았다. 적어도 1964년 가을까지는. 1964년 12월, 임대료는 지급 기일이 한참 지났지만 차고 주인은 그에게 아무런 설명도 듣지 못했다. 그 남자, 제임스 햄프턴James Hampton은 11월에 위암으로 세상을 떠났기 때문이다. 세상을 떠나면서 그는 자신이 창고에서 만들던 물건을 어떻게 처리할지 아무런 지시도 남기지 않았다. 차고를 정리해 새로운 임차인을 찾아야겠다고 생각한 주인은 자물쇠를 부수고 육중한 나무문을 밀어서 연 다음 불을 켰다. 놀랍게도 그곳에는 은색, 금색, 보라색의 날개 달린 보좌들, 번쩍이는 제단화들, 빛나는 왕관들, 그밖에 광채가 나는 온갖 물건들이 서까래에 걸어 늘어뜨린 500와트 전구들의 빛을 받아 번뜩이며 늘어서 있었다. 그리고 한가운데에는 눈부시게 장식된 2m 높이의 보좌가 있었으며, 이 차고 속 성소 위로 수상한 천사처럼 은빛 날개들이 펼쳐져 있었다. 보좌 꼭대기에는 성서의 천사들이 처음 내뱉곤 하는 말이 쓰여 있었다.

두려워하지 마라.

차고 주인은 작품에 압도당했다. 하지만 어쨌든 임대는 해야 했다.

햄프턴의 형제자매 중 누구도 차고나 작품에 관심을 보이지 않음을
확인한 주인은 신문에 광고를 내고 새 임차인을 구했다. 그러자 한
조각가가 이 광고를 보고 연락했다. 햄프턴이 만든 보좌의 방을 보고
마찬가지로 압도당한 조각가는 워싱턴 DC의 유명 미술품 수집가 앨
리스 데니Alice Denny에게 연락했다. 데니 역시 깜짝 놀라 다른 예술가
들, 큐레이터들, 하원 의원들을 초청해 이 작품을 선보였다. 데니는
햄프턴의 형제자매들에게서 이 작품을 사들이고 싶어 했지만, 또 다
른 큐레이터 해리 로우Harry Lowe는 차고 주인에게 밀린 임대료를 전부
치르고서 이 작품의 소유권을 스미소니언 재단이 가진다고 주
장했다.

많은 사람이 미국 민중 예술 최고 걸작이라고 평가하는 제임스 햄
프턴의 작품은 계시록에 등장하는 거룩한 보좌의 방 환상을 묘사한
작품으로 《민족들의 천 년 총회가 열리는 세 번째 하늘의 보좌》The

Throne of the Third Heaven of the Nations' Millennium General Assembly라고 알려져 있으며, 현재 스미소니언 미술관에 영구 설치 작품으로 전시되어 있다.

필생의 역작

햄프턴의 《보좌》가 발견된 뒤로 수년 동안 연구가 이루어졌지만, 그의 생애에 관해서는 극히 일부만이 밝혀졌다.[1] 1909년 사우스캐롤라이나주의 작은 시골 마을 엘로리에서 태어난 그는 19세가 된 1928년 워싱턴 DC로 이사했다. 1942년까지 요리사를 비롯해 잡다한 일에 종사하던 햄프턴은 제2차 세계 대전 중에 육군에 징병되어 아프리카계 미국인으로 이루어진 부대에서 목공 일을 하고 사이판과 괌의 가설 활주로 보수를 맡았다. 1945년 명예 제대 후 워싱턴 DC로 돌아온 그는 연방 조달청의 야간 수위로 취직해 1964년 세상을 떠날 때까지 그곳에서 일했다. 그의 생애는 대부분 보좌의 방에 새겨진 글을 바탕으로 재구성한 것이다. 성소처럼 보이는 작은 작품(지금은 미술관 전시품 맨 앞 가운데에 놓여 있다)에는 '1945년 4월 14일 괌에서'라고 적혀 있

---

1 햄프턴의 생애에 관한 정보는 다음을 참조했다. 'James Hampton', Smithsonian American Art Museum, http://americanart.si.edu, Lynda Roscoe Hartigan, 'Going Urban: American Folk Art and the Great Migration', American Art 14.2 (2000), 26~51. 1976년에 제임스 햄프턴의 작품을 전시하면서 보스턴 미술관에서 출간한 다음 자료도 참조했다. Lynda Roscoe Hartigan, 'The Throne of the Third Heaven of the Nation's Millennium General Assembly', http://www.fredweaver.com/throne/throneessay.html. 보좌의 방이 발견된 과정에 관한 자세한 내용은 다음을 참조했다. To Thompson, 'The Throne of the Third Heaven of the Nations Millenium General Assembly', The Washington Post, August 9, 1981. 그리고 다음의 글도 참조했다. Paul Richard, 'A Throne of Faith: Visionary Folk Art', The Washington Post, December 6, 1977.

는데, 그가 군 복무 중에 이미 작업을 시작했음을 알 수 있다.

다른 작품에 적힌 글귀들은 그가 이보다 훨씬 전인 워싱턴 DC로 이사 온 즈음부터 환상을 보기 시작했다는 사실을 입증한다. 어떤 작품에는 "이것은 진실이다, 십계명을 전해 준 위대한 모세가 1931년 4월 11일 워싱턴에 나타났다"라고 적혀 있다. 어떤 작품에는 "이것은 진실이다, 위대한 동정녀 마리아와 베들레헴의 별이 1946년 10월 2일 우리나라의 수도에 나타났다"라고 적혀 있다. 또 어떤 작품에는 "이것은 진실이다, 하느님께서 창조하신 최초의 인간 아담이 1949년 1월 20일 직접 나타났다. 이날은 트루먼 대통령의 취임일이었다"라고 적혀 있다.

햄프턴은 언젠가 차고 주인에게 "저건 내 삶이에요. 죽기 전에 꼭 완성할 겁니다"라고 말했다.[2] 실제로 이 같은 작품들은 완성되기까지 정확히 창작자의 생애만큼의 시간이 걸리곤 한다. 버지니아주에 있는 성지든, 메릴랜드주에 있는 노아의 방주든, 워싱턴 DC에 있는 보좌의 방이든 창작자와 창작물은 하나를 이룬다. 이때 창작자의 생애와 창작물의 창작 과정은 하나다. 창작자의 삶은 오롯이 창작물의 창작 과정이다. 그리고 그의 삶이 마감될 때 비로소 끝난다.

계시록이 그가 된다

햄프턴의 《보좌》는 친숙해 보이는 것에서 생겨나는 신비로운 타

---

2   Lynda Roscoe Hartigan, 'The Throne of the Third Heaven of the Nation's Millennium General Assembly'

자성을 압도적으로 제시한다. 달리 말하면, 이 작품은 세속의 가운데에서 성스러운 것을 드러내 보이는 계시다. 이 작품의 재료가 되는 180개의 물체는 모두 일상 가정용품이었지만 본래 모습을 간직하고 있는 것은 거의 없다. 햄프턴은 의자와 탁자를 반으로 쪼개거나 다른 방법으로 변형해 쌓아 올렸고 마분지로 만든 관, 절연판, 수명을 다한 전구와 잉크 압지와 다른 버려진 물건들을 가져다 붙여서 날개 달린 천상의 물체들을 만든 다음 술병과 초코바 포장지에서 벗긴 알루미늄 은박지와 금박으로 한껏 장식했다.

《보좌》는 분명 창조적인 재능의 산물이며, 스미소니언 미국 미술 전시실 가장 보기 좋은 곳에 놓일 자격이 충분하다. 하지만 예술가나 큐레이터가 아닌 종교인이나 성서학자가 이 작품을 처음 발견했다면 어떻게 되었을까? 스미소니언의 전시라는 맥락 안에서는 계시록을 물질적, 공간적으로 구현한 이 놀라운 작품의 성서적 차원이 간과되거나, 적어도 이 작품을 예술적 표현으로 감상하는 과정에서 이러한 차원이 상당 부분 약화될 수 있다.

차고에서는 햄프턴이 자신의 작품과 함께 찍은 흑백 사진도 몇 장 발견되었다. 이 중 한 사진에서 짙은 정장을 입은 그는 직접 만든 왕관을 쓰고 있고 손에는 다른 왕관을 들고 서 있다. 왕관은 일곱 개가 발견되었는데, 각각은 금박을 붙인 마분지로 만들어졌고 꼭대기에는 은박으로 덮은 전구를 붙였다. 각각의 왕관 앞쪽에는 금색 판이 붙어 있고, 여기에 타자기로 다음과 같은 글귀를 적었다.

민족들의

천년

총회

계시록 7장 3절

계시록 7장에서는 한 천사가 태양으로부터 내려와 이스라엘의 열두 지파로부터 12,000명씩 뽑은 하느님의 종 144,000명에게 도장을 찍는 장면이 나온다(계시 7:3~8). 햄프턴은 여기에 곧장 이어지는 장면을 영광스러운 "민족들의 총회"로 상상했음이 분명하다.

그림 8.2. 제임스 햄프턴, 《민족들의 천년 총회가 열리는 세 번째 하늘의 보좌》 중 왕관, 1950~64 년경, 금박 및 은박과 마분지, 오브제 트루베, 스미소니언 미술관, 마거릿 켈리 매큐Margaret Kelley McHuch, 낸시 켈리 슈나이더Nancy Kelley Schneider, 윌리엄 H. 켈리William H. Kelley 기증.

그 뒤에 나는 아무도 그 수효를 셀 수 없을 만큼 많은 사람이 모인 군중을 보았습니다. 그들은 모든 나라와 민족과 백성과 언어에서 나온 자들로서 흰 두루마기를 입고 손에 종려나무 가지를 들고서 보좌와 어린 양 앞에 서 있었습니다. … 그러자 천사들은 모두 보좌와 원로들과 네 생물을 둘러서 있다가 보좌 앞에 엎드려 하느님께 경배하며 (계시 7:9, 11)

그러고 나서 왕관을 쓴 사진 속 햄프턴은 자신이 모든 민족에서 나와 하느님 앞에 모인 의로운 이들 중 한 사람이라고 스스로 말한다.

또 다른 사진에서 햄프턴은 화려하게 장식된 책 혹은 명판처럼 보이는 것을 들고 보좌의 방 전체를 앞에 두고 서 있다. 그는 사진 왼쪽 아래 모퉁이에 다음과 같은 글을 적은 작은 종잇조각을 붙여 놓았다.

세 번째 하늘
고린토인들에게 보낸 둘째 편지
12 - 2 - 3

햄프턴은 신약성서 중 바울이 고린토인들에게 보낸 둘째 편지(고린도 후서)에서 언급하는 "셋째 하늘"을 자신의 성소와 연관 짓는다. 여기서 바울은 14년 전 "셋째 하늘까지 붙들려 올라간 … 낙원으로 붙들려 올라가서 사람의 말로는 표현할 수 없는 이상한 말을 들"(2고린 12:2~4)은 한 남자를 알고 있다고 말한다. 많은 사람은 이 한 남자가

그림 8.3. 촬영자 미상, 《민족들의 천년 총회가 열리는 세 번째 하늘의 보좌》와 제임스 햄프턴, 스미소니언 미술관 제공.

바울 본인일 것이라고 생각한다. 무엇이 사실이든, 햄프턴은 자신의 사진에 이 글귀를 달아 둠으로써 자신이 성서 속 계시를 받은 사람이 라고 주장한다. 바울 혹은 바울의 지인이 "말로는 표현할 수 없는 이 상한 말을 들"은 그곳을 보좌의 방으로 구현하는 데 그치지 않고, 햄 프턴 자신이 그곳에 있었으며 계시를 받았다고 말하는 것이다.

햄프턴은『성 야고보 - 일곱 세대에 관한 책』St. James: The Book of the 7 Dispensation이라는 제목의 108쪽짜리 책도 썼다. 자신이 들은 "말로는 표현할 수 없는 이상한 말"을 기록한 이 문헌은 쪽마다 위아래로 적 힌 "성 야고보", "계시"라는 단어와 책 제목을 제외하면, 이중으로 암호화되어 있어 해독되지 않은 채로 남아 있다.

자신이 만든 보좌의 방 성소와 관련해 햄프턴은 바울이 지나가듯 언급한 "셋째 하늘"과 요한이 본 144,000명이 모인 번쩍이는 보좌의 방이 연관이 있다고 생각했다. 이어서 이 보좌와 이를 둘러싼 눈부신 광경은 계시록에서 발전해 나온 또 다른 관념과 연관되는데, 바로 그리스도의 재림과 즉위, 그리고 그리스도와 함께 천 년 동안 다스릴 성도들의 부활이다.

> 내가 또 보좌들을 보니, 그 위에 사람들이 앉아 있었는데, 그들은 심판할 권세를 받은 사람들이었습니다. 또 나는, 예수의 증언과 하느님의 말씀 때문에 목이 베인 사람들의 영혼을 보았습니다. 그들은, 그 짐승이나 그 짐승 우상에게 절하지 않고, 그들의 이마와 손에 그 짐승의 표를 받지 않은 사람들입니다. 그들은 살아나서, 그리스도와 함께 천 년 동안 다스렸습니다. (계시 20:4)

햄프턴의 보좌의 방을 통해 계시록 4장에 나오는 눈부신 보좌 들 장면은 계시록 20장의 그리스도 재림, 천 년 통치 장면과 하나가 된다. 마찬가지로 첫 번째 환상에서 중앙의 보좌를 둘러싸고 앉아 있는 스물네 명의 원로는 두 번째 환상에서 부활하여 그리스도와 함께 천 년 동안 다스리는 성도들이 된다.

작품을 구성하는 물체들 곳곳에서 발견되는 《민족들의 천년 총회가 열리는 세 번째 하늘의 보좌》라는 작품명은 거룩한 보좌에 관한

그림 8.4. 제임스 햄프턴, 『성 야고보 - 일곱 세대에 관한 책』, 1945~64년경, 회계 장부, 마분지, 잉크, 은박지, 스미소니언 미술관, 해리 로우 기증.

두 환상과 새 하늘 새 땅 새 예루살렘에 관한 계시록 최후의 절정을 이루는 환상을 연관 짓는다. 계시록 마지막에 따르면 이전의 하늘과 땅이 없어지면 빛나는 거룩한 도시가 지상으로 내려오며, 모든 민족은 이곳에 모여 "그 빛 속에서 걸어 다닐 것이며 땅의 왕들은 그들의 보화를 가지고 그 도성으로 들어올 것"이고 이 도시에는 "밤이 없으므로 종일토록 대문들을 닫는 일이 없을 것"(계시 21:24~25)이다.

햄프턴은 자신의 차고라는 무대에서 계시록으로부터 나온 보좌와 집회의 다양한 심상이 포개진 모습을 선보였다고 할 수 있다. 요한이 앞서 제시한 보좌의 방 환상(계시 4) 그리고 144,000명의 성도가 모이는 환상(계시 7)은 그리스도의 재림과 보좌 위에서의 천 년 통치 장면(계시 20)이 되고, 햄프턴이 최후의 심판 이후 "민족들의 천 년 총회"라 부른 장면, 그리고 새 예루살렘의 도래 장면(계시 21)이 된다.

보좌의 방을 만들 때 햄프턴은 새로운 천 년과 하느님의 지상 통치를 상상하고 고대하기만 한 것이 아니었다. 그는 그리스도와 성도들을 맞이하기 위해 보좌의 방을 만들었다. 보좌의 방은 종말에 이루어질 환대를 창조적으로 표현한 공간인 것이다.

계시록을 무대에 올리다

보좌의 방을 구성하는 각각의 물체들은 이 공간이 다층적이고 성서에 바탕을 두고 구상되었음을 입증하는 동시에 이 구상을 심화한다. 이는 단순한 성서 수용이나 해석을 넘어선 활동의 산물이다. 성서와 관련된 글귀를 적은 작은 종이 라벨이 180개의 물체 대부분에 붙어 있는데, 어떤 것은 영어 대문자로 적혀 있고 어떤 것은 해독할 수 없는 암호로 적혀 있다. 영어로 적혀 있는 글 중 어떤 것은 성서 인용이고 어떤 것은 햄프턴의 논평이나 성서 주석이고 어떤 것은 (많은 경우 계시록에 대한) 성서 참조 표시다. 성서 인용문 대부분은 기억에 의존해서 적은 것으로 보인다. 어떤 번역본에서도 찾아볼 수 없는 특이한 철자가 종종 나타나기 때문이다.

햄프턴의 보좌의 방을 구성하는 모든 물체는 그야말로 성서로 뒤덮인 물체들, 성서에 나오는 온갖 말, 인용문, 논평이 새겨져 있는 물체들이다. 보좌의 방 전체도 마찬가지로 성서로 뒤덮여 있다. 보좌의 방은 계시록을 인용하고 참조해 구조와 줄거리를 부여한, 성서를 구체적인 무대에 올린 작품이다.

조아키노가 계시록을 이용해 성서 역사를 시각적으로 구조화했듯 햄프턴은 보좌의 방이라는 공간을 사물과 본문 간의 고도로 복잡한 대칭 관계에 따라 만들었다. 그는 이 모든 것을 그리스도의 지상 통치를 기다리는 중앙 보좌 주변으로 구조화했다. 이 대칭은 여러 수준에서 드러난다.

첫째, 물체 각각은 좌우 대칭을 이루고 있어서, 수직으로 가르면 양쪽이 똑같이 생겼다.

둘째, 방 중앙의 보좌를 제외하면 한쪽 편에 있는 물체는 다른 편에 있는 동일한 물체와 쌍을 이룬다.

셋째, 보좌의 방은 그리스도교 성서를 구약과 신약으로 나누고 이들이 대응 관계에 있음을 보인다. 중앙 보좌 오른편(무대 오른편, 보좌를 마주했을 때 왼편)에 있는 물체들에 적힌 글은 모두 신약 본문 인용이거나 참조 표시이며 대부분은 계시록과 연관된다. 가장 오른쪽에 있는 벽에는 예배당 창문의 스테인드글라스처럼 명판이 붙어 있고 여기에는 그리스도의 열두 사도의 이름이 적혀 있다. 중앙 보좌 왼편(무대 왼편, 보좌를 마주할 때 오른편)에 있는 물체들에 적힌 글은 모두 구약 본문 인용이거나 참조 표시이며, 왼쪽 벽에는 구약 예언자들의 이름이 적힌 명판이 붙어 있다. 이렇게 해서 이 공간은 구약 역사의 세부 내용이 신약 역사의 세부 내용과 대응하고 계시록에서 결말에 이르는, 그리스도교 성서에 대한 대칭적 해석을 제시한다.

예를 들어 중앙 보좌 왼편에 있는 작은 보좌들 중 한 보좌의 뒷면에는 모세가 시나이산에서 받은 두 개의 십계명 서판을 손으로 그린 그림이 있다. 여기에 십계명의 내용이 적혀 있지는 않고 로마 숫자만이 세로로 쓰여 있어서, 첫째 서판에는 I부터 V까지, 둘째 서판에는 VI부터 X까지의 숫자가 보인다. 서판 양쪽으로는 상형 문자들이 있는데, 햄프턴이 만들어 낸 문자의 일부로 보인다. 서판 위에는 "나는 곧 나다"라고 적혀 있다. 그리고 서판 아래로는 다음과 같은 글이 적혀 있다.

이 모든 말씀은
하느님께서 하신 말씀이다
너희 하느님은 나 야훼다.
너희를 종살이하던
땅에서 이끌어 낸

글 아래에는 커다란 대문자로 된 모세의 이름이 외따로 적혀 있다.

서판 그림을 둘러싼 이 단어 집합은 무작위적으로 보이지만 사실은 그렇지 않다. 모든 요소는 하느님이 히브리 민족을 이집트 노예 생활로부터 구해낸 뒤 율법을 내린 사건과 관계가 있다. 가장 위에 놓인 "나는 곧 나다"라는 언명은, 모세가 자기 민족을 구하도록 자신을 보낸 이가 누구라고 말해야 하는지 물었을 때 하느님이 불타는 덤불로부터 말한 신비한 자기규정이다(출애 3:14). 햄프턴이 적은 "이 모든 말씀은"부터 "땅에서 이끌어 낸"까지의 글은, 이집트 탈출 이후 시나이산에서 하느님이 모세에게 십계명을 내리기 직전에 하는 말이다(출애 20:1~2). 토라가 제시하는 성서 서사의 이 지점 이후로 하느님은 이집트로부터 이스라엘 백성을 구한 하느님으로 자신을 규정한다. 따라서 햄프턴의 심상은 하느님이 율법을 내린 사실과 노예 생활로부터 이스라엘 백성을 구해낸 사실을 연결하고, 하느님과 모세 사이의 관계를 구약 시대 성서 역사의 중심에 놓는다.

진화생물학자이자 과학사가인 스티븐 제이 굴드Stephen Jay Gould가 보좌의 방에 관한 글에서 적었듯 이처럼 복잡한 대칭이 자아내는 효과 중 하나는 바로 그리스도교의 서로 다른 시간 개념 두 가지를 통합하는 것이다.[3] 한편으로는 선형의 시간, 굴드가 "시간의 화살"time's arrow이라고 부른 시간이 있다. 이 시간에 따르면 역사는 거룩한 약속으로부터 그 실현으로, 창조로부터 새로운 창조로, 창세기로부터 계시록으로 단일한 방향을 향해 움직인다. 다른 한편으로는 순환의 시간, "시간의 순환"time's cycle이 있는데, 이 시간에 따르면 역사는 계속 반복되며 과거의 사건은 현재와 미래의 사건을 반영하거나 그 전조가 된다.

보좌의 방은 선형의 시간과 순환의 시간을 모두 포괄하는 화살이자 순환이다. 방의 한쪽에 놓인 구약 시대로부터 다른 쪽에 놓인 신

---

3 Stephen Jay Gould, 'James Hampton's Throne and the Dual Nature of Time', *Smithsonian Studies in American Art* 1.1 (1987), 46~57. 『시간의 화살, 시간의 순환』(아카넷)

약 시대로 움직여 가는 것은 '율법'에서 '복음'으로, 창조에서 구원으로 흐르는, 우리에게 익숙한 그리스도교의 선형 성서 역사 해석을 보여 준다. 다른 한편으로는 방의 양쪽이 복잡하게 대칭을 이루면서 구약의 사건들과 신약의 사건들이 서로를 반영하거나 서로 연관되는 것으로 짝지어진다. 이러한 연관은 성서 역사가 서로 겹치는 사건들의 연속이며, 재림과 천 년 통치를 상징하는 한가운데 보좌가 이들을 통일하고 완성함을 말해 준다.

햄프턴에게 성서의 두 가지 시간 개념을 해석하는 열쇠는 계시록이었다. 계시록의 환상은 이 공간 전체를 통합한다. 조아키노와 마찬가지로 햄프턴에게 계시록은 창조 역사의 절정이자 이전 모든 성서 시대를 최종 결말과 관련지어 이해하게 해 주는 열쇠였다.

세대들

『일곱 세대에 관한 책』이라는 햄프턴의 책 제목이 시사하듯, 그가 보좌의 방으로 표현한 종말론 신앙의 가장 중요한 특징은 세대론이라고 부르는 그리스도교 신학이다. 세대론의 뿌리는 성서 역사의 상호 연관된 시대들을 삽화를 통해 이론화한 조아키노까지 거슬러 올라가며 존 넬슨 다비John Nelson Darby(1800~82년), 조아키노의 종말론의 후계자로 앞서 거론한 바 있는 클래런스 라킨, 성서 근본주의의 시금석인 『스코필드 관주 성서』Scofield Reference Bible로 유명한 사이러스 I. 스코필드Cyrus I. Scofield(1843~1921년) 등의 저작 덕분에 1800년대와 1900년대 초 큰 인기를 끌었다. 이들은 조아키노와 매우 유사하게 창조 역사(과거, 현재, 미래)를 일련의 상호 연관된 시대들로 보고, 각각의 시대는 거룩한 은총의 새로운 '경륜'에 따라 다스려지며 인류와의 새로운 언약을 수반한다고 믿었다. 따라서 각각의 세대는 하느님의 새로운 계시로 시작되고, 이 새로운 계시에 따라 하느님이 인류의 행위를 심판하면서 끝난다.

가장 널리 알려진 세대론은 라킨의 유명한 시각적 도식에 따른 세대론으로, 일곱 세대가 있고 그 끝에 놓인 마지막 세대는 끝이 나지 않을 것이라고 한다.

(1) 에덴 세대 (창조부터 아담과 하와의 타락 및 추방까지)

(2) 홍수 이전 세대 (타락부터 대홍수까지)

(3) 홍수 이후 세대 (하느님이 노아와 새로운 언약을 맺은 시점부터 바벨탑에서 인류가 흩어지기까지)

(4) 족장 세대 (하느님이 아브라함에게 약속한 시점부터 광야에서의 40년까지)

(5) 율법 세대 (약속된 땅에서 이스라엘 백성을 토라로 다스리는 시점부터 예수 그리스도의 십자가 처형까지)

(6) 교회 세대 (그리스도의 부활부터 그리스도교회의 역사까지)

(7) 천년 세대 (그리스도의 재림으로 시작되어 창조의 완성으로 끝맺는, 그리스도와 성도들의 천 년 통치)

이 일곱 번째 세대 뒤에는 최후의 심판과 계시록에 묘사된 새 하늘 새 땅 새 예루살렘의 창조로 시작되는 만물의 완성이 온다.

이 같은 각본이 아우구스티누스의 『신국론』과는 다르다는 사실에 주목하라. 『신국론』에 따르면 그리스도와 성도들의 천 년 통치는 그리스도의 부활과 교회의 확립부터 시작되어 이미 진행 중이다. 하지만 라킨은 아우구스티누스 이전의 종말론들처럼 아직 일어나지 않은 그리스도의 재림이 천년 세대의 시작을 알릴 것이라고 본다.

보좌의 방은 인간 역사가 여섯 번째 세대인 교회 세대의 끄트머리에 이르렀으며, 그리스도의 재림과 즉위로 시작되는 일곱 번째 세대를 기다리는 중이라는 햄프턴의 믿음을 증언한다. 그리스도의 통치는 "민족들의 천년 총회"에 참석한 부활한 성도들과 함께 시작될 것이다. 거의 천 년 전 인물인 조아키노와 마찬가지로 햄프턴도 계시록을 통해 모든 성서 본문을 서로 연결하고 더 통합해 더 커다란 전체 체계를 구축했다. 이때도 계시록은 코덱의 역할을 수행한다. 즉 계시록은 창조부터 완성까지 성서 역사 전체를 암호화하고 복호화한다.

여러 면에서 너무나 다른 두 세계에 살았지만, 햄프턴과 조아키노 모두 예언자의 영혼을 지닌 인물들이었다. 조아키노의 도해가 단어를 심상으로 바꾸어 창조 역사 전체를 포괄하고 계시록에 암호처럼 담긴 것을 복호화했듯, 햄프턴의 보좌의 방은 단어를 심상, 물체, 공간과 통합한 건축물을 통해서 역사를 설명하고 영광스러운 결말을 알렸다. 하지만 햄프턴의 작품에는 근본적으로 새로운 측면이 있다. 조아키노는 성서의 시간에 관한 자신의 상상을 평평한 종이 위에 단어와 심상으로 구현했지만, 햄프턴은 자신의 상상을 3차원 공간 속

무대 장치들로 구현했다. 그리하여 계시록은 햄프턴의 필생의 역작을 통해 서술은 물론 묘사도 초월해 과거와 현재와 미래가 한 곳에 포개지는 살아 있는 공간으로 나타난다.

햄프턴은 이 공간에 자신의 모든 것을 바쳤다. 그는 이 공간에 살면서 종말론적 상상을 정교한 작업물로 만들어 냈다. 보좌의 방의 세세한 부분들을 들여다보면 햄프턴이 평범한 물건들을 계시록에 대한 계시로 신중하게 변형시키느라 밤을 지새우는 모습이 떠오른다. 그에게 중요한 것은 이러한 작업의 최종 결과물보다는 작업 과정 자체였다. 햄프턴에게 보좌의 방 작업은 일종의 종교 활동이었다. 이러한 방식으로 그는 그리스도와 그의 통치와 새 하늘 새 땅을 묵상하고, 숙고하고, 열망하고, 받아들였다.

09

남겨졌다, 또다시

— 복음주의 휴거 공포 문화의 흥망

1970년대 후반부터 1980년대 초반까지 나는 알래스카 앵커리지의 보수적인 개신교 복음주의 문화 속에서 자랐다. 당시 내가 가장 좋아하던 노래는 《우리 모두 예비되어 있었다면》이었다.[1] 1969년 그리스 도교 록 음악의 대부 래리 노먼이 발표한 이 곡은 휴거 이후 하느님도 없고 참된 신앙인도 없는 세계를 생생하게 그려 낸다. 노래는 이렇게 시작한다.

삶은 총과 전쟁으로 가득했죠.

우리 모두 짓밟혔어요.

---

1 이 곡은 다음 앨범에 처음 실렸다. *Upon This Rock*, Capitol, 1969.

우리 모두 예비되어 있었더라면 좋았을 텐데.

아이들이 죽어 가고, 태양은 빛을 잃고 날씨는 춥기 그지없다. 음식이 너무 귀해져서 "한 조각의 빵으로 한 포대의 금을" 살 수 있을 정도다. 음울한 장면이다. 그러나 이 최후의 날에 관한 가장 무시무시한 사실은 이것이 하느님 이후의 세계라는 사실이다. 후렴구에서 노먼은 한탄한다.

　　마음 바꿀 시간 없어요. 성자께서 오셨고, 당신은 남겨졌죠.

찬양 집회 때 우리는 이 노래를 백 번도 넘게 불렀을 것이다. 노래를 부를 때는 서로 눈을 마주치지 않았다. 그리스도가 돌아와 추종자들을 하늘로 데려갈 때 뒤에 남겨진 사람이 바로 우리인 것처럼 가사 한 줄 한 줄의 무게를 느끼며 바닥만 보았다. 이 노래는 이미 너무 늦어 버린 때를 상상하게끔 우리를 부추겼다. 우리는 마음에서 일어나는 동요와 신앙의 부족 때문에 하느님 없이 홀로, 그리고 (아마 당시 우리에게는 이것이 더 겁나는 일이었을 텐데) 친구들 없이 홀로 남겨지는 때를 상상했다.

　　당시 나는 이 곡의 원작자가 래리 노먼이라는 사실을 알지 못했다. 그의 이름도 들어 본 적이 없었다. 나는 아이오와주 디모인 출신 그룹 피시마켓 콤보Fishmarket Combo가 불러서 1972/3년에 나온 복음주의 휴거 공포 영화 《밤중의 도둑》 오프닝 크레딧에 삽입된 노래가 원곡이라고 생각했다. 우리는 이 영화를 거의 매년 보았다.[2] 교회에 열심히 다니던 여느 청소년이 그랬듯 당시 나는 개신교 문화 전반에 무슨 일이 일어나고 있는지 거의 알지 못했다.

복음주의 대중문화의 흥성

1960년대 말과 1970년대 초는 미국 개신교 복음주의, 특히 복음주의 청년 문화와 관련해 매우 중요한 시기였다. 근본주의 운동이 스콥스 재판Scopes Trial과 여타 논란을 거치면서 반문화 운동, 종파 운동으로 변해 가자 1940년대 이래 근본주의 내에서, 혹은 근본주의에 대항해 이른바 '신복음주의'neo-evangelicalism가 나타나 미국 청년 문화를 주요 선교 무대로 삼았다.[3] 이 신복음주의자들은 자신들이 전하는 복음이 전 세계적으로 인기를 얻기를 바랐다. 개신교에서 끊임없이 되풀이되는 보존과 대중화라는 문제(성스러운 전통을 보호하고 보존할 것인가, 아니면 어떤 수단을 쓰더라도 말씀을 전할 것인가)를 두고 그들은 대중화 쪽으로 마음이 기울었다. 복음주의자들은 "이와 같이 내가 어떤 사람을 대하든지 그들처럼 된 것은 어떻게 해서든지 그들 중에서 다만 몇 사람이라도 구원하려고 한 것입니다"(1고린 9:22)라는 바울의 선언을 자

---

2 Donald W. Thompson, *A Thief in the Night* (16mm film; Des Moines, IA: Mark IV Productions, 1972) 자료 목록에는 1972년에 개봉한 것으로 되어 있지만, 영화 오프닝 타이틀에 표기된 연도는 1973년이다.

3 이러한 개관은 다음을 바탕으로 했다. Joel A. Carpenter, *Revive Us Again: The Reawakening of American Fundamentalism* (New York: Oxford University Press, 1997) 1960~70년대 그리스도교 대중문화의 발흥과 관련하여 대중화 대 보존이라는 문제에 관한 상세한 논의는 다음을 참조하라. Timothy Beal, *The Rise and Fall of the Bible: The Unexpected History of an Accidental Book*, 70~78, 10~18.

신들의 신조로 삼았다.

신복음주의 운동의 주역은 십대선교회Youth for Christ, 대학생 선교회 Campus Crusade for Christ, 영라이프Young Life 등과 같은 준교회 조직들이었다. 이 조직들은 인기 있는 청년들을 전도 대상으로 삼았고 다른 청년들이 이들을 따라 교회에 유입되기를 기대했다. 이 조직들의 주간 모임에서는 떠들썩하고 요란한 게임을 하거나 단막극을 했고 짧게나마 진지한 성서 공부와 기도도 했다. 십대선교회는 원래 토요일 밤마다 미국 전역에 있는 대도시들에서 수십만 명의 젊은이들을 끌어모으는 집회에서 시작되었다. 집회는 빌리 그레이엄Billy Graham(십대선교회 최초의 상근 사역자였다)처럼 젊고 활기 넘치는 설교자들이 지도했고, 막 인기를 모으고 있던 연예 쇼들을 따라 했다. 기획자들은 번드르르한 광고를 만들고, 주류 라디오 및 텔레비전 프로그램과 연관된 상품을 제작했다. 어떤 전도사들은 프랭크 시나트라Frank Sinatra 같은 유명인들의 목소리와 옷차림을 모방하기까지 했다. 그레이엄 같은 사람들은 머지않아 그 자신이 스타가 되었다.

1970년대 초에 이르러 복음주의 집회들은 프랭크 시나트라 쇼보다는 레드 제플린Led Zeppelin 콘서트와 유사한 방식으로 진행되었다. 1972년에 대학생선교회는 엑스플로 72Explo72라는 행사를 주최했는데 일주일 동안 텍사스주 댈러스에 고등학생들과 대학생들이 모인 집회였다. 행사의 절정은 콘서트였는데 훗날 사람들은 이를 두고 그리스도교인들의 우드스톡 페스티벌이라 불렀다. 코튼 볼 경기장에서 8시간 동안 이어진 이 공연은 100,000명 넘는 사람이 관람했다. 그리고 이 자리에서 래리 노먼은 그의 히트곡 《우리 모두 예비되어 있었다면》을 불렀다.

휴거 이론

청소년 시절 복음주의의 영향권 아래 있던 나는 노먼이 노래하는 기대(신자들은 하늘로 올라가고 불신자들은 지상에 남게 되며 지상에서는 지옥도가 펼쳐질 것이라는 기대)가 그리스도교 신앙의 주춧돌이며 예수 이래 언제나 그랬을 것이라고 믿었다. 하지만 휴거 이론은 그리스도교 사상사에서 비교적 최근에 등장한 이론이다. 이 이론은 앞에서 잠시 언급한 세대론 신학자 존 넬슨 다비가 19세기 초 내놓은 저작에서 유래했다. 이후 휴거 이론은 종말론 성향의 그리스도교인들에게 엄청난 인기를 얻었다. 그리고 초기 근본주의 운동의 주요 학습 성서였던 『스코필드 관주 성서』(1909년) 같은 책의 주석 및 삽화, 핼 린지의 1970년 저작인 『위대한 행성 지구의 만년』 같은 대중 종말론 서적의 중심 주제가 되면서 더 유명해졌다.[4]

대다수 사람은 계시록에 휴거 이론의 청사진이 담겨 있으리라고 지레짐작하지만, 정작 계시록 본문은 이 같은 사건을 전혀 서술하고 있지 않다.[5] 휴거 이론은 이런저런 성서 구절을 꿰어맞춘, 이질적인

---

4 다음도 보라. Hal Lindsey, *Satan Is Alive and Well on Planet Earth* (Grand Rapids, MI: Zondervan, 1972) Hal Lindsey, *There's a New World Coming: An In-Depth Analysis of the Book of Revelation* (Eugene, OR: Harvest House, 1973)

5 블런트가 명료하게 밝히고 있듯이, 계시록에서 요한은 "지상에서 우주적 규모의 충돌이 벌어지는 동안" 신자들은 "안전한 천상의 영역으로 들어 올려지는" 장면 같은 것은 상상조차 하지 않았다. 오히려 요한은 신자들도 남들이 겪는 모든

부분들을 하나로 엮은 또 하나의 괴물 종말론이다. 이와 관련해 중요한 구절들은 아래와 같다.

필라델피아 교회에 보내는 편지에 나타난 약속: "참고 견디라는 내 명령을 너는 잘 지켰다. 그러므로 이 세상에 사는 사람들을 시험하기 위해서 앞으로 온 세계에 환난이 닥쳐올 때에 나는 너를 보호해 주겠다."(계시 3:10)

바울이 데살로니카인들에게 보낸 편지에 있는 주장: (하느님이 이미 죽은 신자들을 되살린 후) "다음으로는 그 때에 살아 남아 있는 우리가 그들과 함께 구름을 타고 공중으로 들리어 올라가서 주님을 만나게 될 것입니다. 이렇게 해서 우리는 항상 주님과 함께 있게 될 것입니다." (1데살 4:17)

바울이 고린토인들에게 보낸 편지에 있는 주장: "우리는 죽지 않고 모두 변화할 것입니다. 마지막 나팔 소리가 울릴 때에 순식간에 눈 깜빡할 사이도 없이 죽은 이들은 불멸의 몸으로 살아나고 우리는 모두 변화할 것입니다." (1고린 15:51~52)

휴거 이론은 이 단편들을 가지고 산 자와 죽은 자 가운데 구원받은

시련을 똑같이 겪는다고 말한다. 이 같은 입장은 앞서 살펴본 것처럼 아우구스티누스의 『신국론』에도 자세하게 설명되어 있다.

이들이 땅에서 하늘로 올라가는 심상을 구성해 낸 다음 이를 다시 계시록에 삽입해 (계시록 본문에 명시적으로 서술된 사건은 아니지만) 사탄과 그의 짐승이 통치하기 전 일어날 일인 것처럼 만들었다. 이 끔찍한 통치 시기에 "남겨진" 이들은 짐승을 숭배하고 그의 낙인을 받도록 강요당하거나, 박해받고 처형당할 것이다.

복음주의와 그 모체인 근본주의는 여러 측면에서 꽤 달랐다. 근본주의는 더 종파적이었고, 의도적으로 주류 사회 및 대중문화와 거리를 두었지만, 복음주의는 예나 지금이나 그리스도교를 인기 있게 만드는 데에 몰두하며, 가능한 한 많은 사람에게 그리스도교를 홍보하기 위해 문화의 최신 흐름과 새로운 매체 기술을 받아들인다. 하지만 겉으로 드러나는 모습이 다르다 해도 복음주의 신학은 본질적으로 근본주의 신학과 그리 다르지 않다. 복음주의는 성서는 문자 그대로 오류 없는 하느님의 말씀이라는 근본주의의 관점을 계승했을 뿐만 아니라, 성서적 근거가 덜 뚜렷해 보이는 근본주의 이론들, 특히 고난 이전에 성도들이 하늘로 올라갈 것이라는 이론을 받아들였다.

영화 속의 휴거

1940년대에는 다른 여러 신복음주의 연예 산업과 더불어 그리스도교 영화 산업이 부상했다. 신복음주의자들은 자신들의 메시지를 담은 장편 극 영화들을 대중에게 친숙한 할리우드 및 B급 영화 양식

으로 제작, 판촉, 배급해 교회, 도서관, 체육관, 극장에서 상영했다.[6]

이 산업 초창기에 성공을 거둔 영화사로는 찰스 O. 밥티스타Charles O. Baptista가 설립한 '성경 시각화 연구소'Scriptures Visualized Institute를 들 수 있다. 밥티스타의 회사는 수많은 복음주의 영화를 제작해 배급했음은 물론 미라클 영사기라고 불리는 자체 제작 영사기도 판매했는데, 이 제품에는 "그리스도의 재림 때까지 품질 보장"이라는 라벨이 붙어 있었다.[7]

1941년에 밥티스타는 최초의 복음주의 휴거 영화인 《휴거》The Rapture를 만들었다. 매일 수천 명의 군인이 죽고 있다는 사실을 상기시키는 전쟁 다큐멘터리 영화처럼 만든 이 12분짜리 16mm 필름 영화는, 휴거 영화가 따라야 할 기본 지침과도 같은 여러 장면과 특수 효과들을 선보였다. 기관사 없는 기차와 기사 없는 차량들이 서로 충돌하고, 아기 침대가 텅 비어 있고, 어떤 사람들은 사라지는데 다른 어떤 사람들은 당혹스러워하며 남고, 이 모든 장면 사이마다 "당신은 준비되었습니까?"라는 글이 하늘에 뜬다. 《휴거》는 대성공을 거두었고 수년 동안 미국 전역의 교회와 청소년 집회에서 상영되었다.

그러나 복음주의 공포물 문화가 등장하는 데 가장 커다란 영향을

---

6 독립 영화사들의 그리스도교 영화 제작의 역사에 관해서는 다음을 참조하라. Terry Lindvall, *Sanctuary Cinema: Origins of the Christian Film Industry* (New York: New York University Press, 2007) Terry Lindvall and Andrew Quicke, *Celluloid Sermons: The Emergence of the Christian Film Industry, 1930-1986* (New York: New York University Press, 2011) 나는 두 번째 자료에서 그리스도교 독립 영화 제작의 두 번째 시기로 규정된 "16mm 유성 영화 시대"(40~46)에 초점을 맞추었다.

7 Baptista Film Mission-Collection 225 in the Billy Graham Center Archives of Wheaton College.

끼친 휴거 영화는 1972/3년작 《밤중의 도둑》이다. 이 영화에서 신혼인 패티는 어느 날 아침 눈을 떠 보니 휴거가 일어났음을 알게 되고, 최근 그리스도교인이 된 남편은 사라졌지만 자신은 하느님에게 버림받아 악이 지배하는 세계에 남게 되었음을 깨닫는다. 악의 세력은 'UN 전면 비상 대권'United Nations Imperium of Total Emergency의 축약어인 '유나이트'UNITE라 불리는 단일 세계 정부의 모습을 하고 있다.

휴거의 악몽을 다룬 이 영화는 일종의 시간 반복 구조를 가지고 있다. 영화 시작과 함께 자명종 소리에 눈을 뜬 패티는 라디오 방송을 통해 전 세계에서 갑자기 수백만 명이 사라졌고 평화와 질서를 유지하기 위해 유나이트가 수립되었다는 소식을 접한다. 최근에 그리스도교인이 된 남편도 사라졌음을 알게 된 패티는 의식을 잃고 다시 침대로 쓰러진다. 이 시점에서 영화는 이전까지 그녀에게 무슨 일이 일어났는지 길게 보여 주는데, 여기에는 설교 장면, 피시마켓 콤보의 공연 장면, 남편 및 다른 그리스도교인들과 대화를 나누는 장면 등이 포함된다. 그다음 피시마켓 콤보의 리드 싱어가 잔디를 깎다가 갑자기 사라지는 등 휴거 장면이 짤막하게 등장하고 이야기는 다시 휴거 이후 세계로 돌아와, 유나이트가 낙인(0과 1로 이루어진 3단의 숫자열이며, 이진법으로 666을 나타낸다)을 받기를 거부하는 사람들을 모두 감옥에 가둔다. 긴 추격 장면이 이어지고, 패티는 어떤 다리 위로 몰린다. 그녀는 투항하기를 거부하고 다리에서 뛰어내린다. 그리고 나서 패티는 다시 자명종 소리에 눈을 뜨고 라디오 방송을 듣는다. 모든 것이 꿈이었다. 하지만 꿈에서 본 일은 이제부터 시작이다.

그림 9.1. 《밤중의 도둑》 극장 개봉 포스터, 1973.

　이 영화의 제작사인 마크 IV 픽처스Mark IV Pictures(마르코의 복음서 4장 33절 "예수께서는 그들이 알아들을 수 있을 정도로 이와 같은 여러 가지 비유로써 말씀을 전하셨다"를 가리킨다)는 오랫동안 독실한 그리스도교인이었던 러셀 S. 다우튼 주니어Russell S. Doughten Jr.와 막 그리스도교인이 된 열성 신자 도널드 W. 톰슨Donald W. Thompson이 공동으로 설립한 회사였다. 이들은 모두 B급 공포 영화와 액션 영화 등 다수의 비종교 영

그림 9.2. 홀로 남겨진 주인공 패티가 휴거 이후 세계에서 깨어났다. 《밤중의 도둑》, 1972/3.

화를 제작하고 감독한 경험이 있었다. 이들의 목표는 젊은이들을 위한 그리스도교 액션 모험물 영화를 만드는 것이었다.

《밤중의 도둑》의 모든 장면은 다우튼과 톰슨이 살던 아이오와주 디모인에서 촬영했다. 예산은 6만 달러 남짓이었으며 홍보 수단은 입소문이 전부였다. 영화는 예상의 최대치를 훌쩍 뛰어넘는 성공을 거두었다. 가장 인기가 좋을 때는 마크 IV 픽처스가 한 달에 받는 대여 예약만 1,500건에 달했다. 몇몇 지역 도서관들은 교회를 비롯한 단체들의 수요를 맞추기 위해 영화를 열다섯 부씩 소장하기도 했다. 내가 속해 있던 모임을 포함한 수많은 단체가 이 영화를 주기적으로 대여했다. 핼러윈이나 송년의 밤 같은 때 보기 위해서 말이다.

《밤중의 도둑》은 대략 100만 달러 이상을 벌어들였는데, 대여 수

입으로는 전례 없는 액수였다. 1984년 기준으로 비디오테이프 매출까지 더하면 수입은 420만 달러에 이르렀다고 알려져 있다. 총관객 수는 1억 명부터 3억 명이라는 엄청난 숫자까지 다양한 추정치가 나와 있다.[8]

이 숫자들을 염두에 둔다면 《밤중의 도둑》이 당시 미국의 수많은 청소년들에게 막대한 영향을 미쳤다는 사실이 놀랍지 않다. 이 영화는 수많은 청소년이 겁을 먹고 영화가 끝나기도 전에 그리스도교에 귀의해서 스스로 휴거를 준비할 수 있게 만들었다. 다우튼과 톰슨이 의도한 바대로 이루어진 것이다. 영화의 한 장면에서 어떤 소녀는 엄마 없이 홀로 남겨질 것을 두려워하다가 예수가 자기 마음에 들어와 주기를 청하는 아주 단순한 기도를 바치는데, 이는 어떤 말로 회심의 기도를 해야 하는지 관객들에게 알려 주는 장면이라고 볼 수 있다. 하지만 어떤 젊은이들은 충격을 받고 정반대 길로 빠졌다. 악마 숭배 록 공연을 펼치는 음악가 마릴린 맨슨Marilyn Manson이 그 대표적인 예다. 그는 이 영화를 보고 겁에 질려 결국 선과 악을 넘어선 니체주의에 빠지게 되었다고 회상한다.[9]

《밤중의 도둑》은 관객에게 겁을 주어 그리스도교인으로 개종시키는 것을 목표로 하는 복음주의 공포 영화 장르가 출현하는 데도 막대

---

8 다우튼이 《밤중의 도둑》 DVD에서 제시한 추정치는 1억 명이었지만, 그는 죽기 얼마 전에 누적 관객 수를 3억 명으로 추산했다. 그 이후로 대다수 신문 기사나 대중 뉴스 매체에서는 주로 3억 명이라는 수치를 언급한다.

9 Heather Hendershot, *Shaking the World for Jesus: Media and Conservative Evangelical Culture* (Chicago: University of Chicago Press, 2004), 188.

한 영향을 미쳤다. 이 영화의 흥행 덕분에 마크 IV 픽처스는 후속편 (1977년작 《먼 곳의 천둥》A Distant Thunder, 1981년작 《짐승의 우상》Image of the Beast, 1983년작 《탕자 지구》Prodigal Planet)을 제작할 수 있었고 다른 그리스 도교 B급 공포 영화들이 등장할 수 있었다. 이 가운데 가장 눈에 띄는 작품들은 론 오먼드Ron Ormond와 준 오먼드June Ormond가 만든 작품들이다. 이들은 1960년대에 B급 성인 영화를 만들다가 그리스도교인이 된 후, 지옥에서 무슨 일이 벌어지는지 보여 주기 위해 지옥불이 타오르고 구더기가 득실대는, 유혈이 낭자한 영화들을 만들었다. 이들의 가장 잘 알려진 작품인 《불타는 지옥》The Burning Hell(1974년), 《죽음》The Grim Reaper(1976년) 등을 관람한 관객들은 완전히 압도당해서 교회 지하 상영관에서 뛰쳐나와 토하거나 울거나 기도를 올렸다.

살아 있는 시체들의 밤중의 도둑

《밤중의 도둑》이 나중에 나온 훨씬 더 폭력적이고 예산도 많이 들어간 복음주의 공포 영화들과 구별되는 요소 중 하나는, 휴거 이후 하느님에게 버림받은 세계를 묘사할 때 기묘할 정도로 느릿느릿하고 따분한, 로파이lo-fi 감성의 한적한 아이오와 소도시를 배경으로 한다는 점이다.

이 로파이 감성이 전부 의도된 것은 아니었다. 다우튼과 톰슨은 매우 적은 예산을 가지고 작업했다. 출연 배우들은 모두 디모인 현지인들이었고 연기를 해 본 경험이 거의 없었다. 영화의 주제곡 《우리 모두 예비되어 있었다면》을 부른 피시마켓 콤보 역시 디모인의 영라

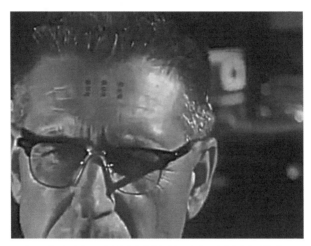

그림 9.3. "짐승의 낙인" 666의 이진법 숫자열을 찍은 유나이트 시민의 이마.《밤중의 도둑》,
1972/3.

이프에 소속된 학생 봉사자들이 만든 그룹이었다. 비행기와 기차가
부딪히고 사람들이 하늘로 휩쓸려 올라가고 공포에 질린 남겨진 사
람들에게 사악한 세계 지도자들이 낙인을 찍는 화려한 장면을 촬영
할 돈이 이들에게는 없었다.

휴거를 묘사하는 장면은 영화가 반 이상 흘러간 뒤에야 등장해 휴
거 이전에 대한 패티의 회상으로부터 휴거 이후 무시무시한 세계로
시점이 이동했음을 알려 준다. 이 장면 자체는 기이할 정도로 따분하
다. 영화는 잔디를 깎는 피시마켓 콤보의 리드 싱어와 하늘에 홀로
떠 있는 작은 구름을 번갈아 보여 주다가 마지막으로 사람은 없고 잔
디 깎는 기계만 잔디밭 한가운데에서 돌아가는 모습을 보여 준다.

이상하게도 강한 인상을 남겼던 이 작은 구름 장면은 사실 다우튼과 톰슨이 찍으려 했던 장면이 아니었다. 그들은 그리스도의 재림을 극적으로 표현하고 싶었기 때문에 하느님이 현현한 듯한 날씨, 천둥 번개를 동반한 구름이 있는 하늘을 원했다. 그러나 영화 촬영 기간 내내 디모인의 하늘에는 구름이 없었다. 톰슨이 우연히 보관하고 있던 구름 한 점 있는 장면이 이들에게 주어진 유일한 선택지였다.

의도하지는 않았지만, 이 음울한 장면은 디모인에서 펼쳐지는 로파이 휴거 이야기에 완전히 부합한다. 단일 세계 정부 유나이트가 자신들의 지배에 순응한다는 표시인 낙인을 도입하는 장면을 보면, 접이식 탁자 앞에 앉은 나이 지긋한 주민들이 점잖게 웃으면서 손이나 이마를 가리키며 자신이 어디에 낙인을 받고 싶은지 이야기한다.

이 영화는 여러 측면에서 1960~70년대에 나온 저예산 로파이 공포 영화들을 떠올리게 한다. 이를테면 도입부의 공연 장면이 나온 다음 곧장 이어지는 장면을 살펴보자. 핸드헬드 카메라로 촬영된 이리저리 흔들리는 화면에는 강렬한 색상의 축제 이미지가 가득하고, 유령의 집에서나 들을 수 있을 법한 기괴하고 악마적인 웃음소리가 음향으로 삽입되어 있다. 이 소리는 음향 감독인 랠프 카마이클Ralph Carmichael이 만들어 낸 것으로, 그는 '그리스도교 영화계의 버나드 허먼Bernard Herrmann'이라 불리곤 했다(허먼은 앨프리드 히치콕Alfred Hitchcock의 1960년작 공포 영화 《사이코》Psycho에 나오는 날카로운 바이올린 소리로 널리 알려져 있다).[10]

---

10 최근에 개종한 남편은 사라지고 주인공 패티 홀로 깨어나 라디오를 통해 무슨 일이 일어났는지 알게 되는, 완전히 똑같은 장면 묘사로 시작하고 끝나는 영화

하느님이 떠난 세계에 이처럼 따분한 종말론적 로파이 분위기를 부여하는 《밤중의 도둑》의 요소들은 많은 부분에서 조지 로메로George Romero의 1968년작 로파이 영화 《살아 있는 시체들의 밤》Night of the Living Dead을 연상시킨다. 제작의 측면에서 두 영화는 모두 단조로운 도시에서 촬영되었고(《살아 있는 시체들의 밤》은 펜실베이니아주 피츠버그, 《밤중의 도둑》은 아이오와 주 디모인) 저예산으로 제작되었으며(각각 11만 4천 달러와 6만 달러) 대부분 연기 경험이 없는 비전문 배우들을 기용했고 전반적으로 조잡한 음질과 거친 화질을 보여 준다.

이러한 제작 과정, 음질, 화질 등의 유사성 이상으로 두 영화는 서사에서도 많은 요소를 공유하고 있다. 예를 들어 두 영화는 주인공과 그가 사는 지역의 위기 상황이 어떤 전 세계적 맥락 안에 놓여 있는지 관객에게 알려 주기 위해 비상 라디오 방송과 텔레비전 방송을 이용한다. 두 영화 모두 라디오(《살아 있는 시체들의 밤》의 경우 자동차 라디오, 《밤중의 도둑》의 경우 패티의 침대 옆 라디오)가 갑자기 켜지면서 시작된다. 하지만 《밤중의 도둑》이 《살아 있는 시체들의 밤》과 가장 유사한 부분은 패티가 유나이트에게 체포되었다가 탈출한 다음 이상하게 텅 비어 버린 도시와 근처 숲에서 추격전을 벌이는 장면들이다. 패티가 밤중에 어두운 집에서 홀로 앉아 뉴스를 보고 있을 때 좀비 같은 유나이트 소속 경찰들은 바깥에 잠복해 있다. 체포되었다가 탈출한

의 서사 구성 전략도 마찬가지다. 이러한 구성은 《밤중의 도둑》처럼 느릿느릿하고 으스스한 저예산 공포 영화 《영혼의 카니발》Carnival of Souls(1962년)을 연상시키는데, 이 영화를 제작, 연출하고 각본도 쓴 허크 하비Herk Harvey는 시작 장면으로 되돌아가는 깜짝 결말을 가진 산업 영화와 광고로 이름을 얻었다.

뒤에도 그녀는 이 느릿느릿하고 말 없고 쉽게 따돌릴 수 있지만 끈질긴 추적자들로부터 손쉽게 **빠져나오**곤 한다. 추격전 중 한 장면에서 그녀는 이마에 낙인을 찍은 좀비 같은 중년 부부와 길에서 부딪히고 소스라치게 놀란다.

영화는 효과적으로 관객이 패티와 자신을 동일시하게 만든다. 영화의 중반쯤에 이르면 패티는 유일하게 낙인을 받지 않고 남겨진 인물이 된다(그녀가 따르던 진보적인 목사 터너Turner는 다우튼이 직접 연기한 인물로, 그 역시 남겨졌지만 자신이 이전에 주장한 진보 신학을 버리고 유나이트에 저항하다가 처형당한다). 관객이 하느님에게 버려진 채 휴거 이후 세계에 고립된 패티와 자신을 동일시할 수 있도록, 영화는 두 가지의 흔한 영화 기법을 동원한다.

첫 번째는 길고 꿈 같은 회상 장면을 통해 지금까지 일어난 일, 즉 구원받은 이들이 하늘로 들어 올려졌음을 설명하는 것이다. 이 회상 장면에는 휴거가 임박했음을 경고하는 피시마켓 콤보 리드 싱어의 짧은 설교, 휴거와 고난이 임박했으며 예수 그리스도를 자신의 주님이자 구원자로 받아들이면 구원받을 수 있다는 (진보적인 목사와 대비되는) 훌륭한 목사의 설교와 대화, 영화 주제곡인《우리 모두 예비되어 있었다면》이 구슬프게 연주되는 가운데 나오는 휴거 이전 패티의 행복한 결혼 생활, 패티의 남편과 친구가 개종하고서 그녀만 남겨두고 떠난 장면 등이 포함된다.

패티와의 동일시를 유도하는 두 번째 방법은 쇼트/역쇼트를 연결하는 것이다. 영화에서는 인물이 어떤 사람이나 물건을 바라보고, 곧 바로 이어지는 장면에서는 시점을 180도 전환시켜 인물이 보는 것을 관객도 보게 만든다(간혹 또 다른 장면이 이어지면서 원래의 시점으로 돌아오기도 한다). 이러한 방식은 관객이 인물과 자신을 동일시하게 만드는 효과를 낸다.

《밤중의 도둑》에는 쇼트/역쇼트 장면이 여러 번 등장해 관객이 다른 모든 사람, 사물들로부터 소외된 패티와 자신을 동일시하게 만든다. 회상 장면에서 패티는 훌륭한 목사를 불신하고 목사가 전하는 복음을 받아들이는 남편까지 의심하는데, 이때 쇼트/역쇼트가 사용된다. 그녀가 유나이트의 깡패들과 낙인을 받은 좀비 같은 늙은이들을 맞닥뜨리고 도망가는 장면에서도 쇼트/역쇼트가 사용된다. 이 쇼트/역쇼트 장면이 나올 때마다 관객의 세계는 패티의 세계처럼 점점 적대적으로 변하고 관객은 점점 고립감을 느끼게 된다. 한때 친구였던 사람들에 의해 함정에 빠지고 다리에서 뛰어내려 죽을 때까지 말이다. 그리고 자명종 소리에 패티가 다시 깨어나면 관객은 패티처럼 모든 일이 시작되는 시점에 자신이 홀로 남게 되었다는 느낌을 받는다.

계시록을 암호화하다

계시록과 연관된 신화적 요소들이 영화가 다루는 고난 이전 휴거 서사 곳곳에 수수께끼처럼 배치된 것도 이 영화의 로파이 공포 분위기가 만들어지는 데 한몫을 한다. 계시록의 조각이 영화 속에 암호처럼 숨겨져 있는 곳을 꼽자면 세 군데가 있다.

가장 분명하게 드러나는 요소는 유나이트에 대한 복종과 충성을 맹세한다는 표식으로 모든 사람이 가지고 있어야 하는, 컴퓨터로 생성된 숫자 666이다. 흥미롭게도 영화는 계시록에서 물건을 사고팔기 위해 오른손이나 이마에 가지고 있어야 하는 짐승의 낙인 숫자(계시 13:16~18)와 영화 속의 이 숫자가 동일한 것이라고 명시적으로 언급하지는 않는다. 마찬가지로 유나이트도 짐승이라든가 하느님이 버린 지상 세계를 지배하는 악마라고 분명하게 못 박지는 않는다. 해독되지 않는 이 상징은 패티를, 그리고 패티와 자신을 동일시하는 대다수 관객을 불가해하고 불확실한 무지 상태로 남겨 둔다.

두 번째 요소는 하느님의 도장이 이마에 찍히지 않은 사람들을 괴롭히기 위해 천사들이 풀어놓은, 사람 얼굴을 하고 갑옷을 입은 메뚜기 떼(계시 9:1~11)다. 영화 초반부의 한 장면을 보면, 지상에서 촬영된 헬리콥터 아래쪽의 모습이 점차 흐려지다가 부엌 창유리에 붙은 메뚜기가 클로즈업된 모습으로 자연스럽게 넘어간다. 많은 관객이 헬리콥터와 메뚜기 사이의 이 시각적 연관을 이해하지 못해 당혹스러웠겠지만, 1970년대 초 종말론 성향의 열성 신자들 사이에서는 요한이 환상 속에서 보고 메뚜기라고 생각한 것이 사실 코브라 공격 헬리콥터였으며 하르마게돈에서 벌어질 전투에서 코브라 헬리콥터가 쓰일 것이라는 믿음이 퍼져 있었다. 영화 후반부에 패티는 바로 이 헬리콥터를 탄 유나이트의 병사들에게 쫓긴다.[11]

세 번째 요소는 그리스도가 '밤중의 도둑과 같이' 돌아올 것이라는

---

11 예를 들면 다음을 보라. Hal Lindsey, *There's a New World Coming*, 8.

경고다(계시 3:3, 16:15, 1데살 5:2).[12] 우리가 전혀 예상하지 못한 때 휴거가 일어난다는 이 생각은 복음주의 담론에 널리 퍼져 있었다. 그러나 이 관념이 이 영화의 맥락 속에 놓이자 (순화되기는 했어도) 소름 돋는 의미가 생겨났다. 하느님이 언제든 우리 집에 침입해 우리를 데려갈 수 있는 존재, 더 심각하게는 우리가 사랑하는 사람을 데려갈 수 있는 위협적 존재가 되는 것이다. 패티가 잠에서 깨어나 남편의 전기면도기가 홀로 작동하고 있는 것을 발견한 모습은 이를 의미심장하게 보여 준다. 이 같은 영화 기법들에 더해 이 영화를 경험하는 환경이 전형적인 종교 의례 같았다는 사실(이 영화를 본 대다수 관객은 저녁나절에, 교회나 엇비슷한 종교 시설 안에서, 기도로 시작되고 기도로 끝마치는 그리스도교 청년 모임의 무리 한가운데서 오도 가도 못 한 채 영화를 보았을 것이다)을 염두에 두어야 한다. 영화를 본 관객은 휴거 다음 날을 맞이하느니 차라리 살아 있는 시체들과 밤을 보내겠다는 생각을 했을 것이다

휴거 공포물에서 휴거 모험물로

《밤중의 도둑》에서 시작된, 따분하지만 수익성 좋은 영화의 계보는 1980~90년대의 수많은 휴거 영화와 고난 단편 영화들로 이어졌다. 그 절정은 클라우드 텐 픽처스Cloud Ten Pictures의 《남겨진 사람들》Left Behind 시리즈였다. 이 시리즈는 많은 부분에서 팀 라헤이Tim LaHaye와

---

12 이 구절은 마태오 복음서 24장 36~44절에도 나온다. 루가 복음서 12장 39절, 데살로니카인들에게 보낸 첫째 편지 5장 2절, 베드로의 둘째 편지 3장 10절도 참조하라.

제리 B. 젠킨스Jerry B. Jenkins가 쓴 종말론적 판타지 액션 소설 베스트셀러 시리즈를 따랐다. 영화는 처음에 3부작이 만들어졌고(2000년작 《남겨진 사람들 - 더 무비》Left Behind: The Movie, 2002년작 《남겨진 사람들 - 고난의 군대》Left Behind II: Tribulation Force, 2005년작 《남겨진 사람들 - 세계 전쟁》Left Behind III: World at War), 2014년 니컬러스 케이지Nicolas Cage를 주연으로 한 단독 영화 《레프트 비하인드 - 휴거의 시작》Left Behind이 나왔다.[13]

'남겨진 사람들'이라는 제목에서 알 수 있듯 이 시리즈는 《밤중의 도둑》과 그 후속 영화들에서 영감을 얻었고, 작가인 라헤이와 젠킨스도 이 점을 기꺼이 인정했다. 《남겨진 사람들》 시리즈(와 원작 소설)에 새롭고 재미있는 내용이 많지는 않다. 이 영화는 이전에 나온 세대론 도식들, 밥티스타의 초기 휴거 영화, (당연히) 《밤중의 도둑》에서 차용한 장면 및 주제들로 가득 차 있는데, 이는 복음주의 종말론 신화라는 영역에서 지극히 상투적인 요소들이다. 이 영화는 이런 영화를 접하는 관객들이라면 으레 기대할 만한 장면들, 즉 조종하는 사람 없는 비행기와 기차와 자동차들이 서로 충돌하고, 부모들은 휴거된 자녀들의 아기 이불과 곰 인형을 끌어안으며 울고, 아내 잃은 남편들과 남편 잃은 아내들, 휴거된 주인의 옷가지 주변을 맴도는 애완동물이 등장하는 장면을 담고 있다. 진보적인 목사가 예배당에 남아 회한의 눈물을 흘리면서 자신의 신앙을 버리기에는 이미 너무 늦었음을 깨닫는 장면도 당연히 나온다.

---

13   Terry Lindvall and Andrew Quicke, *Celluloid Sermons*. Heather Hendershot, *Shaking the World for Jesus*.

이처럼 영화라는 측면에서 이 시리즈는 특별한 점이 없다. 하지만 《남겨진 사람들》 3부작과 최근에 니컬러스 케이지 주연으로 새롭게 만들어진 《레프트 비하인드》는 복음주의 종말론 문화의 변화를 보여주는 징후로 주목할 만하다. 이 영화들은 공포에서 쾌감으로의 변화를 시사한다. 이 영화를 본 사람들은 종말을 두려워하지 않는다. 오히려 기대한다.

《밤중의 도둑》에서 남겨지는 일이란 오싹할 정도로 지루하고 하느님마저 내버린 아이오와의 불모지에 버림받는, 정말로 끔찍한 악몽이었다. 이 영화에서 하느님이 떠나갔다는 사실은 사랑하는 이들의 부재를 돋보이게 하고, 사랑하는 이들이 떠나갔다는 사실은 하느님의 부재를 돋보이게 한다.

반면 《남겨진 사람들》에 나오는 휴거 이후 세계는 모험 소설이나 비디오 게임에 나올 법한 온갖 활극이 펼쳐지는 무대다.[14] 이 종말 스릴러물에서 우리의 영웅 '고난의 성도들'은 최후의 악당인 적그리스도 니콜라에 카르파티아Nicolae Carpathia에 맞서는 최후의 저항 운동을 이끈다. 1931년작 《드라큘라》의 주인공을 맡은 벨라 루고시Bela Lugosi와 억양이 비슷하고 이름도 카르파티아인 점으로 미루어, 이 인물은 브램 스토커Bram Stoker가 창조한 카르파티아산맥의 사악한 침입자 드

---

14 따라서 이 영화들은 할리우드의 친숙한 양식들을 착실하게 수용했고, 그 결과 (거의 언제나 남성인) 단독 주인공은 반드시 살아남고, 이겨낼 수 없을 것처럼 보이는 고난을 극복하며, 그가 악에게 승리를 거두는 것은 신앙뿐 아니라 용기와 노련함 덕분이기도 하다. 할리우드의 이러한 양식에 관해, 그리고 그리스도교 영화 산업이 이러한 양식과의 관계에서 빚는 충돌에 관해 다음을 참조하라. Terry Lindvall, *Sanctuary Cinema*, 24.

라큘라 백작을 떠올리게 만든 것 같다. 《밤중의 도둑》과 달리 《남겨진 사람들》 시리즈를 보면 휴거된 사람들이 안타깝다는 생각이 들 정도다. 이처럼 신나는 일들을 놓쳤으니 말이다.

클라우드 텐 픽처스는 니컬러스 케이지 주연 2014년 영화의 속편을 만들 생각이 있었다. 이 영화의 마지막 장면에서 주요 등장인물 중 한 명은 불타는 도시의 하늘을 응시하며 고개를 젓고 말한다. "세상의 종말이 온 것 같아." 그러자 다른 인물이 대답한다. "아직 아니에요. 이제 시작이죠." 안타깝지만 《레프트 비하인드》 시리즈를 만들 자금은 마련하지 못한 것 같다. 인디고고indiegogo.com에서 진행된 크라우드 펀딩은 2015년 5월 종료 시까지 목표 금액 50만 달러의 16%밖에 달성하지 못하고 처참하게 실패했다. 모금 기간이 끝났음을 알리는 "남은 시간 없음"이라는 문구가 아이러니가 되는 순간이었다.

휴거 모험물에서 좀비 아포칼립스로

클라우드 텐 픽처스의 공동 설립자 폴 랄론드Paul Lalonde는 《레프트 비하인드》의 실패를 딛고 새롭게 몰두할 무언가를 찾아냈다. 그는 《밤중의 도둑》부터 시작된 (계시록에서 영감을 얻은) 그리스도교 휴거 이야기의 세계를 떠나 새로운 종말론 문화의 보고로 향했다. 《살아 있는 시체들의 밤》이 불러낸 세계, 즉 좀비물이었다.

2016년 봄, 랄론드와 마이클 워커Michael Walker, 백 40 픽처스Back 40 Pictures의 존 비데트John Vidette는 데이비드 크로넨버그David Cronenberg 감독의 1977년작 SF 좀비 스릴러 《라비드》Rabid를 리메이크하겠다고 발표했다. 《라비드》는 한 여자가 오토바이 사고로 성형 수술을 받은 이후 인간의 피를 갈망하게 되고 그녀에게 피를 빨린 이들도 피에 목마른 좀비가 되어 계속해서 다른 이들을 감염시킨다는 이야기다.

영화는 쌍둥이 자매인 젠 소스카Jen Soska와 실비아 소스카Sylvia Soska 가 감독을 맡아 2018년 초부터 촬영할 예정이다.[15] 소스카 자매는 《아메리칸 메리》American Mary(2012년), 《트렁크 속 죽은 창녀》Dead Hooker in a Trunk(2009년) 등의 공포 영화로 유명한데, 《아메리칸 메리》는 극단적 신체 변형을 원하는 고객들을 수술해 주고 번 돈으로 의대 공부를 해 나가는 젊은 여성 메리의 이야기고, 《트렁크 속 죽은 창녀》는 젠과 실비아가 각각 연기한 배드애스Badass와 긱Geek이 교회 청년부 모임에 참석한 친구 구디 투 슈즈Goody Two Shoes를 차에 태운 뒤 펼쳐지는 끔찍한 밤을 다룬 이야기다.

이 새로운 영화 사업은 소설 《남겨진 사람들》의 저자 팀 라헤이와 제리 젠킨스가 클라우드 텐 픽처스와의 영화 판권 분쟁 이후 줄기차게 주장했던 한 가지를 확인시켜 준다. 랄론드는 고난의 성도들보다 니콜라에 카르파티아에 더 가깝다는 것이다. 하지만 랄론드는 그런 것에는 관심이 없어 보인다. 그는 돈을 좇을 뿐이다. 휴거 영화는 적어도 한동안은 시대에 뒤떨어진 것으로 남겠지만, 좀비 문화는 여전히 유행하고 있으니 말이다.

그리고 휴거 이후 세계는 생각보다 좀비의 세계와 많은 공통점이

---

15 'A71 Takes Soska Sisters' Remake of David Cronenberg's 'Rabid' for Canada', *The Hollywood Reporter*, November 5, 2017.

있다. 고난의 성도들과 좀비 사냥꾼 사이에는 적어도 다섯 가지 유사점이 있다.

첫째, 두 세계는 모두 어떤 의미에서는 하느님 이후의 세계, 하느님이 임한 다음에 오는 세계, 하느님이 떠났음이 감지되는 신학적 진공 상태의 세계다. 두 세계는 모두 하느님에게 버림받은 생지옥의 세계다.

둘째, 두 세계는 모두 '우리 대 그들'이라는 역학 위에 세워진다. '우리'는 지금 무슨 일이 벌어지는지 알고 구원받으려는 개인들이 모인, 포위당한 공동체다. '그들'은 서로 구별되지 않고 개성도 없으며 세뇌당했거나 뇌사 상태인 군중으로 이미 악의 세력에 패배한 살아 있는 시체들이다. 바깥에 있는 '그들'이 안에 있는 '우리'에게 주는 가장 무시무시한 위협은 우리 개인의 주관을, 혹은 말 그대로 영혼을 앗아가 버릴지도 모른다는 것이다. 휴거 이후 세계에서 패티와 그녀에게 이입한 관객인 우리는 유나이트의 지배 질서에 순응하라고 압박받을 때 우리의 영혼을 빼앗길 것만 같은 두려움을 느낀다. 유나이트('통합하다')라는 이름 자체가 낙인을 받고 복종한 피지배자들의 동질적 단일성을 나타낸다. 마찬가지로 좀비가 창궐한 세계에서 생존자들에게 이입한 관객인 우리는 서로 구별되지 않는 지각 없는 몸뚱이들이 끊임없이 쇄도할 때, 살아 움직이는 죽음의 엔트로피 열탕에 둘러싸일 때 우리의 영혼을 빼앗길 것만 같은 두려움을 느낀다.[16]

---

16 Kim Paffenroth, *The Gospel of the Living Dead: George Romero's Vision of Hell on Earth* (Waco, TX: Baylor University Press, 2006)에서 지적하듯이, 좀비는 단테의 「지옥편」에

셋째, 두 세계는 모두 우리를 겁주기 위해 만들어진다. 휴거 이후 세계에 남은 자신을 상상하면 우리는 겁에 질려 악의 권세를 비난하고 예수 그리스도를 우리의 주인이자 구원자로 받아들이게 된다. 좀비들의 세계에 남은 자신을 상상하면 우리는 사방팔방에서 닥쳐오는 혼돈의 세력에 대항할 안전한 공동체를 만들기 위해 친구와 동료들에게 더 바싹 다가설 수밖에 없다(외부인 출입을 제한하는 주택 단지들과 '국토 안보'라는 말을 떠올려 보라). 두 세계 모두 바깥에는 버려지고 파멸한 존재들이 있으며, 이들이 버려지고 파멸했다는 사실 자체가 나는 계속 살아 있을 것이고 생명책에 내 이름이 적혀 있으리라는 기대에 대한 직접적 위협이 된다.

넷째, 두 세계는 모두 전쟁, 테러리즘, 대규모 죽음의 시대에 유독 인기가 있다. 밥티스타의 휴거 영화가 제2차 세계 대전 중에 개봉한 것이 우연일까? 《밤중의 도둑》(그리고 핼 린지의 『위대한 행성 지구의 만년』)과 《살아 있는 시체들의 밤》이 베트남 전쟁 시기, 그리고 소련과 미국의 냉전이 한창 격화될 때 나온 것이 우연일까? 이 영화들을 계승한 작품들이 2001년 9월 11일 이후 미국이 '테러와의 전쟁'을 벌인 시기에 나온 것이 우연일까? 이러한 맥락에서 휴거와 좀비의 세계는 무의미한 대규모 폭력과 죽음 때문에 생긴 집단 트라우마가 발현된 것이라고 볼 수도 있다. 이는 앞서 살펴보았듯 1세기의 요한 계시록

등장하는 지옥의 망자들을 닮은 것처럼 보인다. 이들은 "지성의 좋음을 상실한 비참한 무리"(3.16~18)라고 묘사되며, 저자가 지적하듯이 "식욕만 남은 존재들"(23)이다.

도 마찬가지였다.

마지막으로 다섯째, 두 세계는 모두 전쟁으로 피폐해진 계시록의 세계를 떠올리게 하는 데 그치지 않고 계시록의 요소들을 차용한다. 계시록이 휴거 공포 문화에서 어떤 모습으로 나타나는지는 이미 자세하게 논의했다. 좀비 공포물 문화에서도 계시록은 영감의 원천이다. 좀비물 창조자들은 죽기를 원하지만 죽을 수 없는 사람들("죽음이 그들을 피해 달아날 것입니다"(계시 9:6))에 대한 묘사, 낙인을 받지 않고 목이 잘려 죽은 이들이 되살아나는 "첫째 부활"에 관한 묘사(계시 20)에서 영감을 얻었다. 인기 있는 TV 시리즈 《워킹 데드》The Walking Dead 의 등장인물 허셜 그린Hershel Greene은 독실한 그리스도교인으로, 좀비들이 자신의 농장과 가족들을 덮치자 말한다.

내가 하느님의 뜻을 안다고 감히 말할 순 없어요. 그리스도께서는 죽은 이들이 부활할 거라고 약속하셨죠. 나는 그 말씀이 이런 것과는 좀 다른 거라고 생각했어요.[17]

---

17 Ernest Dickerson, The Walking Dead, 'Beside the Dying Fire', season 2, episode 13, *American Movie Channel*, March 18, 2012. 좀비 문화가 종말론, 계시록, 기타 성서 문헌과 맺는 관계에 대한 상세한 연구는 다음을 참조하라. Kelly J. Murphy, 'The End Is (Still) All Around: The Zombie and Contemporary Apocalyptic Thought', *Apocalypses in Context: Apocalyptic Currents through History* (Minneapolis, MN: Fortress Press, 2016) David Pagano, 'The Space of Apocalypse in Zombie Cinema', *Zombie Culture: Autopsies of the Living Dead* (Lanham, MD: Scarecrow Press, 2008)

공포

　이처럼 복음주의 종말론 공포 영화의 휴거와 고난 서사를 좀비 영화에 연결 지어 생각해 보면, 오늘날 문화에서 종교와 공포 사이에 존재하는 깊은 연관성과 계시록을 활용하는 다양한 방식을 알 수 있다. 휴거 이후 이야기는 하느님이 떠난 고난의 시대에 남게 된다는 두려움을 반영하며, 무덤에서 기어 올라오는 좀비는 (아무리 미화되었다 한들) 죽은 이들의 부활이라는 그리스도교의 전망이 불러일으키는 승화된 공포감과 혐오감을 반영한다. 이러한 전망은 많은 부분 계시록 전통에서 유래했고, 육신의 부활을 믿는다고 고백하는 니케아 신경을 통해 그리스도교 신앙의 핵심 교리가 되었다.

　계시록의 소생으로서 휴거 공포와 좀비 종말론은 우리가 이 계시록 전기에서 거듭 살펴본 무언가를 공유하고 있다. 오랫동안 사람들은 의로운 이들이 하느님, 그리스도와 함께 새 하늘 새 땅 새 예루살렘에서 행복하게 살아갈 것이라는 아름다운 궁극적 전망에 이끌리기보다는 세계의 종말이 자아내는 공포와 폭력에 이끌렸다. 왜 그럴까? 어째서 중간에 놓인 공포와 폭력이 마지막에 약속된 기쁨과 평화를 무색하게 만드는 것일까? 어쩌면, 공포로 가득 찬 세계가 불가항력적이고 상상할 수 없을 정도로 잔혹하기는 하지만, 공포가 없는 세계보다는 한결 그럴듯하다고 여기기 때문은 아닐까.

10

우리의 일부가 된 계시록

이 책이 포함된 '위대한 종교 저작들의 생애' 총서에서는 일종의 향수가 느껴진다. 종이책 문화의 황혼기에 이 총서가 멋진 종이책으로 나오는 것은 우연이 아니다. 종이책이 사라지지는 않을 것이다. 그러나 읽고 쓰는 매체의 절대다수가 종이책인 세상은 결코 다시 오지 않을 것이다. 지금은 책들이 인쇄의 시대에 어떤 생을 살았는지 돌이켜 보며 감상하는 시대다.

그러나 계시록은 단 한 번도 인쇄된 책이라는 틀 안에 갇힌 적이 없다. 물론 여러 번 등장하는 일곱이라는 숫자를 중심으로 (우리가 듣거나 읽는) 일련의 단어들이 조리 있게 배열되고 느슨한 서사 구조를 이루어 마침내 최후의 전투, 최후의 심판, 그리고 새 하늘과 새 땅과 거룩한 새 도성의 도래에 관한 전망으로 마무리되는, 계시록이라 불리는 문헌 전승이 있기는 하다. 하지만 이 문헌 전승은 초대 그리스 도교회에서는 큰 소리로 낭독되었고 그 후에는 두루마리에 손으로 기록되었다가 이내 코덱스로, 채색 필사본으로, 인쇄본으로, 오디오북과 소프트웨어와 모바일 웹 프로그램으로 변모하는 등 다양한 매체를 통해 생명력을 유지했다. 게다가 지금까지 이 전기를 통해 살펴보았듯 계시록의 단어들은 계속해서 서로 분리되어 새로운 문헌과 구전의 맥락으로 파고들었고, 끊임없이 다른 심상, 음악, 공간, 사물과 결합했다. 계시록은 책이 아니다. 좁은 의미에서의 본문도 아니며, 계속 확장하고 수축하는 다중매체 집합체다.

계시록은 우리의 일부다. 느슨하게 묶인 계시록의 심상과 구절들, 조각과 파편들은 사람들의 상상을 거쳐 수축하고 확장되었다. 그리고 여기서 새로운 계시록, 새로운 역사 도식, 새로운 지정학적 해독, 낯선 신들로 가득한 새로운 세계, 공현epiphany을 위한 새로운 무대, 휴거라는 새로운 환상, 홀로 남겨진다는 새로운 악몽이 끊임없이 생겨난다. 아이러니하게도 끝은 보이지 않는다. 계시록은 계속해서 번성했다. 계시록은 최근까지도 수백 가지 모습(텔레비전 쇼, 영화, 노래, 웹사이트, 새로운 종교 운동)으로 되살아났다. 이들은 모두 계시록 전통에서부터 나왔고 이 전통을 풍성하게 했다. 이 중 일부는 성서 속 계시록 본문과 조금이나마 관계가 있다는 흔적을 품고 있지만, 많은 경우에는 그렇지 않다. 이와 같은 계시록의 탈그리스도교적, 탈성서적 생애는 계시록을 정경으로 선언한 종교 전통보다 계시록이 더 오래 살아남을 수도 있음을 보여 준다.

우리는 종말 안에 있다

성서학자 스티븐 D. 무어Stephen D. Moore는 말했다.

> 계시록에는 경고 표시가 없다. … 계시록을 집어삼킬 듯이, 게걸스
> 럽게, 거침없이 읽은 뒤에야 우리는 계시록의 봉인이 이미 떼어졌다
> 는 사실을 깨닫는다. 역사에서 계시록은 언제나 봉인되지 않은 책이
> 었다. 이 책에서는 끔찍한 독이 흘러내렸다. 의식을 흔들어 놓는 아
> 찔한 냄새가, 절박한 희망과 악의 가득한 기쁨이 쏟아져 나왔다.[1]

오늘날에도 독, 냄새, 희망, 기쁨이 우리에게 배어들도록 계시록을
"거침없이" 읽을 이유가 있을까? 클리블랜드에서 레드 라인 전철을
타고 공항에 가던 중 나보다 몇 자리 앞에 앉은 한 젊은이가 통화를
하는 와중에 말했다. "알잖아. 세상은 진작에 끝장났어. 계시록 속에
서 사는 거야." 그때 나는 여성주의 신학자 캐서린 켈러Catherine Keller의
책『종말의 어제와 오늘』Apocalypse Now and Then을 읽고 있었다. 아마 켈
러도 그의 말에 동의했을 것이다.[2] 책에서 그녀는 말한다.

> 우리는 종말 안에 있다. 우리는 종말이라는 각본 안에서 살아가며,
> 위기에 처할 때마다 습관적으로 이 각본을 따라 행동한다. 우리는

---

1   Stephen D. Moore, *Untold Tales from the Book of Revelation: Sex and Gender, Empire and Ecology* (Atlanta: Society of Biblical Literature, 2014), 1.

2   Catherine Keller, *Apocalypse Now and Then: A Feminist Guide to the End of the World* (Boston: Beacon, 1996)

이 각본이 영향을 미치는 사회, 환경의 역사를 수용하고 있다.[3]

이 "종말이라는 각본"의 배후에는 "종말론의 흐름"이 있는데, 이는 계시록의 특정 요소들로부터 구성된 것이다.

'선한 것' 대 '악한 것'이라는 양극 구도로 생각하고 느끼는 경향, 선한 것과 자신을 동일시하고 '적' 앞에서 분열하지 않고 단합함으로써 악한 것을 자신과 자신의 세계로부터 영원히 몰아내려는 경향, 선한 것이 악한 것에 의해 괴롭힘당하고 있으며 악한 것은 끔찍할 정도로 막강하다고 느끼는 경향, 대재앙에 가까운 최후의 결전이 가까운 미래에 일어나고 심각한 피해가 있겠지만 그럼에도 초월적인 힘의 도움을 받아 선한 것이 승리하고 근본적으로 새로운 세계 속에서 영원히 살게 되기를 기대하는 경향.[4]

이처럼 악한 것이 선한 것에서 궁극적으로 제거되는 일은 살면서 경험하기가 불가능하기 때문에, 우리의 종말론 각본은 우리가 악의 힘에 지배당하는 억압의 시대 속에서 신앙을 지키는 사람들이라고 믿도록 격려한다. 앞에서 살펴보았듯 악의 힘은 요가를 경계하는 이들의 말처럼 "암흑의 권세"의 모습으로, 혹은 크라나흐가 묘사한 것처럼 사악한 교황의 모습으로 나타나곤 한다.

---

3 Catherine Keller, *Apocalypse Now and Then*, 12~13.
4 Catherine Keller, *Apocalypse Now and Then*, 11.

(사악한 적들, 생태계의 대재앙, 임박한 최후의 전투와 최후의 심판 등) 계시록의 단편을 차용한 종말론 각본은 우리가 처한 상황인 동시에 우리의 상황에 대한 해석이다. 우리는 이 각본대로 행동하고, 이어서 이 각본은 우리의 행동을 해석한다. 자기실현적 예언을 낳는 일종의 순환인 것이다.

그리스도교 우파들에게 이러한 습관이 있다는 것은 널리 알려져 있다. 그들은 휴거 이론 못지않게 이 각본에 심취한 나머지 이 세상이 그리 오랫동안 필요하지는 않을 것이라고 주장한다. 하지만 동시에 그들은 우리가 진짜로 이 지구에서 환영받지 못하는 존재가 될 가능성은 무시한다. 버락 오바마Barak Obama가 두 번 미국 대통령을 맡고 있는 동안 그리스도교 우파에서는 수많은 웹사이트, 스팸 메일을 양산하며 그가 적그리스도라고 떠들어 댔다. 마찬가지로, 우파 진영의 수많은 인물은 힐러리 클린턴이 남편 빌 클린턴Bill Clinton의 대통령 임기 중인 1993년 전 국민 의료 보험을 추진한 이래 그녀가 창녀 바빌론이라고 믿었다.

한편, 수많은 종말론 성향의 보수 그리스도교인들은 2017년 12월 대통령 도널드 J. 트럼프Donald J. Trump가 예루살렘을 이스라엘의 수도로 공식 선언했을 때 성서의 예언이 실현되었다며 기뻐했고, 그리스도의 재림과 예루살렘에서의 통치를 위한 무대가 마련되었다고 보았다. 매슈 게이브리얼Matthew Gabriele이 적절하게 지적했듯 트럼프의 결단을 이렇게 해석함으로써 그들은 이 사건을 "세속의 시간이 아닌 성스러운 시간 속에" 위치시켰고 이를 "하느님의 세계 계획의 일부이자

(국제법상 여전히 점령지로 간주되는) 거룩한 도시의 재통합과 고대 이스라엘 성전의 재건을 향한 한 걸음"으로 만들었다. "다시 말해, 종말을 향한 한 걸음"을 내디딘 것이다.[5]

그러나 종교적이든 비종교적이든 좌파 진영에 속한 인물들도 종말론 각본에 길들여져 있기는 매한가지다. 이들은 계시록의 언어로 우파의 지도자들을 비난하면서, 사람을 기만하고 잔혹한 폭력을 휘두르는 사악한 힘을 그들에게 투사하고, 가난한 이들과 억압당한 이들을 희생시키면서 부를 추구하는 그들의 기만과 탐욕을 비판한다. 2016년 11월 선거에서 트럼프가 당선된 이후로 많은 사람이 그를 계시록의 짐승과 666에 연관 지었는데, 이들은 여러 징조 가운데 특히 2016이라는 숫자가 666+666+666+6+6+6과 같다는 점, 트럼프가 즐겨 사용하는 '오케이' 손짓이 숫자 6과 닮았다는 점, 트럼프의 사위 재러드 쿠슈너Jared Kushner의 부동산 회사가 뉴욕 5번가 666번지 건물을 소유했다는 점에 주목했다.[6]

좌파 진영에서 종말에 대한 불안을 점점 더 크게 느끼는 이유는 점점 더 많은 자유주의자가 최후의 날을 준비하는 데 몰두하고 있는 것처럼 보이기 때문이다. 이를테면 테러 공격이라든가, 트럼프 행정

---

5 Matthew Gabriele, 'Trump's Recognition of Jerusalem Excites Apocalyptic Fervor', *Religion News Service*, December 11, 2017, http://religionnews.com/2017/12/11/trumps-recognition-of-jerusalem-excites-apocalyptic-fervor/

6 인터넷 검색창에 트럼프의 이름과 '666' 또는 '적그리스도'만 검색해도 엄청난 양의 결과가 나온다. 예를 들어 다음을 보라. 'One in Four Americans Think Obama May Be the Antichrist', *The Guardian*, April 2, 2013. Tom Evans, 'Is Trump REALLY the Antichrist? The Donald's Terrifying 666 Pattern REVEALED', *The Daily Star*, January 19, 2017.

부의 정책들(전 국민 의료 보험법 폐지, 핵 보유력 증대 등)이 부추긴 백인 국가주의자들의 내전 같은 것들 말이다. 그래서인지 2016년 대선 당일 밤 진보주의자들은 비공개 페이스북 모임 '리버럴 프레퍼'Liberal Prepper를 만들었다. 4천 명 가까운 이 모임의 구성원들은 종말에 가까운 재난 상황을 대비하기 위해 야채 통조림 만드는 법, 벙커 짓는 법, 공공 설비 없이 생존하기 위해 대체 에너지원을 찾는 법에 관한 정보를 공유한다.[7] 나도 연구 목적으로 이 모임에 가입했는데, 그들은 내가 냉전 시기 알래스카에서 살았다는 사실에 관심을 보였다. 마지막으로 이 모임의 페이지를 방문했을 때는 가스 마스크를 쓴 두 사람(아이들일까? 어머니와 자식? 아니면 남편과 부인?)이 통나무집 앞에서 포즈를 취하고 있는 그림이 배너로 걸려 있었다. 최근에 '좋아요'를 많이 받은 한 게시물은 어떤 서점의 안내문을 찍은 사진이었는데, 안내문에는 "포스트 아포칼립스 소설이 시사 섹션으로 옮겨짐"이라고 적혀 있었다. 이 게시물을 공유한 사람은 다음과 같이 한 마디 덧붙였다. "재밌지… 근데 곧 재미없어질걸."

종말론 각본은 그리스도교 문화 못지않게 탈그리스도교, 반그리스도교 문화에도 깊게 스며들어 있다. 베트남 전쟁 반대 시위가 한창이던 1970년에 캐나다 록 밴드 게스 후The Guess Who가 발표한 히트곡 《아메리칸 우먼》American Woman을 떠올려 보자. 이 노래는 여러 차례 리

7   https://www.facebook.com/groups/1206158592808501 이와 유사한 집단들에 관해
     서는 다음을 참조하라. Leanna Garfield, 'Trump Has Caused a Growing Number of
     Liberals to Start Preparing for an Apocalypse', *Business Insider*, March 4, 2017.

메이크되었고 최근에는 레니 크라비츠Lenny Kravitz가 불렀다.[8] 노래는 경고한다.

미국 여자라니, 저리 꺼져.

화자는 그녀가 번쩍이는 빛으로 사람들을 어떻게 홀리는지 묘사하면서 그녀의 접근을 차단한다.

나는 당신의 전쟁 기계 따윈 필요 없어 … 당신의 빈민가도.

미국 제국주의를 의인화한 이 여자는 겉으로는 매력적이지만 사실은 치명적이며, 세계를 부당한 전쟁과 억압으로 끌어들인다. 그녀는 계시록의 창녀 바빌론을 개조해 만든 인물이다. 여기에서 우리는 커다란 아이러니를 발견한다. 최후의 악을 매혹적인 미국 "여자"에 빗대는 성차별적 의인화에 빠져 헤어 나오지 못하는 게 문제가 아니다. 아이러니는 바로 우리가 이 의인화를 불러일으키는 종말론 각본을 탐닉한다는 데 있다.

일부 그리스도교인 비평가들이 악마 숭배자라고 매도한 전설적인 헤비메탈 밴드 블랙 사바스Black Sabbath조차 종말론 각본의 영향에서 벗어나지 못했다. 1970년 발표한 《전쟁 돼지》War Pigs에서 리드 싱어 오

---

8 The Guess Who, *American Woman* (RCA Victor, 1970)

지 오스본Ozzy Osborne은 노래한다.[9]

이제 암흑 속에 세상은 멈췄어, 시체가 불타고 재만 남았지.

태양은 어두워지고 시체들은 여전히 타오르는데 하느님의 심판이 시작된다. "심판의 날, 하느님께서 부르"시자 전쟁을 일삼던 돼지들은 자신들의 죄를 자비롭게 용서해 달라고 무릎으로 기면서 빌지만 하느님은 자비를 베풀지 않는다. "사탄이 웃으며 날개를 펴"고, 한때 전쟁광이었던 이들은 사탄에게 이끌려 영원한 고통으로 향한다.

우리 자신이 사악한 힘의 진짜 희생자 혹은 잠재적 희생자라고 믿는 세계관을 구축한다면 이는 종말론 각본을 따르는 것이다. 우리의 적을 세상의 모든 선한 것에 대적하는 우주적 악의 위치에 놓는다면 이 또한 종말론 각본을 따르는 것이다. 프로그램을 짤 때 곳곳에 복사, 붙여넣기하는 몇 줄의 코드처럼 종말론 각본은 우리의 세계 인식에 끼어들어 '선한' 우리 대 '악한' 타자라는 악마화 과정을 역사 속에서 반복한다.

앞면 혹은 뒷면

이 종말론 각본에는 또 다른 측면이 있다. 이 다른 면은 '지배 각본'이라고 부를 수 있는데 이는 일종의 동전의 양면과 같다. 이 '지배

---

9 Black Sabbath, 'War Pigs', *Paranoid* (Vertigo, 1970)

각본'에 따르면 우리 인간 종은 하느님처럼 불멸하며 하느님과 같은 위치에서 세계를 지배한다. 이러한 믿음은 종말론과 똑같이 중독성이 있는 망상이다. 이 각본 또한 그리스도교 성서에 뿌리를 두고 있으나 그 뿌리는 성서 마지막 책인 계시록이 아닌 첫 번째 책인 창세기다.

> 자식을 낳고 번성하여 온 땅에 퍼져서 땅을 정복하여라. 바다의 고기와 공중의 새와 땅 위를 돌아다니는 모든 짐승을 부려라. (창세 1:28)

사람들은 이 구절을 하느님이 자신의 모습대로 만들어진 인간을 축복하며 인간에게 번성하고, 정복하고, 지배하는 임무를 주신 것이라고 해석했다.

인류는 이러한 식으로 성서를 통해 자본주의를 축복했다. 프랜시스 베이컨Francis Bacon은 이를 두고 "특허장"이라고 불렀다. 이러한 기치 아래 인류는 나머지 피조물에 대해 에덴동산에서 지녔던 지배권을 주장하면서 과학과 기술과 경제를 성장시켜 나갔다. 서구의 탐험가들과 사업가들은 전 지구적 사업 확장과 토지 몰수와 토착민 노예화를 정당화하면서 아프리카와 아시아로 행진했고, 이는 산업 시대 이전의 초기 전쟁 자본주의의 원동력이 되었다.[10] 머지않아 과학과

---

10 나는 '상업 자본주의'를 '전쟁 자본주의'로 고쳐 부르는 것이 아주 적절하다고 생각한다. 다음을 보라. Sven Beckert, *Empire of Cotton: A Global History* (New York:

기술의 발달로 우리는 유한성을 벗어던지고 궁극적으로 죽음이라는 고통에서 벗어나 신과 같은 존재가 될 것이라고 강력히 주장하는 미래학자들을 보면 이 축복이 오늘날에도 메아리치고 있음을 알게 된다.

모든 것을 지배할 수 있다는 망상이 무너지고, 결코 창조주에게 견줄 수 없는 육체적 취약성과 한계에 직면하면, 우리는 습관적으로 종말론 각본을 찾는다. 우리는 우리가 유한하다는 진리를 받아들이고 그 진리대로 살아가기보다는 종말론을 불러낸다. 우리는 우리의 최후를 세계에 투사한다. 그리고는 세계는 엉망진창이라고, 종말이 임박했다고, 행로를 바꾸기에는 너무 늦었다고, 이렇게 세계가 엉망진창이 된 이유는 궁극적 악을 추종하는 이들 때문이라고, 유일한 희망은 하느님이 이 엉망진창이 되어 버린 우리, 세계, 땅을 대체할 새 육체, 새 하늘, 새 땅을 주셔서 우리를 구해 주는 것뿐이라고 생각한다.

지배 각본과 종말론 각본은 같은 동전의 양면이다. 근대 서구에서 주조한 이 동전은 식민 지배와 그리스도교 선교, 전 지구적 자본주의의 역사를 통해 서구의 손길이 닿은 모든 곳에 유통되고 있다. 앞면이든 뒷면이든 이 동전은 우리가 궁극적으로 이 세계의 일부라는 사실을 부인하게 만들고 우리가 이 세계를 지배하거나 이 세계를 떠나야 한다고, 아니면 지배한 다음 떠나야 한다고 믿게 만든다. 두 각본

Alfred A. Knopf, 2014) 『면화의 제국』(휴머니스트)

모두 우리의 고유한 인간성, 겸손을 잃게 만든다. 우리는 글자 그대로 땅humus에 매인 존재인데 말이다. 이 동전을 치워 버리려면 어떻게 해야 할까?

성서를 좀 더 읽어 보는 것, 특히 이 망상의 핵심을 이루는 구절들이 본래 무엇을 뜻하는지를 살펴보는 것은 좋은 첫걸음이 될 수 있다. 이를테면 휴거 이론에도 불구하고 계시록은 분명 현세적인 문헌이다. 이 문헌은 다른 세계로의 도피를 상상하기보다는 이 세계가 갱신되고 재창조되기를 기대한다. 이는 신약의 다른 전통들, 특히 예수의 가르침과도 일치한다. 이 전통은 하느님과 인류를 위한 "하느님 나라"를 다른 세계에 있는 영역이 아니라 지상의 왕국으로 상상한다.

인류를 정복자이자 지배자로 그리는 듯한 창세기 1장도 세심하게 읽어 보면 사뭇 달리 보인다. 몇 구절만 지나면 지배 각본을 단호하게 논박하는 인류의 기원에 관한 이야기가 등장한다. 여기서 인간은 말 그대로 '흙으로 된 피조물'이다. 하느님은 흙(히브리어 '아다마'אֲדָמָה)에 생명을 불어넣어 최초의 인간(히브리어 '아담'אָדָם)을 창조하기 때문이다. 인간은 땅에서 나오고, 숨을 거두면 땅으로 돌아간다. 하느님이 흙으로 빚어 숨을 불어넣은 흙으로 된 피조물은 이 땅을 '돌보고'('아바드'עָבַד) '지키도록'('샤마르'שָׁמַר) 만들어졌다(창세 2:7, 15). 하느님은 동물들도 같은 방법으로 창조하는데, 이는 동물 역시 말 그대로 영적이고 하느님의 영감을 받은 지상의 피조물이며, 땅과 긴밀한 관계에 있는 만큼이나 하느님과도 긴밀한 존재임을 뜻한다(2:19).

성서에 바탕을 두었다는 많은 관념과 마찬가지로 지배 각본과 종말론 각본도 자신의 출처라고 주장하는 성서 구절의 본래 맥락에서 완전히 떨어져 나왔을 때 가장 큰 효과를 낸다. 그리고 오늘날에는 이렇게 되기가 무척 쉽다. 성서를 읽는 사람은 그 어느 때보다도 적고, 심지어 이른바 '성경 말씀을 있는 그대로 믿는 사람들'도 예외는 아니기 때문이다.[11] 실상 성서에 바탕을 두었다는 관념들 및 가치가 성서의 본래 의미와 일치하는 경우는 드물다. 지배 각본과 종말론 각본도 예외는 아니다. 이들은 이미 수 세기 전 성서의 맥락에서 벗어나 근대 자본주의의 출현을 북돋우는 신학적 각본이 되었다.

앞으로 나아가기

종말론 각본은 오늘날 세계에서 번성하고 있는 계시록의 여러 생애 중 하나에 불과하다. 과거와 현재에 계시록이 영위한 수많은 생애와 마찬가지로 종말론 각본은 본래 계시록의 서사 맥락과 단절되어 새로운 의미 지평에 결합함으로써 시작되었다. 단절은 표면에 거친 구멍을 여럿 남기는데, 덕분에 이는 다른 표면과 쉽사리 결합해 새로운 복합물, 새로운 기괴한 형태를 만들어 낸다.

계시록은 그 탄생부터 기괴했다. 무로부터ex nihilo, 혹은 흙으로부터 창조되지 않고 프랑켄슈타인 박사의 괴물처럼 짜깁기된 계시록은 유대교 경전과 여타 신화들의 다양한 조각과 파편들로 만들어졌고, 우리에게는 미지의 것으로 남아 있는 초기 예수 운동의 어두운 한구석

---

11 Timothy Beal, *The Rise and Fall of the Bible: The Unexpected History of an Accidental Book* (New York: Houghton Mifflin Harcourt, 2011), 29~36

에서 생명을 얻었다.

오래지 않아 이 기괴한 생명체의 조각들이 떨어져 나가 새로운 맥락, 새로운 매체 환경에서 힘을 발휘하기 시작하자 하나의 생애는 여러 생애가 되었다. 어떤 의미에서 계시록의 전기는 곧 우리의 전기다. 우리는 계시록 안에 있고 계시록은 우리 안에 있다.

잘 알려져 있듯 메리 셸리는 1831년 재간행된 『프랑켄슈타인』 서문에서 말했다.

> 이제 다시 한번, 나의 흉측한 자식에게 나아가서 번성하라고 말하련
> 다.[12]

셸리는 자신의 책을 말한 것일까 아니면 책 속의 괴물을 말한 것일까? 말할 것도 없이 둘 다. 계시록처럼 소설 『프랑켄슈타인』도 기괴하다. 다양한 신화 속 인물들의 요소들을 되살려 탄생시킨 인조인간은 욥과 같은 격정과 달변을 자랑하며 창조자에게 이의를 제기한다. 그리고 지금까지 살펴보았듯 『프랑켄슈타인』과 계시록의 생애 모두 실로 단순한 문학 작품의 전승을 넘어선다. 이들은 원래 본문을 한 단어도 읽어 보지 않은 수많은 사람에게 알려지고 공유되는 다중매체 현상이 되었다.

메리 셸리가 자신의 책과 괴물이 21세기까지 나아가 번성하리라

---

12 Mary Shelley, Frankenstein (New York: W. W. Norton, 2012), xii.

고 상상할 수 있었는지는 알 수 없다. 하지만 파트모스의 요한은 그러지 못했을 것이다. 그렇다면 우리는 이 흉측한 자식에게 계속해서 나아가고 번성하라고 감히 말해도 될까? 말하거나 말거나, 그렇게 될 것이다.

감사의 말

    수년 동안 계시록을 붙들고 씨름하기란 정말이지 쉽지 않은 경험이었고, 계시록의 전기를 쓴다는 것은 소름 돋는 일이었다. 내 전문 연구 분야 너머에 있는 다양한 역사적 맥락을 따라가다 보니, 별이 떨어지고 온통 피바다를 이루는 계시록의 악몽과 같은 환상에 나 또한 휘말렸다. 연구하는 동안 정당한 발언권이 거의 없는 분야에서 통찰력 있는 주장까지는 못 되더라도 황당하지는 않은, 어떤 의미 있는 주장을 내놓지 못하는 것은 아닐까 하는 악몽에 시달렸다. 학자로서 다시금 겸손해지는 좋은 경험이었다. 수많은 각주는 그 일부만 증언하고 있을 뿐이다. 내가 잠시 발을 들였던 분야의 연구자들에게 진 막대한 빚에 감사를 표할 수 있어 기쁘다. 이들에게 아주 많은 것을 배웠으며, 이들의 훌륭한 연구를 제대로 다루었기를 바란다.

    6개월 동안 온전히 연구와 저술에만 매진할 수 있도록 도와준 미국 인문 기금의 공공 학술지원금에 감사를 표한다. 연구 기간 동안 나는 오하이오주 클리블랜드와 콜로라도주 덴버를 오가는 새로운 생활을 시작했다. 통근이 쉽지 않았지만, 케이스 웨스턴 리저브 대학교와 덴버에서 새롭게 만난 동료들의 지속적인 지원 덕분에 많은 도움을 받았다. 덴버 대학교 신학대학원의 동료들, 특히 패멀라 아이젠바움, 마크 조지Mark George, 테드 비알Ted Vial에게 깊은 감사를 전한다. 이들은 나의 초고를 검토해 주었을 뿐 아니라, 이 초고에 대한 익명의 독자평을 전해 주고 원고 수정 과정에서 귀중한 제안을 해 주었다. 덴버 대학교 마르시코 방문 교수로 나를 초청해 준 그레그 로빈스Greg Robbins에게도 감사를 전한다. 그는 나를 세미나에 초청해 주었고, 에우세비우스와 이레네우스를 읽을 때 귀중한 도움을 주었으며, 내가 서문에서 인용한 "666 체제"에 관한 기막힌 책도 주었다. 마이클 헤멘웨이에게도 진심 어린 감사를 전해야겠다. 그는 몇 달 동안 이어진 글쓰기에 함께했다. 이 과정에서 서로 약속한 규칙을 일일이 설명할 수는 없다. 다만 엄청 많은 글을 쓰고 엄청 많은 버번위스키를 마셨다는 것만 말해 두겠다.

중요한 도움을 준 다른 동료들이 많이 있다. 토드 리나펠트Tod Linafelt, 콜린 콘웨이Colleen Conway, 빌 딜Bill Deal, 로버트 스파도니Robert Spadoni, 피터 녹스Peter Knox, 켈리 머피Kelly Murphy, 에모리 얀튼Emory Yarnton, 그리고 언제나 그렇듯 텔 맥 시어리 런치 앤 프락시스 브랙퍼스트Tel Mac Theory Lunch and Praxis Breakfast 멤버들에게 감사를 전한다. 초고를 전부 읽고, 다른 사람들에게도 읽히고, 더 좋은 원고를 만들도록 나에게 격려를 아끼지 않은 어머니 제럴딘 빌Geraldine Beal에게도 감사를 전한다.

우리 학과의 행정 담당자인 로런 갤리토Lauren Gallito와 학과장인 사이러스 테일러Cyrus Taylor의 제도적, 행정적 지원에도 감사를 표한다. 테일러는 계시록을 좋아하는 것 같지는 않지만 그레이트풀 데드 Grateful Dead가 리메이크한 《계시자 요한》의 팬이다. 덴버 대학교에서 연구할 수 있는 특전을 제공한 리베카 춥Rebecca Chopp 총장과 에모리 대학교 피츠 신학 도서관의 환상적인 문서고를 안내해 준 패트릭 그레이엄Patrick Graham에게도 감사를 표한다.

저술 중인 원고를 공유할 기회가 주어져 큰 도움이 되었다. 조지 아주 애틀랜타에서 개최된 동남부 종교 연구 위원회 연간 회의에서의 기조 강연, 노르웨이 크리스티안산에 있는 아그데르 대학교에서 개최된 '현대 문화에서의 성서와 예수 구성하기' 기조 강연, 독일 할레 비텐베르크 마르틴 루터 대학교에서 개최된 '영화 속의 프로테스탄트주의 - 유럽 및 미국 영화에서의 종교, 정치, 미학' 학회에서의 초청 강연, 덴버 대학교 마르시코 강연, 그리고 무엇보다 내가 케이스 웨스턴 리저브 대학교에서 개설한 계시록 세미나에서 매주 이루어진 학부생들과의 토론이 많은 도움을 주었다.

끈기 있게 나를 지원하고 매력적인 대화 상대가 되어 준 편집자 프레드 아펠Fred Appel과 출판의 전 과정이 효율적이고 요령 있게 진행될 수 있도록 해 준 보조 편집자 탈리아 리프Thalia Leaf에게 특별한 감사를 전한다. 그리고 때로 아주 비판적인 관점에서 원고의 수정 방향을 제시해 주어 더 나은 책이 만들어지게 해 준 익명의 독자 두 분에게도 감사를 전한다.

내가 커피를 마시거나 아침을 먹거나 타코를 먹으면서 즐겨 글을 쓰던 카페와 식당들, 이곳에서 일하는 분들에게도 감사를 표한다. 애니스, 세인스 마크스, 일리걸 피츠, 케이크 크럼, 코너 비트, 그리고 특히나 토미스에 감사를 표한다. 덴버와 클리블랜드를 오가며 글을 쓰던 곳들, 특히 7A 좌석과 7F 좌석에도 고마움을 전한다.

케이스 웨스턴 리저브 대학교 졸업생이자 터프츠 대학교 명예 교수로 고인이 된 존 깁슨John Gibson에게 깊은 감사를 전한다. 그는 이 작업의 초기부터 관심을 보였고 나와 많은 대화를 나누면서 연구에 도움을 주었으며, 이탈리아 남부 칼라브리아 산맥에 있는 피오레의 조아키노의 수도원 터를 방문할 수 있게 해 주었다.

마지막으로, 변함없는 격려와 애정 어린 관심을 주고, 삶에서 가장 중요한 것들에 대해 비종말론적 관점을 갖게 해 주는 클로버 로이터 빌Clover Reuter Beal에게 언제나처럼 깊은 감사를 표한다.

읽을거리

주석서와 비평적 연구

· David Aune, Revelation. Word Biblical Commentary. 3 vols. Dallas: Word, 1997-98. 『요한계시록 상 · 하』(솔로몬)

· Barr, David L, Tales of the End: A Narrative Commentary on the Book of Revelation. Santa Rosa, CA: Polebridge, 1998. 『끝날의 이야기들』(그리심)

· Beale, G. K. The Book of Revelation: A Commentary on the Greek Text. New International Greek Testament Commentary. Grand Rapids, MI: Eerdmans, 1999. 『NIGTC 요한계시록 상 · 하』(새물결플러스)

· Blount, Brian K. Revelation: A Commentary. New Testament Library. Louisville, KY: Westminster/John Knox, 2009.

· Frilingos, Christopher A. Spectacles of Empire: Monsters, Martyrs, and the Book of Revelation. Philadelphia: University of Pennsylvania Press, 2004.

· Garrow, A. J. Revelation. New Testament Readings. New York: Routledge, 1997

· Huber, Lynn R. Like a Bride Adorned: Reading Metaphor in John's Apocalypse. New York: T & T Clark, 2007.

· Kampen, John. 'The Genre and Function of Apocalyptic Literature in the African American Experience' In Text and Experience: Towards a Cultural Exegesis of the Bible, edited by Daniel Smith-Christopher, 43-65. Sheffield: Sheffield Academic Press, 1995.

· Koester, Craig A. Revelation: A New Translation with Introduction and Commentary. Anchor Yale Bible Commentaries. New Haven, CT: Yale University Press, 2014. 『앵커바이

블 요한계시록 1 · 2』(기독교문서선교회, 2019)

· Levine, Amy Jill, with Maria Mayo Robbins, eds. A Feminist Companion to the Apocalypse of John. New York: Continuum, 2009.

· Malina, Bruce J., and John J. Pilch. Social-Science Commentary on the Book of Revelation. Minneapolis, MN: Fortress, 2000.

· Moore, Stephen D. Empire and Apocalypse: Postcolonialism and the New Testament. Bible in the Modern World 12. Sheffield: Sheffield Phoenix Press, 2006.

_____. Untold Tales from the Book of Revelation: Sex and Gender, Empire and Ecology. Resources for Biblical Study 79. Atlanta: Society of Biblical Literature Press, 2014.

· Pagels, Elaine. Revelations: Visions, Prophecy, and Politics in the Book of Revelation. New York: Viking, 2012.

· Perkins, Pheme. The Book of Revelation. Collegeville Bible Commentary 11. Collegeville, MN: Liturgical Press, 1983.

· Pippin, Tina. Death and Desire: The Rhetoric of Gender in the Apocalypse of John. Literary Currents in Biblical Interpretation. Louisville, KY: Westminster/John Knox Press, 1992.

· Rowland, Christopher. Revelation. Epworth Commentaries. London: Epworth, 1993.

· Schüssler Fiorenza, Elizabeth. 'Apocalypsis and Propheteia: Revelation in the Context of Early Christian Prophecy' In L'Apocalypse Johannique et l'apocalyptique dans le Nouveau Testament, edited by J. Lambrecht, 105-28. Glembloux: J. Duculot, 1980.

_____. The Book of Revelation: Justice and Judgment. 2nd ed. Minneapolis, MN: Fortress, 1998.

· Wall, Robert W. Revelation. New International Biblical Commentary. Peabody, MA: Hendrickson Publishers, 1991.

· Witherington, Ben, III. Revelation. New Cambridge Bible Commentary. Cambridge: Cambridge University Press, 2003.

문화사 및 수용사

· Backus, Irena. Reformation Readings of the Apocalypse: Geneva, Zurich, and Wittenberg. Oxford: Oxford University Press, 2000.

· Blount, Brian K. Can I Get a Witness? Reading Revelation through African American Culture. Louisville, KY: Westminster, 2005.

· Boesak, Allan A. Comfort and Protest: The Apocalypse from a South African Perspective. Philadelphia: Westminster, 1987.

· Bynum, Caroline Walker, and Paul Freedman, eds. Last Things: Death and the Apocalypse in the Middle Ages. Philadelphia: University of Pennsylvania Press, 1999.

· Chilton, Bruce. Visions of the Apocalypse: Receptions of John's Revelation in Western Imagination. Waco, TX: Baylor University Press, 2013.

· Emmerson, Richard K., and Bernard McGinn, eds. The Apocalypse in the Middle Ages. Ithaca, NY: Cornell University Press.

· Keller, Catherine. God and Power: Counter-Apocalyptic Journeys. Minneapolis, MN: Fortress, 2005.

· Kovacs, Judith, and Christopher Rowland. Revelation. Blackwell Bible Commentaries. Oxford: Blackwell, 2004.

· Rhoads, David, ed. From Every People and Nation: The Book of Revelation in Intercultural Perspective. Minneapolis, MN: Fortress, 2005.

· Richard, Pablo. Apocalypse: A People's Commentary on the Book of Revelation. Maryknoll, NY: Orbis, 1995.

· Sánchez, David A. From Patmos to the Barrio: Subverting Imperial Myths. Minneapolis, MN: Fortress, 2008.

· Wright, Ben, and Zachary W. Dresser, eds. Apocalypse and the Millennium in the American Civil War Era. Baton Rouge: Louisiana State University Press, 2013.

종말론

· Boyer, Paul S. When Time Shall Be No More: Prophecy Belief in Modern American Culture. Cambridge, MA: Harvard University Press, 1992.

· Cohn, Norman. The Pursuit of the Millennium: Revolutionary Millenarians and Mystical Anarchists of the Middle Ages. Revised and expanded edition. New York: Oxford University Press, 1971. 『천년왕국운동사』(한국신학연구소)

· Collins, Adela Yarbro. Cosmology and Eschatology in Jewish and Christian Apocalypticism. Leiden: Brill, 2000.

____. Crisis and Catharsis: The Power of the Apocalypse. Philadelphia: Westminster, 1984.

· Collins, John J. The Apocalyptic Imagination: An Introduction to the Jewish Matrix of Christianity. New York: Crossroad, 1984.

Frykholm, Amy. Rapture Culture: Left Behind in Evangelical America. New York: Oxford University Press, 2004.

· Hanson, Paul D. The Dawn of Apocalyptic: The Historical and Sociological Roots of Jewish Apocalyptic Eschatology. Revised edition. Minneapolis: Fortress, 1979.

· Keller, Catherine. Apocalypse Now and Then: A Feminist Guide to the End of the World. Boston: Beacon, 1996.

· McGinn, Bernard. Apocalyptic Spirituality: Treatises and Letters of Lactantius, Adso of Montier-en-Der, Joachim of Fiore, the Spiritual Franciscans, Salvanarola. Classics of Western Spirituality. Mahwah, NJ: Paulist Press, 1979.

· Murphy, Kelly J., and Justin Jeffcoat Schedtler, eds. Apocalypses in Context: Apocalyptic Currents through History. Minneapolis, MN: Fortress, 2016.

찾아보기

계시록과 만나다
- 천상과 지상을 비추는 괴물

초판 발행 ｜ 2022년 2월 4일

지은이 ｜ 티머시 빌
옮긴이 ｜ 강성윤

발행처 ｜ 비아
발행인 ｜ 이길호
편집인 ｜ 김경문
편　집 ｜ 민경찬
검　토 ｜ 정다운 · 황윤하
제　작 ｜ 김진식 · 김진현 · 이난영
재　무 ｜ 강상원 · 이남구 · 김규리
마케팅 ｜ 유병준 · 김미성
디자인 ｜ 손승우

출판등록 ｜ 2020년 7월 14일 제2020-000187호
주　소 ｜ 서울시 강남구 봉은사로 442 75th Avenue 빌딩 7층
주문전화 ｜ 010-3210-7834
팩　스 ｜ 02-395-0251
이메일 ｜ timebooks@t-ime.com
ISBN ｜ 979-11-91239-55-3 (03230)
한국어판 저작권 ⓒ 2022 ㈜타임교육C&P